U0916832

法律史评论

LEGAL HISTORY REVIEW Vol.12 2019 No.1

（2019 年第 1 卷 · 总第 12 卷）

社会科学文献出版社
SOCIAL SCIENCES ACADEMIC PRESS (CHINA)

目录
CONTENTS

专　栏

【编者按】 铃木秀光，日本京都大学法学院教授，师承法史学界宿耆寺田浩明教授。东北大学法学博士毕业后，历任东北大学大学院法学研究科讲师、专修大学法学部讲师、教授，并担任过日本法制史学会东京部干事、企划委员会委员等职务。其学术旨趣主要为清代的刑事裁判制度，已在《法制史研究》、《东洋文化研究所纪要》等期刊上发表各类论文十余篇。本刊特辟专栏，将分两期译介铃木教授的三篇论文，以期增进中日法史学之交流。

“请旨即行正法”考

——清代乾隆、嘉庆时期死刑裁判之考察*

〔日〕铃木秀光 著　赵　崧 译**

摘　要：请旨即行正法，虽然字面含义是奏请死刑即时执行，但从当时的史料来看，除立决案件之外，监候案件中也存在奏请死刑即时执行的情况。

乾隆朝的请旨即行正法，是官员为履行职务，向皇帝“请旨”奏请“立刻执行死刑”的行为。其中既有定拟立决的情况，也有定拟监候的情况。与之相对，嘉庆朝的请旨即行正法，是应处监候案件中，依据律例定拟监候后，奏请死刑即时执行。可以理解为是监候案件中实现死刑即时执行的刑事裁判上的一种手续。

关于请旨即行正法，乾隆帝首要考虑每个案件中犯罪和刑罚的均衡，在此前提下，对臣下有关请旨即行正法的选择表示赞赏或斥责。而嘉庆帝一方面强调以成文法为准据，另一方面又表示重视犯罪和刑罚的均衡，其结果是，作为刑事裁判上的一种手续，产生了嘉庆朝的请旨即行正法。

关键词：请旨即行正法　乾隆帝　嘉庆帝　犯罪和刑罚的均衡　成文法的准据

绪　言

清代中国的刑事裁判制度中，在判处犯罪者死刑的时候，从官僚制末端的州县开始，依次反复审理，由省级长官督抚（总督、巡抚）上奏皇帝，经过刑部或者三法司审理后，最终由皇帝许可。①

在这一连串的手续中，官僚制的各阶层都被要求出具作为判决草案而提示应科处刑罚的“定拟”。史料中的定拟，如下例所示：②

> 合依“子过失杀父母，拟绞立决”例，应拟绞立决。

---

* 本文的日文原稿题目为「『請旨即行正法』考——清代乾隆・嘉慶期における死刑裁判制度の一考察——」，原载于『専修法学論集』第98号（2006年12月）。

** 铃木秀光，法学博士，京都大学法学院教授；赵崧，京都大学博士研究生。

① 有关下述清代裁判制度的概略，参照滋贺秀三『清代中国の法と裁判』、创文社、1984。

② 《湖南巡抚颜希深奏为审拟邵阳县民过失致父死亡案折》（乾隆四十二年六月二十八日），《宫中档乾隆朝奏折》第39辑，台北“故宫博物院”，1982～1988，第235页。

这是根据刑律人命“戏杀误杀过失杀伤人”律之条例而定拟绞立决的例子。这样的定拟，一般会先提示应作为准据的律例是什么，接着再提示据此应科处的刑罚。史料中，明示作为准据的律例的用语，除上文的“依”外，也使用“照”和“按”，到可判别该律例为何种条文为止可节略，没有将全文准确具引的情况很多。① 另外，应科处的刑罚一般用“拟”来提示。②

律例规定的死刑，除根据执行方法区分“凌迟处死”、“斩”、“绞”以外，以手续区分，有在皇帝许可后直接执行死刑的“立决”和皇帝许可后在秋审中再次对是否执行进行审查的“监候”③。其中，因为凌迟处死都是即时执行，不存在立决和监候的区别。因此，将执行方法和手续的区别组合起来，律例中规定了“凌迟处死”、“斩立决”、“斩监候”、“绞立决”、“绞监候”这五种类型的死刑④。而且刑事裁判中，官员根据律的规定，即“凡（官司）断罪皆须具引律例，违者（如不具引）笞三十”，⑤ 被要求以律例为准据。但皇帝则不管是在手续上还是在实体上，都不受束缚，可以在官员上奏的以律例为准据的判决草案上自由判断。

另外，清代皇帝日常所下的命令一般总称为“谕旨”。但是，严格来说，“谕”和“旨”是有区别的，前者在以皇帝为主体下命令时所用，后者是对臣下在执行工作时的奏请，皇帝下某种命令时使用。⑥ 而且死刑首先需要各省的督抚定拟并上奏，皇帝通常会发回刑部或三法司议论，收到议论结果的上奏后，对死刑是否执行下最终的判断。总之，督抚也好，刑部或三法司也好，此处的上奏是奏请将犯罪者处以死刑，皇帝则对此下旨，指示是否执行死刑。从臣下的角度看，奏请即请求旨意（=请旨），其内容就是死刑的执行命令。另外，定拟内容是立决的话，皇帝所下旨会是“某某着即处斩”等，带有“即”之类表示即时性的词语。因此，臣下定拟立决的上奏，是向皇帝请求下令立刻（=即行）处以死刑（=正法⑦）的旨意，即可称为“请旨即行正法”。

如上所述，请旨即行正法的字面意思，指的是从臣下的角度来看，定拟立决后上奏的手续。史料上，可确认的这一用语或与之同义的“奏请即行正法”⑧、“请旨即行

---

① 就此案例而言，条例的全文是“子孙过失杀祖父母、父母者，拟绞立决”，省略了“孙”和相对应的“祖父母”等。

② 引用律例的地方，明示该科处的刑罚时，为避免反复表达，也存在省略“拟”以下部分的情况。

③ 关于对监候案件是否实际执行死刑进行再审理的秋审，近年积累了很多成果，此处仅举与本文内容直接相关的，见赤城美惠子「清朝秋審における趕人について」『中国——社会と文化』20 號、2005。

④ 此外，斩还有“枭示”的情况。

⑤ 刑律断狱“断罪引律令”律的律文。

⑥ 《乾隆朝上谕档》，档案出版社，1991，“前言”。

⑦ 执行死刑，在史料上称为“正法”（滋贺秀三『清代中国の法と裁判』、39 页）。

⑧ 《嘉庆道光两朝上谕档》第 4 册，嘉庆四年二月十五日，广西师范大学出版社，2000，第 161 页。

处决”[①]、“请即正法”[②] 等案例，管见所及都在乾隆朝以后（本文之后的表述，除史料原文外，统一使用“请旨即行正法”）。并且，这样的案例范围，并不局限于定拟立决的案件，尽管是定拟监候的案件，但被奏请死刑即时执行，之后被许可的案例也可见。例如，乾隆三十二年（1767）在甘肃省处罚盗窃集团头目的案件：

> 但查，甘省回民之窝贼出窃坐地分赃，群相效尤。若不严加惩创，无以示儆。苏尔宁，应照“盗窃窝主，不行，分赃，以首论”，“窃盗为首，赃至一百二十两以上者”拟绞，应请旨即行处决。

陕甘总督根据刑律贼盗“盗贼窝主”律的律文及刑律贼盗“窃盗”律的律文[③]，定拟绞监候，上奏请旨即行正法。[④] 关于本案，接到从三法司上奏的讨论结果后，皇帝下旨“苏尔宁，着即处绞。……余依议”。[⑤] 本案中，陕甘总督根据律例将苏尔宁定拟绞监候，因为有严罚的必要性，上奏请旨即行正法。结果，皇帝下了即时执行绞刑的旨意。因此，此处的请旨即行正法是定拟绞监候的即时执行，即带有和绞立决同样效果的手续。

本文是对先行研究尚未言及的请旨即行正法，主要以乾隆朝中期至嘉庆朝历史变迁中的个别案例来追根溯源，以考察这一内容及其在司法制度上的地位等为目的。[⑥]

以下，第一部分探讨请旨即行正法的历史变迁。首先，介绍乾隆朝有关请旨即行正法案件处理的案例与立法的案例，阐明这一时期的请旨即行正法仍然可以还原为一般的官员请求皇帝许可的“请旨”行为。其次，介绍嘉庆朝以后的请旨即行正法案件处理的案例及立法的案例，由此阐明这一时期已不仅仅是一种“请旨”行为，而是作为清代刑事裁判制度上的一种手续，有其实质内容。

第二部分探讨乾隆朝与嘉庆朝以后，两个时期中，可确认为案例的相当于监候案件中的请旨即行正法，乾隆帝与嘉庆帝对此的反应，探明请旨即行正法在两个时期中产生手续上的差异内容的背景。首先探讨乾隆帝的反应，其次探讨嘉庆帝的反应。

---

① 《陕甘总督吴达善奏为拿获窝贼匪党遵旨严审定拟折》（乾隆三十二年七月二十四日），《宫中档乾隆朝奏折》第27辑，第391页。

② 《乾隆朝上谕档》第8册，乾隆四十二年六月二十四日，第1786页。

③ 刑律贼盗“窃盗”律的律文为“窃盗已行……一百二十两以上，绞（监候）”，规定了120两以上的窃盗绞监候，史料原文中引用律文的地方省略了“绞监候”。

④ 《陕甘总督吴达善奏为拿获窝贼匪党遵旨严审定拟折》（乾隆三十二年七月二十四日），《宫中档乾隆朝奏折》第27辑，第391页。

⑤ 《乾隆朝上谕档》第5册，乾隆三十二年闰七月十日，第470页。

⑥ 请旨即行正法，在处发遣等的犯罪者从配所逃亡或于配所犯罪的时候，也有较多案例可见。但是这些是已有判决并在执行刑罚的案件中关于再犯的规定，这不符合以判决之前为对象的本文所关心的问题，故尽数排除在考察对象之外。

一　请旨即行正法的变迁

（一）乾隆朝——“请旨”行为中的“即行正法”

如“绪言”所提到的，律例规定的立决是即时执行死刑的意味，这在手续上一般采用由督抚乃至三法司向皇帝奏请，再由皇帝许可的形式。而请旨即行正法，其字义是进行立决的手续，虽然立决本身自清初就已存在，但就管见所及，其在史料上被确认却在乾隆朝以后。

那么，当时的请旨即行正法，可以通过例子来确定其在死刑裁判中是何种手续类型吗？

首先，第一种类型可以通过官员奏请死刑时定拟立决的案例来确定。这在手续上可以进一步分为三种形态。

第一，和通常的刑事裁判一样，举以律例为准据定拟立决的形态为例，如乾隆四十二年（1777）湖南省的过失杀亲父案件。“谭细保，合依‘子过失杀父母，拟绞立决’例，应拟绞立决，请旨即行正法。”湖南巡抚依刑律人命“戏杀误杀过失杀伤人”律的条例，定拟绞立决，上奏请旨即行正法。[①] 之后，接到刑部上奏讨论结果的乾隆帝，下旨“谭细保，着即处绞。余依议”，命令即时执行绞刑。[②]

第二，以“比附”的形态为例。比附是适合犯罪行为的律例不存在或适用律例所定刑罚会使犯罪行为和刑罚失衡时，适用类似的律，或者在此基础上加等、减等定拟，上奏皇帝请求许可的手续。[③] 因为律例中有规定比附的条文存在，所以作为官员的义务存在。与此相关，以乾隆二十九年（1764）发生在江西省固守山区不听召唤，武装抵抗，致伤差役的案件为例：

> 张嘉隆，应比照“逃避山泽不服追唤者，以‘谋叛未行’论”，“为首者绞”律，请旨即行正法。

江西巡抚比附刑律贼盗“谋叛”律的律文定拟绞立决，[④] 上奏请旨即行正法。[⑤] 收到三法司上奏讨论结果的乾隆帝，下旨“张嘉隆，着即处斩。……余依议”。[⑥]

---

① 《湖南巡抚颜希深奏为审拟邵阳县民过失致父死亡案折》（乾隆四十二年六月二十八日），《宫中档乾隆朝奏折》第 39 辑，第 235 页。

② 《乾隆朝上谕档》第 8 册，乾隆四十二年七月二十一日，第 1857 页。

③ 关于比附，参照中村茂夫《清代刑法研究》，东京大学出版会，1973，第二章“比附の機能”。

④ 通常，律文会以夹注来明示适用监候和立决中的哪一个，如本条律文这样缺少夹注的情况，是适用立决的意思。参照滋贺秀三『清代中国の法と裁判』、创文社、1984、42 頁、注 63。

⑤ 《江西巡抚辅德奏为审拟藐法之棚民参革讳饰之知县以昭炯戒折》（乾隆二十九年十月十八日），《宫中档乾隆朝奏折》第 23 辑，第 5 页。

⑥ 《乾隆朝上谕档》第 4 册，乾隆二十九年十一月九日，第 1503 页。

第三，以“从重”的形态为例。此处的“从重”是指由法定刑加重的处罚。[①] 与之相关，比如乾隆二十八年（1763）台湾发生的郑桂谎称官职、诈取钱财的案件：

> 查例载“无官而诈称有官，并冒称现任官员姓名，并未造有凭札，止于图骗一人图行一事，犯该徒罪以下者，发边卫充军，犯该军流遣罪者，拟绞监候”等语。此案郑桂……已与“犯该军流遣罪者，拟绞监候”之例相符。

闽浙总督等首先提示了与本案犯罪行为该当的刑律诈伪“诈假官”律的条例，确认郑桂的行为与之符合：

> 郑桂……依例应拟绞监候，但该犯先因假冒差官，被获充徒，援赦释回。乃怙恶不悛，潜赴台疆，公然穿戴补服顶帽，假官诓骗，悬挂官衔灯笼，诱惑愚民。当坊保往查，辄敢作势殴詈。海外重地，岂容此等奸徒肆行无忌。

之后说道，虽然本应依据条例的规定定拟绞监候，但因属再犯且是在隔海的台湾发生的案件，所以表示出有必要严厉处罚的看法：

> 今审讯之下，郑桂凶横异常，实属不法，依例绞候，未足示惩。郑桂应从重拟绞立决，照例先行刺字，请旨即行正法。

鉴于有必要严惩，闽浙总督等上奏从重定拟绞立决，请旨即行正法。[②]

以上，介绍了立决案件中作为请旨即行正法例子的三种形态。虽然这些案件对各种律例的参照方法有差异，特别是关于从重，找不出明确的制度依据。但至少都被定拟为立决，这是相通的。因为立决有死刑即时执行的意味，这些案例中的请旨即行正法，在手续上没有特别的意思，只是形容含有定拟立决意思的奏请死刑即时执行。

但是，用来确认请旨即行正法用法的案例，未必仅限于上述定拟立决的案例。作为确定请旨即行正法用法的两种类型，可以举出官员在奏请死刑时定拟“监候”的例子。这样，可以在手续上区分出两种形态。

定拟监候的案例，第一种是定拟监候之后从重处理，请旨即行正法的形态。例如，乾隆四十四年（1779）江西省发生的民众聚集涌入官衙，引发骚动的案件：

---

① 有关从重，可参照铃木秀光「清代刑事裁判における『従重』」『専修法学論集』104 號、2008（该文的中译文可参照《清代刑事裁判中的“从重”》，赵崧译，里赞主编《法律史评论》第 11 卷，社会科学文献出版社，2018，第 26～46 页。——译者注）。

② 《浙闽总督杨廷璋奏为审拟奸徒郑桂顶名渡台假冒职官诓骗银钱折》（乾隆二十八年十一月二十一日），《宫中档乾隆朝奏折》第 19 辑，第 657 页。

> 按例载“刁民因事哄堂塞署，逞凶殴官，聚众至四五十人者，为首依例斩决枭示。其同谋聚众转相纠约下手殴官者，虽属为从，其同恶相济，与首犯无异，亦照‘光棍’例，拟斩立决。其余从犯，照例拟绞监候。……”等语。

江西巡抚上奏，提示本案应适用兵律军政“激辩良民”律的条例，除将首犯恭请王命外，[①]从犯“曾乃仔、詹乞仔，打毁暖阁宅门，卢的仔，拾砖殴差，曾流民，打毁门旁转斗，又抢衣物，袁贵生亦抢取物件，应均照‘光棍为徒’例，拟绞监候，先行刺字。该五犯情殊凶横，应从重请旨即行正法”。[②]收到三法司有关本案的覆奏后，皇帝下旨“曾乃仔、詹乞仔、卢的仔、曾流民、袁贵生，俱着即处绞。余依议”。[③]

第二种是定拟监候，就此请旨即行正法的形态，有关于此的案例，已在“绪论”部分有过介绍。总督对犯罪者根据条例定拟绞监候后，上奏请旨即行正法，乾隆帝下旨命令即时处绞。

以上两例，无论有没有名为从重的手续上的表现，都是在督抚根据条例定拟监候后，上奏请旨即行正法，结果是旨意命令死刑即时执行，这一点是共通的。换言之，虽然这些案例是定拟监候，但结果都是立决。其中，对于前者，因为从重（其在制度上的位置暂且不论）也有刑罚加重的效果，请旨即行正法可以理解为不过是形容奏请死刑即时执行。但是，对于后者，因为不存在像从重那样的手续上的表现，只能看作请旨即行正法本身有将监候与立决同样处理的加重效果。总之，此处的请旨即行正法，不只是形容奏请死刑即时执行，应该看作将监候与立决同样处理的特定手续内容。

这些带有将监候与立决同样处理的特定手续内容的请旨即行正法之外的第三种类型，虽然在数量上几乎不存在，但可以确认，是官员未参照律例，向皇帝奏请直接死刑的形态。例如，乾隆二十一年（1756）正月初四日两江总督等人的奏折，关于在江苏省赈灾之际，对编集悖理书籍进行诽谤的朱思藻，有如下上奏。[④]

> 此等狂悖不法之徒，若不亟正典刑，何以惩恶俗，而儆人心。朱思藻，应请旨即行正法。

---

① 有关恭请王命，可参照铃木秀光「恭請王命考——清代死刑裁判における『権宜』と『定例』」『法制史研究』54號、2004。［该文的中译文可参照《恭请王命考——清代死刑裁判的“权宜”与“定例”》，吕文利、袁野译，《内蒙古师范大学学报》（哲学社会科学版）2009年第4期，第23～37页。——译者注］

② 《江西巡抚郝硕奏为审拟乐安县民聚众殴官案情形折》（乾隆四十四年三月十三日），《宫中档乾隆朝奏折》第47辑，第138页。

③ 《乾隆朝上谕档》第9册，乾隆四十四年三月二十四日，第1508页。

④ 《署理两江总督尹继善奏报朱思藻编四书成语撰成时文大肆诽谤请正法折》（乾隆二十一年正月四日），《宫中档乾隆朝奏折》第13辑，第413页。

此处，两江总督等因为处朱思藻死刑而上奏请旨即行正法。迄今介绍的案例，不管是以律例为准据，还是因为律例的规定不充分而加重处理，全部都是参照本来应该适用的律例的。但是，这个案例完全没有参照律例，直截了当地以自我判断推导出死刑的结果。

有关于此，受乾隆帝之命审理的军机大臣和三法司，上奏定拟朱思藻斩立决。对此，乾隆帝给予“该犯拟以斩决，自属罪所应得”的肯定评价，同时却又说“该犯究因灾望赈，尚与胡中藻[①]之身列仕版，无故悖逆谤讪者有间”，在与其他类似案件相比较后，考量犯罪行为和刑罚的均衡，“朱思藻，着从宽免死发往黑龙江”。[②]

本案在军机大臣向乾隆帝奏请阶段，虽然过程不明但还是定拟了某种形式的斩立决，结果皇帝做出了减等决定，没有处以死刑。但是，有必要留意的是，在总督上奏阶段，仅仅依据自我判断推导出死刑并请旨即行正法，这一事实并未被皇帝或军机大臣及三法司在手续方面否定。在请旨即行正法中，官员未参照律例的某些规定而奏请死刑的案例也是存在的。

以上对有关乾隆朝请旨即行正法的史料，从手续的立场出发，基于实例的范围进行了介绍。当时的请旨即行正法，不仅在如字面含义所示，定拟立决的手续中有多种多样参照律例的形态，也有与字面含义相异的定拟监候的手续，甚至还有官员对律例不加参照，直接向皇帝奏请死刑的案例。并且，要是着眼于手续的效果的话，既有单纯是对奏请死刑即时执行的形容，不具有特别效果的情况，还有将监候与立决同样处理而具有独自手续内容的情况。乾隆朝的这些情况因为“请旨即行正法”一词所概括而浑然一体。

乾隆朝的请旨即行正法，与实例的大范围分布产生反差的是，只能找出向皇帝奏请死刑即时执行这一共同点。因此，如果从共同点出发进行判断，乾隆朝的请旨即行正法，其本身并不作为一堆手续用语，具备特定刑事裁判上的手续含义，毋宁说如字面义般，是官员为履行职务，向皇帝“请旨”，奏请“立刻执行死刑”的行为。而且，这其中既有如立决案件中所见，是对奏请即时执行的形容，也有如监候案件中所见，是将监候与立决同样处理，带有加重效果的情况。另外，将乾隆朝的请旨即行正法还原为官员的“请旨”行为来看时，尽管其中也有某些可以找出特定手续要素的情况，但并不能在制度脉络中确保其适当性，这不过是每一个个案中，官员奏请而皇帝判断其适当性后的结果之集合。

① 内阁学士胡中藻，以诗赋诽谤朝政获罪，乾隆二十年被处斩刑。参照《高宗实录》卷四八六，乾隆二十年四月甲寅等。

② 《乾隆朝上谕档》第 2 册，乾隆二十一年正月十九日，第 3556 页。

此外，乾隆四十二年（1777）制定的兵律关津“私越冒度”律的条例也是如此。这是除规定被处发遣等犯罪者，从配所逃亡或在配所犯罪时请旨即行正法的条例以外，管见所及乾隆朝规定请旨即行正法的唯一条例。①

> 凡滇省永昌、顺宁二府以外，沿边关隘，禁止私贩碧霞玺、翡翠玉、葱玉、鱼、盐、棉花等物。如拿获私贩之人，审讯明确，共伙人数在一二十人以上，为首者，拟绞立决。为从及数在四人以上不及十人者，俱发遣黑龙江等处。若止三人以下者，佥妻流徙三千里安置。如有因私贩透漏消息者，审实，无论人数多寡，请旨即行正法……

除规定伙同十人以上的私贩者绞立决外，规定对私贩时泄漏消息者请旨即行正法。但是后者只是规定“请旨即行正法”，而具体如何定拟等手续部分则并不明确。

钦差大学士阿桂奏请边境事宜的如下部分被条例化。②

> 凡拿获私贩，审讯明确，自三人以下者，佥妻流徙，自四人以上者外遣。若多至一二十人以上，为首者正法，从犯外遣。倘有因此透漏消息者，无论人数多少，审实即奏明正法。

但是，这一奏请只是单纯对私贩及泄漏消息者处以死刑的提议，具体应科处什么内容和手续的死刑则不明确。此处，制定条例的刑部表示，“查臣部核覆，云贵总督审奏拿获沿边私贩之犯，俱系照‘私越缘边关塞交通外境’律，拟以绞候，事关边情，请旨即行正法，奏准遵行在案”，“此条例内，自应遵照”。但是条例的内容中，作为先例的“请旨即行正法”已不存，“声明‘绞决’字样，以免歧误”。③

从制定经过来看，条例的前半部分“为首者，拟绞立决”处，虽然在云贵总督的先例中，参照兵律“私越冒度关津”律的律文定拟绞监候，请旨即行正法，为了不误解，条例化时变更为绞立决。总之，此处有阿桂奏请“正法”，又有云贵总督的先例——“定拟绞监候……请旨即行正法”，于是条例规定“定拟绞立决”。

在此前提下，比较阿桂的奏请和条例，条例规定的“请旨即行正法”处由阿桂的奏请“即奏明正法”变化而来，可知其内容虽有重复，但未必不是同一表达。而另一

---

① 规定对发遣犯的逃亡和犯罪请旨即行正法的条例，除初见于乾隆二十六年制定的名例“徒流迁徙地方”律的条例外，乾隆朝尚有若干存在（兵律军政“从征守御官军逃”律的条例、刑律贼盗“强盗”律的条例，刑律捕亡“徒流人逃”律的条例等）。另参照本书第 5 页注 6。

② 《阿桂等奏报酌定缅匪边境事宜事》（乾隆四十二年四月二十六日），《宫中档乾隆朝奏折》第 38 辑，第 452 页。

③ 《大清律例按语》卷五十，兵律关津“私越冒度关津”律。

方面，从阿桂的奏请是与十人以上的私贩首犯与泄漏消息者俱“正法”相同的表达来看，那么命令对泄露消息者“请旨即行正法”的条例规定，就与十人以上私贩首犯的情况一样，应该看成是由云贵总督的先例而来。如此一来，条例规定的请旨即行正法，本来应该与前半部分一样从先例“请旨即行正法”变更为“定拟绞立决”的地方，因为什么差错，就此残留了下来。

此外，清末著名的司法官薛允升，在对律例各条加以逐次解说的著作《读例存疑》中，对同条例如此点评：[①]

> 碧霞玺、翡翠等玉，及鱼、盐、棉花均非违禁之物。因其潜赴夷地贩买，恐有私通透漏情弊，故严定此例。若并未透漏消息，私贩至十人以上即拟绞决，似嫌太重。

由此可知，薛允升认为本条例的主要着眼点与其说是针对私贩，不如说是出于泄漏消息考虑。如果薛允升的理解是正确的，就条文构成而言，把后半部分对泄漏消息的处罚规定想成是对前半部分私贩的援用是最为合适的。那么，既然前半部分规定了绞立决，后半部分当然也是绞立决，很难想象这里将两者在手续上区别为两个部分。

以上，此条例所定请旨即行正法，虽然没有明确规定具体的手续，但实际上设想的应该是定拟绞立决。因此，如字面义，是奏请死刑即时执行的意思，并不是如监候相当案件的请旨即行正法那样带有加重效果。而且，这样的内容并非以可由条文直接领会的形式规定，请旨即行正法不仅是在案件中，在条例中也不过是对奏请死刑即时执行的形容，并未包含这之外的手续上的内容。

说到底，乾隆朝史料所见请旨即行正法，案例也好，条例也好，首先将其理解为是对奏请死刑即时执行的形容是妥当的。因此，可以还原成官员的“请旨”行为。反过来说，乾隆朝的请旨即行正法无论是在实务层面，还是在条例层面，并未被设想成具有具体内容的特定手续，一方面，手续的内在是委于官员的判断来选择；另一方面，由皇帝对各个案件进行适切性的判断。

尽管如此，需要注意的是，在这样的请旨即行正法中，包含了将定拟监候案件与立决同样处理的类型。因为作为结果，这与嘉庆朝以后请旨即行正法的制度化有关。以下，另节讨论嘉庆朝以后的请旨即行正法。

（二）嘉庆朝以后——作为刑事裁判手续的“请旨即行正法”

嘉庆四年（1799），已经退位的乾隆帝去世，嘉庆帝名实相符的亲政开始，正月十

① 《读例存疑》卷二十二，兵律关津“私越冒度关津”律，条例附载按语。

五日，注目于裁判关系的上谕发布。[①]

> 向来刑部引律断狱，于本律之外，多有“不足蔽辜”，“无以示惩”及“从重定拟”等字样。所办实未允协。罪名大小律有明条，自应勘核案情，援引确当。务使法足蔽辜，不致畸轻畸重，方为用法之平。今既引本律，又称“不足蔽辜”，“从重定拟”，并有加至数等者。是仍不按律办理，又安用律例为耶。即案情内有情节较重者，朕自可随案酌定。总之，“不足蔽辜”之语，非执法之官所宜出。嗣后问刑衙门，俱应恪遵宪典，专引本律。不得于律外又称“不足蔽辜”及“从重”字样，即“虽”字“但”字抑扬文法，亦不准用。

此条上谕（以下称为“嘉庆四年上谕”）诘责了臣下使用从重等，以并非以律例为准据且非司法官员应当使用而加以否定。此处，嘉庆帝对官僚制内部围绕司法的各种分工，即官员以律例为准据进行定拟，皇帝可超越律例进行判断，进行了再确认。[②]

于是在这一脉络下，乾隆朝以来的请旨即行正法也变成了被否定的对象。[③] 那就是同年二月十五日的上谕，对安徽巡抚陈用敷在盗取印封骗取关饷案件中，根据刑律贼盗“盗制书”律的律文定拟绞监候后请旨即行正法的行为加以斥责。此上谕首先提到“陈用敷奏请即行正法，系于本律之外加重办理”。以律为准据定拟绞监候后请旨即行正法的做法，属于嘉庆四年谕旨禁止的律例外加重的处理。接着说道：“陈用敷办理此案，尚在未奉前旨之先，是以如此定拟。但所称‘以昭炯戒’之辞，殊非按律入奏之体。”虽然对安徽巡抚的应对表示理解，但还是斥责其未以律例为准据。于是“仍照本律拟绞监候，以符定律。着赶入本年秋审情实办理”。[④] 如此，嘉庆帝以请旨即行正法和从重一样，是在律例外加重的方法，并不能因其为以律例为准据的处理方法而加以否定。

然而，虽然有嘉庆四年上谕的存在，但嘉庆五年（1800）以后，可以确认，存在依据律例定拟监候（或者依据律例的规定，明示适用监候）请旨即行正法而受到嘉庆帝肯定评价的案例。

例如，同年八月二十五日，闽浙总督等有关福建省天地会的上奏：

> 此案僧弗性，借有天地会名目，胆敢煽惑愚民，敛钱入会，殊属藐法。应照“左道异端煽惑人民，为首者绞监候”律，拟绞候。此等匪徒，未便久禁狱中，致

① 《嘉庆道光两朝上谕档》第4册，嘉庆四年正月十五日，第55页。

② 因此条上谕，名例“加减罪例”律的条例被修改。

③ 关于嘉庆四年上谕对秋审的影响，参照赤城美惠子「清朝秋審における趕入について」『中国——社会と文化』20號、2005。

④ 第4页注8所揭史料。关于秋审的赶入，参照赤城美惠子「清朝秋審における趕入について」『中国——社会と文化』20號、2005。

稽显戮。应照“闽省前办会匪罗名扬等各案[①]”，请旨即行处决，以昭炯戒。

闽浙总督等对弗性等人依据礼律祭祀“禁止师巫邪术”律的律文定拟绞监候，参照先例请旨即行正法。[②] 对此，嘉庆帝在上奏的“以昭炯戒”处批入“是”。[③] 由此可知，对于本案中总督选择请旨即行正法，嘉庆帝判断其为适切的处置。

此外，在嘉庆六年（1801）十月十一日关于河南省发生的黄奉章因金钱纠纷杀害一人，被绑缚后又杀害一人的案件的奏折中，河南巡抚首先说道：

> 查律载“斗殴杀人者绞监候”，“故杀者斩监候”，又“二罪俱发，以重者论”各等语。此案黄奉章，先后砍扎杨正玉、叶富春致毙二命，前系无心，后出有意，按律罪应斩候。县、州与委员，俱照此问拟。

本案的两个杀人案件中，应该适用刑律人命“斗殴及故杀人”律的律文中刑罚较重的后者定拟斩监候，而很明显省内的覆审实际上也是这么定拟的。[④] 然后说道：“臣办理刑名案件，恪遵圣谕，原不敢于定例之外，稍有加增。”恐怕是声称将嘉庆四年上谕置于心头，而后说道：“惟连日细酌此案情节，黄奉章既犯重罪，复敢杀人，绝无畏法之心。宁有稽诛之理。臣与署臬司何铣复加面商，应请旨将斩犯黄奉章即行正法，以儆凶顽，而示止辟。是非有当，伏候训示只遵。”对于若依据律的规定定拟斩监候的黄奉章，为了尽快执行死刑而请旨即行正法，如此做法是否适切，委于嘉庆帝的判断。[⑤]

对于这件奏折，嘉庆帝批“自应如此办理”，对巡抚的处置予以认可，“黄奉章，着即处斩”。接着，嘉庆帝对此案评价道：“凶悍已极，该抚请将黄奉章即行正法，尚非于例外加重。”[⑥]

再者，嘉庆六年十一月十一日的上谕，关于云贵总督琅玕将在镇压叛乱之际，谎

① “会匪罗名扬等各案”是同年正月三十日闽浙总督等的奏折中出现的案件。此处，总督对罗名扬等人“俱合依‘左道异端煽惑民人，为首者绞’律，拟绞监候”后，“查罗名扬等，本系例应情实之犯。海滨重地，此等匪徒未便久禁狱中，以致别生事端。可否即行处决，以昭惩儆，恭候谕旨遵行”。因为此案如今作为先例被引用，可知皇帝许可了死刑即时执行。

② 玉德等：《审办僧弗性等结立大地会案》（嘉庆五年八月二十五日，朱批奏折），《清代秘密结社档案辑印》，中国言实出版社，1999，第 2316 页。

③ 玉德等：《审办僧弗性等结立天地会案》（嘉庆五年八月二十五日，朱批奏折），《清代秘密结社档案辑印》，第 2316 页。

④ 因为本案在河南光州息县发生，省内的覆审过程是息县→光州→按察使→巡抚。而委员则是一般在官员候补中让其处理特定业务时任命，在清代后半期，有关裁判的业务广泛使用委员。此处，从息县上行到光州，先有委员进行覆审，之后再由巡抚和署理按察使共同覆审。

⑤ 河南巡抚颜检：《奏为凶犯黄奉章已被拴获复戕人命请旨即行正法事》（嘉庆六年十月十一日），《宫中档嘉庆朝奏折》第 10 辑，台北“故宫博物院”藏本，第 656 页。

⑥ 《嘉庆道光两朝上谕档》第 6 册，嘉庆六年十月十七日，第 1188 页。

奏亲赴军营的原贵州巡抚伊桑阿，依照条例定拟斩监候，嘉庆帝说道，“琅玕等，特因朕年来办理庶狱，有‘不准从重’之旨，是以照例问拟斩候”，评价总督将此案与通常的死刑案件同样处理，是意识到了嘉庆四年上谕。“但其情罪重大，若特行降旨予以立决，转似较常例加重”，“自应按律拟斩监候，请旨即行正法”，批判了这次总督的处置，“伊桑阿，着改为绞立决”。① 此处，嘉庆帝认为总督在处置中意识到嘉庆四年上谕是不适切的，因而加以否定，本案选择请旨即行正法是适切的处置方式。

在这样一个一个案件的处理层面，嘉庆五年以后，可见依据律例定拟监候（或者依据律例的规定，应监候的案件），请旨即行正法未必是被否定的处置。反而，有时不选择请旨即行正法，而拘泥于确认以律例为准据的嘉庆四年上谕，会被视为不适切的处置。并且，这一倾向在嘉庆九年（1804）以后，以请旨即行正法条例化的形式得到进一步明确。

条例化的契机，是嘉庆八年（1803）审理的盗窃逃跑、拒伤缌麻服兄致死的案件。本案中，刑部按河南巡抚的原案定拟斩监候上奏。对此，嘉庆帝以“刑部问拟斩候，固属按律办理”对刑部的处置大致表示理解，“但该犯先经犯窃，复拒伤缌麻服兄身死。案关服制，将来秋审时，亦必预勾，毋庸久羁囹圄”，改刑部定拟的斩监候，“杜老刁，着即处斩”。并且在本次处置的基础上，“嗣后刑部遇有此等拒捕毙命又关缌麻服制之犯，按律问拟斩候，仍请旨即行正法。不待至秋审办理”，命令在今后同样处理的同时，要求制定条例。② 在此背景下，嘉庆九年，“凡卑幼因奸③因盗图脱，拒杀缌麻尊长尊属者，按律问拟斩候，仍请旨即行正法”，规定了以刑律斗殴“殴大功以下尊长”律的律文为准据定拟斩监候后请旨即行正法，刑律捕亡“罪人拒捕”律的条例被制定。随后，以此条例为开端，作为规定定拟监候后请旨即行正法的条例，嘉庆十年（1805）刑律人命“谋杀祖父母父母”律的条例④、嘉庆十六年（1811）刑律斗殴“殴制使及本管长官”律的条例⑤、道光八年（1828）刑律人命“杀一家三人”律的

---

① 《嘉庆道光两朝上谕档》第 6 册，嘉庆六年十一月十一日，第 1286 页。此条上谕未明示云贵总督是以律例的哪一条文为准据定拟，另可见上谕内的表达将律与条例混同。因此，很难确定总督所准据的条文，从案件内容来看，或许是兵律军政“主将不固守”律的律文或条例。

② 《大清律例按语》卷八十七，刑律捕亡“罪人拒捕”律。本案并未明示刑部和河南巡抚以哪一条文为准据，从案件内容看，或许是刑律斗殴“殴大功以下尊长”律的条文。

③ “因奸”的部分，在嘉庆九年十一月刑部审理的因通奸拒杀缌麻服兄的案件中，因为遵从前一年皇帝的命令请旨即行正法，于是作为对象案件的一种类型也被加入条例中。参照《大清律例按语》卷八十七，刑律捕亡“罪人拒捕”律。

④ “谋杀期亲尊长正犯，罪应凌迟处死者，为从加功之犯，拟以绞候，请旨即行正法。”此处的“拟以绞候”，或是依据刑律贼盗“谋杀人”律的律文“凡谋杀人……从而加功者，绞（监候）”。

⑤ “凡兵丁谋故杀本管官之案，若兵丁系犯罪之人，而本管官亦系同犯罪者，将该兵丁照例拟斩监候，请旨即行正法。”此处的“例”，是指同律的另一条例“军民人等殴伤本管官及非本管官……或本管官与军民人等饮酒、赌博、宿娼、自取陵辱者，俱照凡斗定拟”部分，依据这里的“照凡斗”，作为规定应处刑罚的条文，或许是由刑律人命“斗殴及故杀人”律的律文“故杀者，斩（监候）”导出。

条例[1]、咸丰三年（1853）的兵律军政“主将不固守”律的条例[2]等依次被制定。

但是，这样的请旨即行正法虽说是由条例所规定，但嘉庆朝以后，在条例规定的案件以外的请旨即行正法，未必就都得不到认可。

例如，在条例制定以前，上述嘉庆六年十一月十一日的上谕中，嘉庆帝认为该案“应请旨即行正法”，批评了云贵总督琅玕定拟监候后，未自行判断选择请旨即行正法。

再者，规定请旨即行正法的条例之一，即刑律人命“谋杀祖父母父母”律的条例，以嘉庆十年（1805）山东巡抚全保审理的企图杀害胞叔，而毒杀胞叔在内三人的案件为契机得以制定。对于本案的从犯，“全保因其情罪较重，依律拟绞监候，请旨即行正法”。对此，嘉庆帝评价“所办甚是”，命令“嗣后内外问刑衙门……着即照此案，定拟绞候，请旨即行正法”。[3] 这里，官员以个人判断选择请旨即行正法早于条例的制定。

这些案例表明，除了嘉庆四年上谕颁下的一段时间外，嘉庆朝以后官员自我判断选择的请旨即行正法，根据案情决定是否被认可。在这之中，规定请旨即行正法的条例，以刑律人命“谋杀祖父母父母”律的条例的制定过程可确认，官员以个人见解选择请旨即行正法的一部分案例，可以理解为带有规范性的明文化的产物。总之，就请旨即行正法的事例存在范围而言，首先官员以自身见解选择并获得皇帝认可的请旨即行正法仍部分存在，其中核心部分是具有规范性形式的条例（基本上不须官员表示自己的见解）。

而另一方面，与乾隆朝相比较，从请旨即行正法的事例范围考虑，不容忽视的是，有关本节介绍的嘉庆朝的请旨即行正法的史料，全都是依据律例定拟监候或者依律例规定应为监候的案件和为了死刑即时执行而请旨即行正法的案例。嘉庆朝的请旨即行正法，已看不到如乾隆朝所见，定拟立决后请旨即行正法的案例，以及未意识到律例的规定直接向皇帝奏请死刑即时执行的案例，相对狭窄地限定于律例规定为监候的案例。

如此来看，嘉庆朝的请旨即行正法，在手续上是为监候相当案件带来死刑即时执行的效果。嘉庆九年以后，这样的请旨即行正法渐渐条例化，至少对受此规定的案件，

① “凡谋故斗殴杀人，罪止斩、绞监候之犯，若于杀人后挟忿逞凶将尸头四肢全行割落，及剖腹取脏掷弃者，俱各照本律例拟罪，请旨即行正法。”此处“本律例”或指因谋杀、故杀、斗殴杀，规定监候的所有律例。例如，刑律人命“谋杀人”律的律文“凡谋杀人，造意者，斩（监候）”及刑律人命“斗殴及故杀人”律的律文“凡斗殴杀人者，不问手足、他物、金刃、并绞（监候）。故杀者，斩（监候）”等。

② 凡失守城池之案，如系兵饷充足，不行固守，一闻贼警，弃城先逃者，将专城武职及守土州县，均按本例拟斩监候，请旨即行正法。此处的“本例”，或指同律的另一条例：“凡沿边沿海及腹里州县，与武职同城，若遇边警及盗贼生发攻围，不行固守辄弃去，及守备不设被贼攻陷城池，劫杀焚烧者，除专城武职照本律拟斩监候外，其守土州县，亦照守边将帅失陷城寨律，拟斩监候。”

③ 《嘉庆道光两朝上谕档》第10册，嘉庆十年五月二十日，第578页。

意味着以后将继续适用请旨即行正法。所以，至此乾隆朝同"请旨"行为一样的"即行正法"不再，而作为清代刑事裁判上的一种手续，在监候相当案件中以死刑即时执行为特定内容的"请旨即行正法"可以说是确立了。换言之，嘉庆朝以后的请旨即行正法，作为在律例规定的监候相当案件中，原则上以律例为准据拟定监候并奏请死刑即时执行的手续，一部分被纂入条例，条例外的部分也作为必要时由官员判断使用的办法固定下来。

作为刑事裁判上的一种手续，其性质到了道光朝更为显著。例如，道光二年（1822）有抵抗捕获私盐贩的士兵，将其杀死一案，两江总督依据《户律·课程·盐法》中的条例，定拟斩监候后请旨即行正法。道光帝将本案交刑部审理，刑部上奏本案不该适用请旨即行正法，理由如下①：

> 查斩绞人犯，立决与监候各有正条。向来间有将斩、绞人犯，酌量请旨即行正法者。必其所犯情节实在凶恶，始得于例外加重。其余均应按照定例办理，不得将监候人犯轻拟立决。

据此，首先这一时期的请旨即行正法是将"监候人犯"以与"定拟立决"具有同样效果来处理，可以理解为"例外加重"的方法。有关这点，在嘉庆朝，例如像上述嘉庆五年的案例中"该抚请将黄奉章即行正法，尚非于例外加重"说的那样，虽然实际上给监候相当案件带来同立决一样的处理效果，但在它和律例的关系上，还留有所处位置尚不明了的部分。这意味着当时的请旨即行正法作为手续尚不是很稳定，乾隆朝以来的"请旨"行为，即官员个别地请求皇帝对其选择的每一个请旨即行正法的适切性进行判断，这一要素尚有残存。但到了道光朝，已明言存在"得于例外加重"的方法（虽然在处理个别案件时，还有何为"例外"的问题），确保了请旨即行正法这一手续与律例间的整合性，其结果可以理解为在清代刑事裁判制度中手续的稳定性增强了。

另外，到了道光二年，如先前所介绍，规定请旨即行正法的条例已多有制定。条例中规定的请旨即行正法，若所有官员都遵守条例就没什么问题，这一点不用刑部特意提及。因此，此处刑部所提及的，恰如史料中没有被条例规定的私盐贩卖案件，应该理解为有关条例规定以外的请旨即行正法的问题。关于这一点，刑部认为请旨即行正法是当"其所犯情节实在凶恶"时官员"酌量"使用的方法。这给以往在制度层面从未言及的官员选择的请旨即行正法，赋予了一定的含义，意味着与以前相比，加强

① 《那文毅公奏议》卷五十五。这一史料收录了时任刑部尚书那彦成的上奏文等文书。

了作为刑事裁判上一种手续的性质。

这样，嘉庆朝以后，请旨即行正法在定拟监候的案件中，作为奏请死刑即时执行的手续而成立，随着时间推移，这一制度的稳定性增强。并且在清末，如《读例存疑》所指出，"有于监候本罪上请旨即行正法者"，① 作为对定拟监候的案件进行死刑即时执行，以此来加重的方法，在清代刑事裁判制度中得以固定。

二　皇帝的回应——以监候相当案件为例

（一）乾隆帝

请旨即行正法，本来是臣下向皇帝奏请的行为。因而，官员以请旨即行正法上奏，由皇帝下达命令死刑即时执行的旨意的案件，可以全部看成是皇帝对请旨即行正法认可的案件。因此，在乾隆朝可以确认为对监候相当案件请旨即行正法的案例，至少会体现出乾隆帝的认可。

并且，乾隆帝不单单对请旨即行正法认可，有时还会积极赞赏。例如，乾隆五十五年（1790）福建省发生的"贼犯陈管，因被差役赵荣侦见擒捕，即拔身带小刀，戳伤赵荣身死"一案。闽浙总督以"福建漳、泉一带，民情刁悍。若照本例拟斩监候，不足示惩，请旨即行正法"为由，认为若按应当适用的条例处斩监候不足惩戒，提到请旨即行正法，并且上奏"因该犯现在患病，审明后即行处决"。② 对此上奏，乾隆帝以"所办甚是"赞赏了闽浙总督的处置，并对本案有如下评价。③

> 该犯即拔刀连戳赵荣，倒地殒命。实属藐法逞凶，自应立置重辟。若照例问拟斩候，实不足以示惩。嗣后内外问刑衙门，遇有贼犯行凶用刀立时杀毙差役，情节似此可恶者，俱应请旨即行正法。不得拘例办理。

本案中，闽浙总督对于以应适用条例为准据该处斩监候的犯罪者，参照发生案件的漳州府、泉州府一带的社会状况，认为有严厉处罚的必要，选择了请旨即行正法。④ 乾隆帝认可了闽浙总督的判断，命令今后有同样的案件发生时使用请旨即行正法。

---

① 《读例存疑》卷四十九，刑律断狱"有司决囚等第"律，条例附载按语。

② 《乾隆朝上谕档》第15册，乾隆五十五年九月十九日，第2066页。此处，闽浙总督定拟时所准据的条例并未明示。但是，因为是以此案为契机修改了刑律捕亡"罪人拒捕"律的条例，所以此处闽浙总督所准据的应为修改前的同条例。

③ 《乾隆朝上谕档》第15册，乾隆五十五年九月十九日，第2066页。

④ 本案中，总督因为犯罪者生病，未等到皇帝的许可就执行死刑。这是当时定拟立决而上奏的情况中，防止处刑以前因病死无法惩戒而往往使用的实务上的处置。对于这一点，皇帝并未说什么。

但是，乾隆帝对臣下在监候相当案件中的请旨即行正法并非全部认可。有时，也会以与请旨即行正法有关的缘由斥责臣下。

其中之一是对选择请旨即行正法加以斥责。

第一，选择请旨即行正法而对犯罪行为加重刑罚，这种行为被斥责。例如，乾隆四十一年（1776）山东省发生的因调戏女性，对方一家欲告官，抵抗过程中杀害其孩子的案件。山东巡抚认为“若仅照‘罪人拒捕，杀所捕人者斩’律，拟斩监候，不足蔽辜。应将窦十，照律拟斩监候，请旨即行正法”，[①] 对此，乾隆帝说道：

> 此等淫恶凶犯，情节固为可恶，但按律拟以斩候，于法已无可加。若因其情罪较重，只须赶入本年秋审情实，不使久系稽诛。尚非决不待时之犯，乃声叙“以为不足蔽辜”，请即正法，恐无识者，转疑为有意从严。所办未免过当。

认为本案中选择请旨即行正法过当，指出有被曲解为故意加重刑罚的风险，并命令“嗣后如遇此等案犯，按律定拟后，即夹片声明‘赶入本年秋审情实’”。[②]

第二，选择请旨即行正法而对犯罪行为减轻刑罚，这种行为被斥责。例如，乾隆五十三年（1788）四川省发生的殴杀三人、故杀一人的案件。

> 查符兴复所杀四命内，郭万志、郭子相二名，虽系一家，但非谋、故。惟杀祝秉绪一命系属故杀，应照故杀科断。符兴复，合依“故杀人者斩”律，应拟斩监候。

四川总督以刑律人命“斗殴及故杀人”律的律文为准据定拟斩监候。“该犯殴杀三命，又故杀一命，并刃伤二人。情形甚为凶暴，未便稍稽显戮，应请旨即行正法”，并为了尽早执行死刑而请旨即行正法。[③] 对此，乾隆帝说道：

> 四川向多啯噜匪犯，聚众行凶，自大加惩创之后，近年渐觉敛戢。今符兴复辄殴杀三命，又故杀一命。虽非谋杀，但其情形凶暴，可见该省匪徒，尚未尽行悛革。恐不久又萌故智。李世杰于审明后，自应一面奏闻，一面即将该犯正法，使凶徒共知惩惕，何必拘泥请旨。

① 《护理山东巡抚国泰奏报审明调奸拒捕逞凶毙命之犯从重按拟折》（乾隆四十二年六月二十日），《宫中档乾隆朝奏折》第 39 辑，第 122 页。

② 《乾隆朝上谕档》第 8 册，乾隆四十二年六月二十四日，第 1786 页。

③ 《四川总督李世杰奏为审拟杀死四命凶犯符兴复即行正法请旨》（乾隆五十三年五月三十日），《宫中档乾隆朝奏折》第 68 辑，第 378 页。

斥责其应根据当时四川省的社会状况并尽快执行死刑的需要，在得到皇帝的许可前就执行死刑，如此请求皇帝认可而请旨即行正法是不够的。[①]

当时，存有在得到皇帝许可前，以督抚的判断执行死刑的方法——恭请王命。因为其方法是一边向皇帝上奏，一边准备得到许可后执行死刑，所以此处的“一面奏闻，一面即将该犯正法”应该是指恭请王命。而且，因为恭请王命没有等待皇帝许可的必要，与通常的立决相比手续简略，结果是缩短了科断死刑手续上所需要的时间，虽然同样是死刑，但在时间差距上，可以理解为是比立决更严的处罚。本案在以手续要素来进行刑罚差等化的前提下，皇帝斥责四川总督选择请旨即行正法，与犯罪状况相比，刑罚过轻。

上述两个案例是对臣下选择请旨即行正法而斥责，与之相反，也有对未选择请旨即行正法而斥责的情况。例如，乾隆五十六年（1791）赶入甘肃省的秋审黄册内，代理家务骗取财产，导致该户两名遗孤自杀的案件。关于陕甘总督将其“问拟绞候，归入情实”，乾隆帝说道：

> 是林中萃倚仗，曾经代理家务，有意欺凌，挟制窘辱，惨毙二命，绝人子嗣，种种狡诈凶残，无复人理。该督审明定拟时，即应将林中萃请旨即行正法。乃仅问拟绞候，归入情实，致使该犯得以稽诛年余，办理殊属轻纵。

要求“着接奉此旨后，将林中萃即行正法”。[②] 此处，斥责了总督定拟绞监候，与犯罪行为对比时，刑罚轻纵，这样的犯罪应选择请旨即行正法。如“致使该犯得以稽诛年余”所指出，定拟监候入于秋审情实和请旨即行正法，两者处刑所需的时间差被看成是刑罚的轻重问题。本案原本应该请旨即行正法，因定拟绞监候并秋审情实，刑罚过轻而被斥责。

以上，围绕监候相当案件的请旨即行正法，对乾隆帝的回应做了一些介绍。这些案例表明，正如在上述乾隆四十一年对山东省案件所发上谕中，乾隆帝自认“朕办理庶狱，惟期公当，不肯稍存畸轻畸重之见”的那样，[③] 每个案件的犯罪行为与刑罚的均衡需要首先考虑，在此语境下，才有对臣下的赞赏或斥责。

从刑罚的角度来说，监候相当案件中的请旨即行正法确实是乾隆帝意向的实现。换句话说，受律例规定的束缚，虽同为死刑，但监候和立决间俨然有着差别。不过，

① 《乾隆朝上谕档》第14册，乾隆五十三年六月二十七日，第915页。

② 《乾隆朝上谕档》第16册，乾隆五十六年九月五日，第1050页。此处陕甘总督所准据的律例的条文并未明示，从案件内容来看，或为刑律人命“威逼人致死”律的条例。

③ 《乾隆朝上谕档》第8册，乾隆四十二年六月二十四日，第1786页。

当然会存在以律例的规定只定拟监候，但从犯罪内容出发应加重处罚的案件。对于这样的情况，一种方法是修订律例，但是修订除了在手续上费时间外，如果同类案件多发的话，在裁判业务上也难免出现障碍。于是，另一种方法是由皇帝对每个案件命令加重处罚。但这些判断工作全部由皇帝一人进行，是十分沉重的负担。因此，这一预先筛选交由官员执行，皇帝企图以判断可否的形式实现犯罪行为与刑罚的均衡，如此就有了请旨即行正法。

但反过来，因为过于追求犯罪行为与刑罚均衡，所以对手续方面的轻视也不能否认。

从围绕请旨即行正法斥责官员的案例来看，先是乾隆四十一年的山东省案件，监候相当案件选择请旨即行正法被斥责，如果有必要加重处置，应该在当年秋审入于情实。秋审入于情实的意义，有必要另外讨论。秋审是清代刑事裁判制度中，在监候被许可后，由处于制度顶点的皇帝，就是否执行死刑进行再次审查。因此，就本文所关心的内容而言，且不论秋审包含怎样的范畴，单就依据律例定拟斩监候来看，是以律例为准据进行处置，这一事实不可动摇。并且在刑事裁判中，有规定官员具有引用律例的义务的刑律断狱“断罪引律令”律的律文，[①] 仅就这一点来说，乾隆帝的斥责可说是得当的。

但从另外两个案例看，乾隆五十三年的四川省案件因没有恭请王命选择请旨即行正法被斥责。乾隆五十六年的甘肃省案件，虽然详情不明，但恐怕不是请旨即行正法，而是按律例定拟监候上奏，因此被斥责。这些斥责都找不出像刑律断狱“断罪引律令”律的律文那样明确的根据。而且，后者更是包含在秋审黄册中的案件。秋审黄册是秋审时编成的资料，其中包含的案件都应该是由许可监候的案件。也就是说，乾隆帝虽然一度许可了绞监候，但到了秋审阶段，又认为官员仅定拟监候不适切，因而加以斥责。

如此来看，三个斥责案例的共通之处在于寻求犯罪内容和刑罚的均衡这一点，不得不说其实现的手续过程则不被重视。对于乾隆帝而言，只有裁判的结果是重要的，至于其实现过程，则未必重要。

如此想来，这也可以解释乾隆朝的请旨即行正法可还原为“请旨”行为，即对乾隆帝而言，只有确保犯罪行为与刑罚的均衡的案件处理才重要，至于案件要经过怎样的手续到达他手上，始终不过是次要问题。正因为此，乾隆朝的请旨即行正法，从定拟的层面看，不仅有立决和监候两者都被确认的案例，也有无法确认参照律例的案件。

以上，对乾隆帝对有关监候相当案件中的请旨即行正法的回应进行了讨论。乾隆

① 刑律断狱“断罪引律令”律的律文。

朝的请旨即行正法，手续上无论在实务层面，还是在条例层面，其内容都不明确，但在监候内部，企图以手续要素实现刑罚差等化时，科处最重刑罚的方法。据此，当时的请旨即行正法所重视的，与其说是在裁判过程中以怎样的手续进行，不如说是作为裁判结果，给予怎样的刑罚。而这种请旨即行正法的性质，一方面是重视犯罪行为与刑罚的均衡，但另一方面则是乾隆帝对从重等的认可，以及对官员以律例为准据义务的轻视的投影。这样一来，乾隆朝的请旨即行正法终究止步于等同"请旨"行为，尚未具备刑事裁判制度上特定的手续内容。在这样的状况下，随着乾隆帝去世，嘉庆帝的亲政开始了。

（二）嘉庆帝

如前章所见，对于请旨即行正法，嘉庆帝在亲政伊始的嘉庆四年是否定的，又早在第二年的个别案例中，在实务层面认可，甚至在嘉庆九年以后进一步制定条例，将其制度化。就这一过程来看，乾隆朝实行的请旨即行正法，到了嘉庆朝短时间内被否定，而后再度复活。在此意义上，也可以说嘉庆四年上谕不过是嘉庆帝亲政伊始用力过猛的结果吧。

但事情并非如此单纯。为何嘉庆帝会否定请旨即行正法，如嘉庆四年上谕所示，是否定不以本来应适用的律例为准据的从重处置。但是对这样处置的否定，在请旨即行正法条例化后也一贯存在。

例如，嘉庆十年的上谕写道："刑名事件，所以不准从重者，原以科罪自有定例，不得于律外加等问拟，致失平允。"否定刑事裁判中的从重，是为了确认官员以律例为准据处理。接着，指出："近来外省办案，往往欲博宽厚之名，于律载案犯应得罪名，置之不论，转援引他条，思为末减。是乃姑息之见，各省皆然。"批评官员不用本来应适用的律例，而使用其他律例的"姑息"之举。①

再者，嘉庆十六年的上谕写道："至于定拟罪名，尤应准情酌理，按律援引，不得意为重轻。前曾降旨，禁用'不足蔽辜'及'从重'字样。"官员在处理案件时应以律例为准据，并在此语境下确认了嘉庆四年上谕对从重等的禁止。而且"近来问刑各衙门，又渐有用'未便仅照本律，致滋轻纵，请照某律定拟'字样者。是于本律之外，抑扬其词，深文曲笔，又何以昭刑罚之平。亦宜永远禁止，以绝流弊。"指责了近年官员的处置不以律例为准据，再次禁止。②

如此，即使在请旨即行正法条例化后，再次确认嘉庆四年上谕的内容，即官员必须以律例为准据的上谕数次颁发，在这一点上，嘉庆帝的回应是一贯的。因此，嘉庆

① 《嘉庆道光两朝上谕档》第10册，嘉庆十年九月十八日，第1345页。

② 《嘉庆道光两朝上谕档》第16册，嘉庆十六年四月二十六日，第574页。

五年以后可确认的请旨即行正法，当然应该理解为是以嘉庆四年上谕的内容为前提。

但是，有必要注意的是，嘉庆帝也未必只重视以律例为准据。关于这一点，见于嘉庆四年九月所下的这道上谕。①

> 朕自亲政以来，节次饬谕，问刑衙门，不得擅用“虽”、“但”字样，及例外援引从重之条。盖以原情定律，务协情法之平，岂可稍存轩轾。若因有前旨，而督抚等办理刑名，偏于宽厚，岂非误会朕意乎。

此处，嘉庆帝疑似对嘉庆四年上谕进行了评论。由此可以判明，颁发嘉庆四年上谕的目的，不过是实现刑事裁判中犯罪行为与刑罚的均衡，尝试排除作为其手段的从重等官员对律例的恣意适用。

虽然没有请旨即行正法的案例，同样是在嘉庆四年，发生在台湾的戍兵骚乱案件中，台湾镇总兵的上奏未定拟恭请王命。对此，嘉庆帝颁下上谕，

> 是竟拘泥前此奉有“各按本律治罪。不准用‘虽’、‘但’抑扬字面”之谕旨，即不问案情轻重，一律请旨遵行。殊为失当。

不考虑案情轻重，一律以律例为准据，向皇帝请求许可的处置，被斥责是“拘泥”于嘉庆四年上谕。②

嘉庆帝又如此表现出他对犯罪行为与刑罚的均衡的重视，这也是当时的请旨即行正法所反映出来的。嘉庆朝的请旨即行正法，其所处位置，也和乾隆朝一样，可以看成是手续上所需时间的刑罚差等化之一环。

有关这一点，虽然没有直接言及请旨即行正法的史料，但可关注嘉庆十年的杀人案件中，对于刑部定拟斩监候的覆奏，嘉庆帝颁下旨意的案例。③

> 刑部照该抚所拟律应斩候，将来秋审上时，自必予勾。但核其情节，实为可恶，所有刘其品一犯，着即行正法。

本案中，嘉庆帝认为虽然在秋审中也必定会得到死刑的执行命令，但因犯罪情节可恶，命令不用等待秋审而即时执行。该旨意是同年闰六月所下，如果将该案暂时入于秋审，因为秋审案件的死刑执行定在“霜降”后“冬至”前，死刑执行最快也要等

① 《嘉庆道光两朝上谕档》第4册，嘉庆四年九月二十四日，第992页。

② 《嘉庆道光两朝上谕档》第4册，嘉庆四年七月八日，第669页。

③ 《嘉庆道光两朝上谕档》第10册，嘉庆十年闰六月五日，第829页。此处刑部所准据的律例的条文并未明示，从案件内容来看，或为刑律人命“斗殴及故杀人”律的律文。

三个月以上。旨意命令死刑即时执行，将执行时间提前，这一时间上的差别与其他案件相比较，反映了犯罪行为“可恶”的这一评价。也就是说，此处和乾隆朝一样，可理解为以科处死刑手续所要时间的差别来反映刑罚的轻重。本案因为皇帝旨意要求应科处相对重的刑罚而被命令死刑即时执行。

而且，如果嘉庆帝在这一案件中命令今后同样处理的话，因为其核心是以律例定拟斩监候并奏请即时执行，那么对官员来说就变成了命令请旨即行正法。据此，嘉庆朝的请旨即行正法，其位置也可能和乾隆朝一样，在定拟监候时，企图在内部用手续进行刑罚差等化，作为一种可能的方法，科处最重的刑罚。

以上基于嘉庆帝的回应，从当时的请旨即行正法来思考，作为前章阐明的清代刑事裁判上的一种手续的“请旨即行正法”确立的直接出现，虽然看似矛盾，但将其理解为嘉庆四年上谕的结果也是妥当的。

再次确认刑事裁判制度中官员的分工，是以律例为准据进行定拟的嘉庆四年上谕，短时间内表现为否定乾隆朝以来的请旨即行正法。但是到了嘉庆朝，因为案件并没有大量减少，只要采用绝对的法定刑主义的律例的做法不改变，只有律例的制定、改废，为了确保犯罪行为与刑罚均衡的刑罚差等化将无法实现。这样一来，必然会和乾隆朝一样，通过某种手续的要素，有必要进行刑罚差等化。因此，请旨即行正法被再度使用，在这一阶段，强调遵守律例的嘉庆四年上谕，再次确认刑事裁判制度中官员在处理案件时要以律例为准据，并且将其作为请旨即行正法的手续，依律例定拟监候后奏请即时执行这一方法被限定下来。

这样，嘉庆四年上谕和其语境中否定请旨即行正法的表面效果相反，带来了将请旨即行正法手续限定化的效果，而其结果，则是嘉庆朝以后，请旨即行正法除了一部分纂入条例以外，甚至在条例外作为应以官员的判断来使用的方法也被固定下来。

结　语

请旨即行正法本来的意思是指奏请死刑即时执行。在清代，因为定拟立决后上奏，等同于奏请死刑即时执行，所以没有必要特别使用这一表达。因此，乾隆朝的请旨即行正法，包括立决的情况在内，不过单单是对即时执行的形容；或者以律例为准据定拟后，针对犯罪中刑罚过轻的情况及虽未参照律例但根据皇帝判断进行死刑即时执行的方法。另外，即使在这一时期唯一制定的规定请旨即行正法的条例中，关于其手续内容，也缺乏具体性表述。因此，乾隆朝的请旨即行正法，毕竟可以还原为一般的官员请求皇帝许可的“请旨”行为。

到了嘉庆朝，请旨即行正法虽然依据命令裁判中官员要以律例为准据的嘉庆四年上谕，一度被否定。但这之后，以符合嘉庆四年上谕内容的形式再度被使用，还在若干条例中被规定。这一阶段的请旨即行正法，不再是对立决等的形容，而被限定为手续上以律例为准据定拟监候后奏请死刑即时执行的方法。至此，可看作请旨即行正法作为清代死刑裁判制度的一种手续被确立。

另外，在嘉庆朝，作为请旨即行正法本身不至于被否定的理由，可举出请旨即行正法具有通过手续进行刑罚差等化的功能。众所周知，清代的律例采用认定犯罪后即可确定应科处刑罚的绝对法定刑主义。这里，为了实现犯罪行为与刑罚的均衡，对刑罚计量的细分化不可欠缺。但是，因为想要通过立法来细分化，无论如何都有界限存在，所以乾隆朝以后，企图通过手续来进行刑罚差等化。① 请旨即行正法也还是以定拟监候为前提，因为到实际处刑为止，通过手续上所需时间的差别，可以科处比通常监候更重的刑罚，所以不需要成文法的制定、修订，获得了通过手续实现刑罚差等化的有用方法。故而嘉庆朝以后，不至于全盘否定，而是走向了确定具体的手续内容并加以使用。

通过对请旨即行正法的讨论，可探明的是，乾隆朝与嘉庆朝围绕裁判的处置方式可举出不同的地方。换言之，在乾隆、嘉庆两个时期，虽然在实现犯罪行为与量刑的均衡是第一目的上是共通的，但乾隆朝为了这一目的，不仅皇帝，就连官员有时也被要求不以律例的规定为准据。而嘉庆朝则不如说这一分工被皇帝独占，强调了官员要以律例为准据并保证前者的实现。可以说，在乾隆朝，围绕裁判，皇帝和官员两者在一定程度上被期待担负同样的分工，而在嘉庆朝，两者的分工是严格区别的。

这样的不同，以清代刑事裁判制度全体共有的性质为前提，可以理解为每个时期所具有的差异。但是，这样来看，关于为何产生那样的差异，不应仅将其全都还原为皇帝的回应，也需要立足于当时的社会背景来进行考察，这在今后阐明整个清代裁判制度工作中显得尤为必要。

① 例如，有关恭请王命，参照前揭拙稿。另据赤城惠美子的研究，秋审中的赶入也具有同样的功能。参照赤城美惠子「清朝秋審における趕入について」『中国——社会と文化』20 號、2005。

专 论

从“情有可矜”到“实无罪责”

——清代“疯病杀人”的法律规制及其近代转型

翟家骏*

摘　要： 帝制中国时期，对于“疯病杀人”的法律规制是以“情有可矜”的原则为出发点，疯病属于笃疾或者废疾，因此疯病者可享“矜恤之仁”，但疯病者杀害尊亲属则因攸关伦纪而不被可矜。清代还形成了对疯病者的报官锁锢制度，具有犯罪预防的积极意义。到了近代法律转型时期，随着有关刑事责任能力的近代刑法学观念的输入，精神病人行为“不为罪”，对精神病犯罪的法律规制变为“实无罪责”，在此过程中因为新旧法律文化的碰撞而形成一定的立法争议和司法难题。清代“疯病杀人”的法律规制及其近代转型也为当前有关法律的发展提供了历史借鉴与启迪。

关键词： 情有可矜　疯病杀人　近代转型

有清一代，关于“疯病杀人”的法律规制已然形成一整套的规范体系，而传统法中的“疯病杀人”属于现代法学意义上的精神病人犯罪，但在古代，精神病人犯罪所指涉的范围较为广泛，除了疯病杀伤人命案件外，清代司法实践中常见的案例还有疯人捏写“逆词”案和疯人擅入“宫禁”案等。本文主要讨论的对象是“疯病杀伤人”的案件，亦即精神病人在疯发无知时对他人造成人身侵害的案件。传统法对待“疯病杀人”的态度是“情有可矜”，“情有可矜”也是秋审中根据案情可对犯人酌量减轻处理的一种裁断结果，据《光绪会典》载，“凡秋审之别有四，曰情实，曰缓决，曰可矜，曰留养承祀”，[①] 在秋审之时，精神病人犯罪也在“可矜”的范围之内。但近代法学对精神病人犯罪的态度是“实无罪责”，两者之间判若鸿沟，而处于新旧法学交替时代的沈家本就为我们提供了观察法律转型的样本，下面先简单介绍沈家本《答王仁山问笃疾废疾》这篇文章，然后展开本文的论述。

引子　沈家本的《答王仁山问笃疾废疾》

《答王仁山问笃疾废疾》是沈家本的《寄簃文存》中一篇以问答形式呈现的文章，在此文中，沈家本在解释“笃疾”和“废疾”的含义之后，以中西古今的视角梳理了

* 翟家骏，清华大学法学院博士研究生。

① 《光绪会典》卷五十三。

精神病人犯罪的法律规制，我们以此为切入点，便能认识到在精神病犯罪这一点上中西古今的法律有多大的变迁与差异。

废疾和笃疾是中国传统法律中对当事人的伤残程度区分的两种类型，与现代法中的轻伤与重伤的划分较为类似，其中废疾是较轻的情形，笃疾是较重的情形。根据沈之奇《大清律辑注》的解释："废疾者，或折一手，或折一足，或折腰脊，或瞎一目及侏儒、聋哑、痴呆、疯患、脚瘸之类，皆是。笃疾者，或瞎两目，或折两股，或折一肢瞎一目，及颠狂、瘫瘫之类，皆是。"① 沈家本的友人王仁山②就向沈家本提出了两个问题，希望他为自己答疑解惑：第一，沈之奇对废疾和笃疾分别进行了定义，但"废疾"中的"疯患"与"笃疾"中的"颠狂"有何区别？第二，《周礼》所说的"笃"指"病甚而精神昏乱"，《唐律疏议》的"笃"指"损二事"，两者为何不一致？

沈家本的回答要点大体有以下几点：第一，在唐代以前，笃疾和废疾并无明显区分，含义笼统，"古今文词不能尽同"；第二，《北齐律》开始区分笃疾和废疾，到唐代区分更为明确，唐律中有残疾、废疾、笃疾的区分，"谓之三疾，分析甚明"；第三，《周礼》中的"蠢愚"包括精神病人和聋哑人等，《唐律疏议》中的笃疾也包括"蠢愚"的含义，"以相比附"，两者并无矛盾；第四，"审若今之精神病，征诸古说，其名亦不一"，《大清律辑注》中的"疯患"是指麻风病和羊癫疯，而"颠狂"才是指当时意义上的精神病；第五，沈家本将视野关注于中外法律的对比："至今日东西各国之刑法，以癫狂为精神病，若有所犯，皆病使之然，故不为罪。其生而聋哑者，精神实不完备，故亦在宥恕减轻之列。其余形体虽不具，而知识无异常人，皆不得与前二者同论，与中律之笃疾、废疾一概可邀矜恤之仁者，不尽相同。此新学说之异于古说者。"③ 也就是说，新学说（近代法学）认为精神病人犯罪不负刑事责任，聋哑人犯罪可减轻刑事责任，其他残疾人的刑事责任与常人相同；而旧学说（传统律学）的观点则是，无论是精神病人还是聋哑人，抑或是肢体有残疾的人，如果符合笃疾或废疾的规定，均可因"矜恤"之"仁"而获得收赎的刑事优待政策。

一　清代精神病人犯罪的刑事立法

（一）精神病人犯罪的刑事立法及实践的历史考察

早在周代的"三赦之法"就有"三赦曰蠢愚"，蠢愚就是智力低下、存在认知障

① 《名例》"老小废疾收赎"条，（清）沈之奇撰《大清律辑注》（上），怀效锋、李俊点校，法律出版社，2000，第 63 页。

② 王仁山的具体人物信息不详，笔者未能查到相关资料，但其熟知律法，思路清晰，提问有据，很有可能是沈家本在刑部的同事。

③ （清）沈家本：《答王仁山问笃疾废疾》，《寄簃文存》卷四，《历代刑法考》（四），中华书局，1985，第 2204 页。

碍的人，而汉代出现了最早的疯病杀人的记载，《后汉书·陈忠传》曰：“狂易杀人，得减重论。”唐代颜师古注曰：“狂易，谓狂而易性也。”因此，精神病人犯罪在量刑时可以减轻处罚。

沈家本的《历代刑法考》引用了汉代《廷尉决事》中的狂病杀母弟案：“河内太守上民张太，有狂病，病发，杀母、弟，应枭首。遇赦，谓不当除之，枭首如故。”该案中精神病人杀死母亲和弟弟后不被赦免，依旧被处刑。沈家本评价道：“人至病狂而改易其本性，则凡病中之所为皆非出于其本性，故虽有杀人之事，亦得恕之。近日东西国学说并持此论，其刑律中有精神病不为罪之文。陈忠之减重论，实为今法之权舆。张太遇赦而枭首，当在陈忠未定减重之先也，亦不准除。”①

《唐律疏议·名例·老小废疾》规定：“诸年七十以上、五十以下及废疾，犯流罪以下，收赎。八十以上、十岁以下及笃疾，犯反逆、杀人应死者，上请；盗及伤人者，亦收赎。”疏议的解释是：“笃疾，戆愚之类者。”但是戆愚明显是指患有痴呆的智力障碍者，而没有提到癫狂的精神病人。不过司法实践中也有关于精神病的处理，如发生在唐太宗时期的李好德妖言案。②《宋刑统》沿袭唐律的规定，而从元代开始，关于疯病杀人的法律规定完善起来，根据《元史·刑法志》记载：“诸罪人癃笃残疾，有妨科决者，赎。”“诸病风狂，殴伤人致死，免罪，征烧埋银。”“诸子孙弑其祖父母、父母者，凌迟处死，因风狂者处死。”③ 对不同的疯病杀伤人情形规定了不同的处理。《大明律》中的“老小废疾收赎”条同样沿袭《唐律疏议》和《宋刑统》的规定，但没有沿袭元代关于疯病杀伤人的条文。因此，薛允升在《读例存疑》中说：“疯病杀人，唐律无文，明律亦不载，有犯即照人命拟抵，无他说也。”④

（二）清代与“疯病杀人”有关的刑事立法

到了清代，关于精神病人犯罪的法律规定已经形成了较为完善的法律体系，首先是处理精神病人犯罪的一般性原则，即精神病人可依病情轻重的程度归入废疾或者笃疾，从而适用收赎制度，《大清律例》中的“老小废疾收赎”条律文规定：“凡年七十以上、十五以下及废疾，犯流罪以下，收赎。八十以上、十岁以下及笃疾，犯杀人应死者，议拟奏闻，取自上裁。（注：犯反逆者不用此律）盗及伤人者，亦收赎。（注：

---

① （清）沈家本：《汉律摭遗》卷五，《历代刑法考》（三），中华书局，1985，第1470页。

② 据《贞观政要》记载，唐贞观五年，张蕴古为大理丞。相州人李好德素有风疾，言涉妖妄，诏令鞠其狱。蕴古言好德癫病有徵，法不当坐。太宗许将宽宥，后蕴古与好德博戏，为御史劾奏，太宗怒，令斩蕴古于东市，好德论如律。这一案件中，李好德应当属于间歇性精神病人，其为妖言时癫病有征，但案发时却又精神正常，故能与法官张蕴古下棋博戏。太宗据此认为其癫病为伪，故而论如律。

③ 《元史·刑法志》，邱汉平编著《历代刑法志》，商务印书馆，2017，第432页。

④ （清）薛允升：《读例存疑（重刊本）》，黄静嘉点校，成文出版社，1970，第863页。

谓既侵损于人，故不许全免，亦令其收赎）余皆勿论。”[①] 犯罪时未老疾律文规定：“凡犯罪时虽未老疾，而事发时老疾者，依老疾论。若在徒年限内老疾，亦如之。犯罪时幼小，事发时长大，依幼小论。”[②]

其次是针对“疯病杀伤人”行为的特别规制，《大清律例》中的“疯病杀人”例文（收录在“戏杀误杀过失杀”律文之下）大致分为两种类型，一种是针对疯病杀人的预防措施，规定了亲属、邻佑和地方官的看护、监管义务；另一种是关于疯病杀人的量刑规制。

1. 疯病报官锁锢制度

疯病报官锁锢是指疯病者的亲属或邻佑在报告官府后，根据有无亲属和锁锢条件，对精神病人实行亲属锁管或邻佑锁管，它构成清代精神病人管制政策的核心。首先来看雍正九年例文（乾隆三十二年改定）明确规定亲属邻佑的法律责任：“疯病之人，其亲属邻佑等人容隐不报，不行看守，以致疯病之人自杀者，照不应重律，杖八十。致死他人者，照知人谋害他人不即阻挡首报律，杖一百。如亲属邻佑人等已经报明，而该管官不严饬看守，以致自杀，及致杀他人者，俱交部议处。”[③] 薛允升认为该条不利于实际操作，而且从情理角度否定报官锁锢的必要性：“患疯之人，未必尽有杀人之事，其偶致杀人，亦属意料所不及，若必责令报官锁锢，似非情理。如谓预防杀人起见，不知此等科条，万难家喻户晓，不幸而遇此事，即科满杖之罪，殊嫌未妥。设尊长患疯，而责卑幼以报官锁锢，更属难行之事。”[④]

再有乾隆二十七年例文（道光二十六年改定）规定了从监禁到释放的一整套锁锢程序：“疯病杀人，如家有严密房屋，可以锁锢得当，亲属可以管束，及妇女患疯者，俱报官，交与亲属看守，令地方官亲发锁铐，严行封锢。如亲属锁禁不严，致有杀人者，将亲属照例严加治罪，如果痊愈不发，报官验明，取具族长地邻甘结，始准开放。如不行报官，及私启封锁者，照例治罪。若并无亲属又无房屋者，即于报官之日，令该管官验讯明确，将疯病之人严加锁锢监禁，具详立案。如果监禁之后，疯病并不举发，俟数年后诊验情形，再行酌量，详情开释，领回防范……”[⑤]

薛允升认为，该法律条文存在明显漏洞且监禁锁锢过于严格从而导致在实践中难以执行：“亲属律得容隐，祖、父虽实犯罪名，尚不科子孙以隐匿之条，一经染患疯

---

① 《大清律例·名例律》“老小废疾收赎”条，《大清律例》，田涛、郑秦点校，法律出版社，1999，第106页。
② 《大清律例·名例律》“犯罪时未老疾”条，《大清律例》，田涛、郑秦点校，法律出版社，1999，第107页。
③ 郭成伟主编《大清律例根原》第3册，上海辞书出版社，2012，第1272页。
④ （清）薛允升：《读例存疑（重刊本）》，黄静嘉点校，成文出版社，1970，第858页。
⑤ 郭成伟主编《大清律例根原》第3册，上海辞书出版社，2012，第1271页。

病，即预防其杀人，责子孙以报官锁锢，违者仍行治罪，似非律意。不报官锁锢，以致疯犯杀人，故照例拟杖一百，若并未杀人，似无罪名可科，不报官锁锢，及私启封锁之亲属人等，亦云照例治罪，究竟应得何罪之处。亦未叙明。至无亲属又无房屋即行监禁锁锢，尤为不妥，轻罪人犯尤不应监禁，此等疯病之人，有何罪过而严加锁锢，监禁终身，是直谓疯病者断无不杀人之事矣，有是理乎？因有疯病杀人之案，遂将疯病之人，一概恐其杀人，定为此例，是因一人而波及人人，而其实为万不可行之事，此例亦属虚设。”①

根据沈家本等人编的《大清现行刑律按语》，“报官锁锢例”在光绪三十四年（1908）正式被废止，其理由与薛允升的考量如出一辙：“将疯病之人及妇女一律呈报封锢，既虑房屋之不密，复恐锁禁之不严，而痊愈必须验明开放，必须取结，层层防范，未免涉于纷烦；其私启锁封，照例治罪，无论应治何罪，并未叙明，且疯犯未致杀人即属无罪可拟，似应全行删去。”② 认为该制度规定过于烦琐和严密，法网百密而有一疏，而且疯病者的行为若没有造成严重后果就没有定罪的必要性，在清末修律之时应将该条删除。

2. 疯病杀人的量刑：区分持续性疯病与间歇性疯病

嘉庆七年的例文规定了持续性疯病与间歇性疯病的不同法律适用后果，前者永远锁锢，后者以斗杀论罪：“凡疯病杀人之案，总以先经报官，有案为据。如诊验该犯始终疯病，语无伦次者，仍照定例，永远锁锢。若因一时陡患疯病，猝不及报，以致杀人，旋经痊愈，或到案时虽验系疯迷，追覆审时供吐明晰者，该州县官审明，即讯取尸亲甘结，叙详咨部，方准拟以斗杀。如无报案，又无尸亲切结，即确究实情，仍按谋故各本律定拟。至所杀系有服卑幼，罪不至死者，不得以病已痊愈，即行发配，仍依疯病人例，永远锁锢。”③

薛允升认为：“疯病杀人之犯，从前治罪甚宽，而锁禁特严，近则治罪从严，而锁禁甚宽，殊觉参差。”因此，清代对疯病杀人的法律规制呈现出两个不同面相。首先是治罪从宽到严，“疯病杀人，康熙年间始有照过失杀之例，雍正乾隆年间，又定有照斗杀拟绞之例。此外，二命有例，三命以上有例，尊长卑幼莫不有例，例文愈烦，案情益多矣。”即从过失杀收赎到斗杀抵命。其次是锁禁的措施从严到宽，“永远锁锢，系乾隆年间定例，嘉庆十六年改为监禁，五年以后，疯病不复举发，题请留养承祀等因，

① （清）薛允升：《读例存疑（重刊本）》，黄静嘉点校，成文出版社，1970，第 860 页。

② （清）沈家本等编《大清现行刑律按语》，《续修四库全书》，上海古籍出版社，2002，第 863 页。

③ 郭成伟主编《大清律例根原》，上海辞书出版社，2012。

纂为条例。"[①] 即从永远锁锢到有期限、有条件的监禁。这种宽与严的变化，一方面说明官府对疯病杀人者的处置日趋严厉，较少进行可矜，另一方面也说明官府对亲属锁锢的有效性失去越来越失去信心，同时似乎还说明官府逐渐意识到严厉处罚未尽防范职责的亲属缺乏足够的理由。[②]

3. 清代对精神病人管制措施的法律启示

笔者认为，虽然清代对精神病人的报官锁锢制度存在严重弊端，即一方面缺乏人道考虑，对精神病人过度滥用监禁的措施，另一方面过于理想化，难以实行，在很多时候法律条文得不到贯彻落实成为一纸具文，但其中也有对现代司法的启示性价值。

一方面，报官锁锢制度对于尚未犯罪的精神病人来说是一种犯罪预防的积极措施，将精神病人与他人相对隔离大大降低了犯罪发生的可能性。而现在对精神病人犯罪的预防可能还做得不够，应早发现早治疗，当然也要同时防止"被精神病"的现象发生。

另一方面，报官锁锢制度还规定了亲属、邻佑和地方官疏于防范精神病人犯罪的责任后果，构建了严密的法律责任体系。有学者评价，报官锁锢制度的出台，不仅是清政府的"创举"，也是中国法制史上一项新的举措，其体现的政治意义是清政府的统治政策已经渗透到社会的角落中去。[③] 反思当前，家庭是防范精神病人犯罪的第一道防线，必须强调亲属在监护精神病人方面的道德义务和法律责任，而社会则是第二道和最后一道防线，没有亲属或亲属没有监护能力的，应当由当地村委会、居委会甚至基层政府担负起监护精神病人的责任。

二　清代"疯病杀人"的司法实践——以《刑案汇览》为中心

（一）对"疯病杀人"的预防与惩治：锁锢监禁

前面已经提到，清代发展出一套较为完善的对精神病人进行报官锁锢的法律制度，报官锁禁是对疯病者犯罪的事先预防，监禁到疯病痊愈为止，而单纯的锁锢监禁是一种事后惩治的措施，若案情严重，则永远监禁。

锁锢监禁在司法实践中体现为"广"和"严"。首先，锁禁措施的适用对象范围较为广泛，根据《刑案汇览》中嘉庆十一年的说帖，"疯病之人毋论旗民均应锁锢"，"疯病之人如家有严密房屋可以锁锢，亲属可以管束，俱报官交与亲属看守……是旗人及家奴染患疯病，如已滋事犯法应即由旗送部审办，或在部监禁或交旗锁锢，均俟将

① （清）薛允升：《读例存疑（重刊本）》，黄静嘉点校，成文出版社，1970，第 861 页。

② 刘白驹：《中国古代精神病人管理制度的发展》，《社会发展研究》2014 年第 1 期。

③ 郝秉键：《清代精神病人管制措施考述》，《清史研究》2002 年第 2 期。

来疯病痊愈分别报部释放，并将锁铐缴还”。[①] 因此，在精神病人犯罪预防方面，不仅对普通民人要锁锢监禁，享有司法特权的旗人也要锁锢监禁，略有不同的是犯疯病的旗人应交刑部或者是所在旗进行锁锢监禁的执行。其次，锁禁的具体措施上要求严格，如道光六年“大兴县申详监禁疯犯杨三病愈呈请释放”一案。[②] 该案中大兴县杨三因患疯病，被其父杨胜开报官申请锁锢监禁，但官府以杨三疯病痊愈为由免于锁禁，令其回家看管，后来杨三疯病复发，骑着毛驴在街道上乱窜，被巡逻官兵拿获并锁禁，其父杨胜开后来申请释放，此案由大兴县报给刑部，刑部认为“杨三染患疯病时发时愈，自应照例俟监禁数年后再行验明，酌量开释。现在监禁未及一年，未便遽予查办”，并要求大兴县询问其父家中是否有严密房屋可以锁锢。根据相关例文，对精神病人的锁锢，首先是在家安置家属看守，若家中没有严密房屋等锁禁必需的客观条件，则由县衙负责锁禁，虽然本案的情节也较为轻微，当事人仅仅是疯病复发后扰乱社会秩序，但刑部的态度也很明确，对间歇性精神病人要监禁数年，确实痊愈后才能释放，刑部官员看重的是犯罪预防。

（二）对疯病杀伤凡人或卑幼的法律适用

根据疯病杀人例文，若疯病杀伤凡人或是卑幼，一般的处理方式是，若在案件审理之时当事人疯病没有痊愈，则收赎并监禁；若其突发疯病，来不及报官，而且在杀伤人后疯病痊愈，精神复归正常，则照常按律问拟。

首先来看嘉庆元年的“因疯杀胞弟虽收赎仍应监禁”案，[③] 该案当事人刘族因为疯病殴死了自己的胞弟刘志书，地方官员根据“过失杀期亲弟妹”的律文判处其收赎，而刑部认为，疯病杀人与过失杀人虽然都可以收赎，但疯病杀人者应永远锁锢，而过失杀人者在收赎后即释放，“是恐其因疯再行滋事也”。此外，被害人是刘族的同居胞弟，因为他们之间是同居共财的关系，所以收赎的银两也不再追究。虽然在审理过程中，刘族在狱中病故，但刑部还是对地方官员的判决进行了相应更正。

再来看道光十一年“因疯杀媳病已痊愈给属锁锢”案，[④] 该案当事人钟黄氏因为疯病殴伤了儿媳妇吴氏，吴氏因伤重而去世，地方官员根据“因疯杀有服卑幼”的例文将钟黄氏判处永远锁锢，而刑部认为钟黄氏是一时陡患疯病，猝不及报，以致杀伤，后来痊愈，应按“殴子孙之妇至死”的律文判处其一百杖刑、三年徒刑，并依律收赎。

在一般处理的司法实践外也有特殊处理的情形，即严格按律例问拟。在“情有可

① 祝庆祺等编《刑案汇览三编》第2册，北京古籍出版社，2004，第1195页。
② 祝庆祺等编《刑案汇览三编》第2册，北京古籍出版社，2004，第1183页。
③ 祝庆祺等编《刑案汇览三编》第2册，北京古籍出版社，2004，第1188页。
④ 祝庆祺等编《刑案汇览三编》第2册，北京古籍出版社，2004，第1192页。

矜”的司法逻辑前提下，主审官员视案件情节酌情裁断，如果案情严重，也可不矜；若精神病人杀死杀伤多人，则按律例问拟。例如，道光六年的“因疯杀妻监禁后又因疯杀人”案中，[①] 当事人秦有祥因疯病砍死妻子马氏后被监禁在狱中，不料再次因疯病将狱卒打死，因此刑部按照疯病连杀平人二命的例文将其拟以绞监候，秋后处决。第二个是道光五年的“因疯砍伤六人到案供吐明晰”案，当事人阎金祥因疯病砍伤六人，但“到案痊愈，供吐明晰”，刑部认为“于凶器伤人近边军例上加一等，系革兵滋事再加一等，应发极边充军”，因其患有疯病，所以先监禁数年，隔离观察，待疯病不再复发之后再行发配。

（三）对疯病杀伤尊亲属的法律适用

因疯杀尊长的案件属于“逆伦”案件，案情“服制攸关”，性质恶劣，“疯病”不能成为减轻罪责的理由，故一般处理的方式就是按律例问拟，我们来看三个案子。

第一个是乾隆年间的四川“因疯殴死缌麻尊长”案，[②] 该案当事人王习礼因疯病将丈母娘易王氏殴打致死，四川总督认为丈夫与妻子之母的关系属于外姻缌麻，而不是功服尊长，故仍照疯病杀死凡人的例文采取收赎后锁锢的措施。但刑部认为四川总督的判决“竟置服制于不议，揆之情法未为平允”，妻子之母毕竟与凡人不同，于是按照服制定拟，判处其斩监候。

第二个是嘉庆年间陕西“因疯殴死同居继父”案，[③] 该案中陕西人郎莲花因疯将其继父砍杀致死，陕甘总督认为“该犯虽始终病未痊愈，第服制攸关，自应仍按本律拟抵”，即使疯病没有痊愈，也不按照因疯杀死凡人的例文将其处以永远监禁，而是依律科罪处以斩监候，刑部覆核后同意其判决。

第三个是道光年间安徽“殴杀父母无论因疯先行正法”案，[④] 该案中安徽人周传用患疯病后间歇性发作，其父亲周建爱怜其子便没有报官锁锢，不料周传用发疯后持枪乱舞，将其父戳伤，其父伤重不治而亡，在提审该犯时该犯仍处于疯癫无知的状态。刑部认为“疯病杀人之犯，虽由疯发无知，然所杀系祖父母、父母，则伦纪攸关，迥非常人可比，在本犯身为人子，戕及所生，实属罪大恶极”，为防止该犯瘐毙狱中逃脱制裁，因此应采取“就地正法”的特殊刑事执行措施，跳过死刑覆核程序，先斩后奏，以“重伦常而惩枭獍”。

当然，对精神病人杀伤尊长也有从轻处理的情形，亦即地方督抚向刑部夹签声请

① 祝庆祺等编《刑案汇览三编》第 4 册，北京古籍出版社，2004，第 268 页。
② 祝庆祺等编《刑案汇览三编》第 2 册，北京古籍出版社，2004，第 1189 页。
③ 祝庆祺等编《刑案汇览三编》第 2 册，北京古籍出版社，2004，第 1192 页。
④ 祝庆祺等编《刑案汇览三编》第 3 册，北京古籍出版社，2004，第 1616 页。

后由刑部决定减轻处罚。例如，嘉庆二十三年民人李大魁因疯病砍死其叔李万厢和其妻张氏，并将其婶母董氏和族人等四个人砍伤，案情也较为严重，但刑部认为"疯病之人并不知殴杀何人亦不知所伤之多寡，核其情节，系属犯时不知并非有心逞凶干犯"，即从疯病之人的主观心理状态出发，并非有心干犯，并不是故意犯罪，故将李大魁由斩立决改判为斩监候。[①]

（四）清代"疯病杀人"法律规制的几点思考

1. 当疯病遇上服制：论心定罪与尊卑秩序

正如以上所考察的，因疯病杀伤尊亲属与因疯病杀伤凡人的行为有截然不同的刑罚适用后果，很多案例中，虽然刑部认为杀伤尊亲属的行为"并非有心干犯"，但"伦纪攸关"，故仍"按律问拟"。外国学者陆康（Luca Gabbiani）认为："中国的法律传统自始即以犯罪动机为基本原则，或曰犯意。在其最精确的定义之下，刑罚仅与故意犯罪相连。既然清代的法律专家多倾向疯病者不应该对其行为负责，无论有多严重，因为无法证实他或者她的故意伤害，这一原则应该导致放弃对于疯病者的最终指控。事实却不是如此，着眼于问题的道德层面和法律层面之间的张力，传统中国就像其他地方那样，作为犯罪的报偿，人们期望刑事法律提供应有的刑罚。"[②] 也就是说，当疯病遇上服制，当论心定罪遇上尊卑秩序的时候就要着重考虑道德层面的因素，维护尊卑有序的社会秩序，疯病杀伤尊长的行为就不适用"论心定罪"的原则，所以清代统治者不愿对因疯病杀害尊亲属者施以怜悯，源自当局"对于《大清律例》律文本意与司法原则基本理念的阐释长时间没有发生变动，以及在司法过程中必须确保国家正统的政治考量"。[③]

2. 笃疾与废疾二元划分下的疯病认定

如果按《大清律辑注》中的解释，疯病是可以归入废疾和笃疾的范围，理应收赎，但在清代司法实践中，对疯病犯罪者的治罪经历了从宽到严的转向，在收赎之外，还长期监禁锁锢。导致疯病犯罪和一般残疾人犯罪的惩治程度迥异的原因也很容易理解，第一，疯病患者的潜在社会危害性高于一般的残疾之人，有的疯病患者表现出极强的攻击性，被认为具有较大的社会危险性。第二，疯病之人与其他废疾和笃疾者相比，在认定上较为困难。对老幼废疾者进行优待，其前提是对犯罪人是否属于老幼废疾做出认定。犯罪人在犯罪时或事发时是否老幼或肢体残疾，是较为容易判断的；但是否

---

① （清）许梿、熊莪纂辑《刑部比照加减成案》，何勤华等点校，法律出版社，2009，第220页。

② 陆康：《18～20世纪帝制中国晚期的因疯病杀害尊亲属罪》，孙家红译，中国法学网，http：//www.iolaw.org.cn/showArticle.aspx？id＝4259），最后访问时间：2018年8月1日。

③ 陆康：《清代法律文献视野中的精神病与杀父母》，郭瑞卿译，《中国古代法律文献研究》第7辑，社会科学文献出版社，2013。

属于突发性的精神障碍，则往往难以判断，《洗冤集录》等法医学著作中也缺乏疯病认定的内容，清代王又槐的《办案要略》一书中也记载："疯病人犯之供，必然含糊错落，似是而非，所对非所问，或有问而无供。若头绪清楚，便非真疯。亦有疯病时发时止者，临审辨明，不可假捏。"① 对疯病之人供词的获得与认定需要以疯病之人确实清醒为前提。

3. 司法实践中疯病的法律意象：假疯抑或真疯?

囿于客观条件，传统司法实践中往往难以判断犯人是否真得疯病，不仅是因为犯人有可能装疯卖傻，而且是因为官员也会故意在诉讼文书中出于各种目的捏造犯人患疯病的事实。李典蓉教授在考察清代京控案件时就写道："京控案件里……将控告某人为'会匪'、或师巫邪术、或谋反谋叛者认定为疯病，可能有几种因素：第一，当事人心智可能真的迷糊，患有精神疾病；第二，地方官为了让无法解释的案件销案，只能以疯病作结；第三，地方官蓄意给原告套上疯病的帽子，开脱犯人，或避免事件坐大牵累自身或邻里；第四，原告者与亲属自身为了躲避灾祸装疯应对。"②

再如，1912年7月15日北京政府司法部颁布了一项通令："查旧律疯病杀人之案，分别服制平人治罪。所以示罪名轻重之等差，而非定罪名有无之标准，用意本自不同。然装疯掩饰者，必严惩之，尚不失实事求是之意。乃向来办理逆伦案件，辄以因疯为词。其初不过为规避处分计，而于该犯罪名，尚属无大出入，其后千篇一律，竟成惯例，相率为伪。浸失法律本意。"③ 装疯者若被发现当然要严惩，但是在杀害尊亲属的逆伦案件中，因为逆伦案件与社会风化和官员考评挂钩，地方官员为"规避处分"，在案件文书中增添"因疯"的说辞，"因疯"杀害尊亲属一般也要按律问拟，所以说"于该犯罪名，尚属无大出入"。这样既能逃脱上级的批评指责，又能不偏离法律规定，久而久之成为一种通行的司法陋习，总之，在地方官员对诉讼文书的任意裁剪下形成了"档案中的虚构"现象。

三 近代法律转型背景下的精神病人犯罪

本部分考察在精神病人犯罪的刑法规范上，从"示罪名轻重之等差"的传统立法到"定罪名有无之标准"的近代立法这一转型过程，并相应提出三个问题：关于精神病无责任能力的立法精神，在清末修律中引起了怎样的批评与讨论？在民初大理院司

① （清）王又槐：《办案要略》，转引自赵中颉主编《中国古代法学文选》，四川人民出版社，1992，第285页。

② 李典蓉：《清朝京控制度研究》，上海古籍出版社，2011，第315～316页。

③ 转引自周少元《中国近代刑法的肇端》，商务印书馆，2012，第229～230页。

法实践中有着怎样的回应？在民国的刑事立法中又经历了怎样的演变过程？

（一）清末修律中精神病人犯罪的立法争议

《大清现行刑律》尚没有采纳精神病人犯罪不为罪的近代西方立法，但清末法学家吉同钧曾对中外刑法的精神病人犯罪的规定进行了比较，并认为“不论其罪”未免处罚太宽：“外国刑法，惟《俄律》有疯病字样，其余不载。《日本刑法》有因失知觉精神，不辨是非而犯罪者，不论其罪之条，与中律疯病相似，然不论其罪，未免太宽。即此一项，非但古今中外不同，即本朝前后百余年间而亦屡为变易如此，可见刑法原无一定，所当因时变通以适于宜，而不可执泥古训，为胶柱鼓瑟之见，益可信矣。”①

1907年，修订法律大臣沈家本上奏的《大清新刑律草案》中第二章第十二条正式规定了精神病人之行为不为罪：“凡精神病者之行为不为罪，但因其情节，得命以监禁处分。酗酒及精神病者之间断时，其行为不得适用前项之例。”该条立法理由为：“本条系规定痴与疯狂等精神病人虽有触罪行为，全无责任。精神病人之行为非其人之行为，乃疾病之作为，故不应加刑而应投以药石。若于必要之时，可命以监禁。各国之规定，皆与本条同。”②

《大清新刑律草案》随后被清廷下发中央部门和各省督抚进行讨论，由此形成了该草案的签注，针对第十二条，各省督抚和各部院签注中表示赞同的有，提出不少反对意见的也有，一些签注认为精神病在中国现行医疗条件下难以鉴定，对精神病者无责任主义是否适合国情持担忧的心态。从他们的意见可以看到精神病人犯罪无罪主义在法律近代转型中的阻力，针对第十二条的意见主要有以下三点。③

首先，有签注认为对精神病的定义不甚明晰，会导致假冒精神病的现象越来越多。例如，江西签注认为：“乃所称精神病，虽指定痴与疯狂等字义，究欠清晰，徒起犯人逞凶狡卸之风，开审判官行私宽纵之门，未可为法。”

其次，有签注认为当时中国缺乏精神病鉴定的医疗条件，无法进行精神病的司法鉴定，例如山西签注认为：“此条规定……系仿东西洋各国通例办理。但各国医学发达，其认为精神病与否，医生能鉴定其真伪。中医仅有理想，毫无鉴定能力，施行此条已觉困难。”东三省签注也认为：“又鉴定有精神病与否即为定罪之标准，其权尽操之于医官。尽中国医学未能发明，鉴定之时殊难为准，现今刑法改正时期，亟宜养成法医，以备应用。”

① （清）吉同钧：《大清现行律讲义》，知识产权出版社，2017，第294页。

② 高汉成主编《大清新刑律立法资料汇编》，社会科学文献出版社，2013，第35页。

③ 以下签注意见出自高汉成主编《大清新刑律立法资料汇编》，社会科学文献出版社，2013，具体详见该书第二部分“1907年刑律草案签注”。

最后，有的签注是对精神病人犯罪无刑责主义的直接批判，一个角度是从新旧法律规定轻重悬殊的角度进行的批评，例如安徽签注认为："查中国现行律例，曾有疯病杀人锁锢之文，推厥原素，乃防其害而非其治其罪，正与草案不得为罪、得命以监禁之意相同。惟现例病痊讯实仍治其实行结果之罪，草律谓全无责任，必要时可命以监禁，则是病痊后亦不复加以罪，即可置身无过，放任自由，似乎失之太宽，易滋流弊。"另一个角度是从维护伦常名教和尊卑秩序的角度进行的批评，例如山西签注认为："况现今警察制度尚未完备，无安置疯人之善法。设有因疯殴死祖父母、父母、期亲尊长及多命案件，其情节较重，若援照此条办理，殊失尊崇伦纪、保安社会之法意。"

（二）民国初年精神病人犯罪的司法实践

辛亥革命，革故鼎新，1912 年《中华民国暂行新刑律》基本沿袭《大清新刑律》的规定，其第十二条规定："精神病者之行为不为罪，但因其情节，得施以监禁处分。前项之规定于酗酒或精神病间断时之行为不适用。"① 与晚清司法实践来不及完全贯彻实施不同，民国时期的大理院和司法部的法律实践基本确认了精神病人的行为"实无罪责"。《大理院判决例全书》中就说："精神病足为阻却犯罪原因，不应据为减等理由。"②

从"情有可矜"到"实无罪责"，体现出新旧法律立法原意的不同，精神病人犯罪的刑法原则在传统与近代之间迥异，在司法实践中形成罪与非罪的巨大鸿沟，法律条文短时间内发生巨变，但司法实践往往滞后于法律变革，下面介绍的民初大理院有关精神病人杀死父亲的一起案件就能体现这一点。

本案案情不复杂，新疆人卡比里因患疯病，将其父砍伤，其父伤重不治而亡，但县知事在适用法律问题上陷入情法冲突的两难境地："据情定罪，拟遵照《新刑律》第三百一十二条杀尊亲属者处死刑，即行绞决。又查第十二条有'精神病人之行为不为罪，但因其情节得施以监禁处分'等语。此案事关逆伦，似未便引用前律……"绞刑还是监禁，刑罚差别甚大，所以呈请大理院解决此案，大理院认为须判断该犯是否真犯疯病，然后再行处置："本院查旧律子孙于祖父母、父母有犯杀伤致死，罪至磔刑，即系因疯，仍依律问拟。从前审理此项案件，地方官因关系风教，恐涉考成，率以疯病为词，几于千篇一律。刑部以其于罪并无出入，未予驳诘，速后删除重刑，改磔为斩。复以因疯究与寻常不同，量改绞决。虽有斩、绞之殊，而问拟死刑则一。《现行刑律》第三百一十二条杀尊亲属处唯一之死刑，加重之意，仍本旧律。若系因疯，不能

① 黄源盛纂辑《晚清民国刑法史料辑注》上册，元照出版有限公司，2010，第 380 页。

② 《民国九年上字第 920 号判决例》，郭卫编《大理院判决例全书》，中国政法大学出版社，2013，第 547 页。

不适用第十二条精神病人行为不为罪之规定，与从前办法相去悬绝，不仅罪名轻重之出入也。缠民卡比里用铁砍砍伤伊父刁列提身死一案，有无虚伪，须用专门医学诊察，尤宜防家属及邻佑之捏饰；果系证据确凿，自应依第十二条施以监禁处分。若非因疯，承审官无关考成，亦无所用其规避，不可仍绳旧贯，致枭獍之徒，悻逃法网也。”①

本案揭示了新旧法律交替之际，法律观念的更新在不同等级的法院参差不齐，大理院很快接受新法律的精神与内容，而地方法院尤其是县一级的法院尚未做好接受新法律的思想准备。另外，大理院的解释例中提到，清代审理子孙杀伤尊长的案件时，地方官员考虑到风俗教化和平常考绩的问题而“率以疯病为词”，虽然量刑没有大的出入，但这能使官员逃脱有失风化教导之责，久而久之形成司法陋习。因此，清代司法案牍或地方档案中记载的子孙因疯杀伤尊长的案件是否真的是疯病杀人，或是另有隐情，这就值得我们保持一定程度的怀疑。

（三）民国时期精神病人犯罪立法的完善

民国时期精神病人犯罪的刑事立法经历了一个逐渐完善的过程，即从精神病人之行为不为罪到区分心神丧失人与心神耗弱人之行为。例如，1918 年《第二次刑法修正案》第 24 条规定：“心神丧失人之行为不罚，但因其情节得施以监禁处分。心神耗弱人之行为减轻本刑，但因其情节得于执行完毕或免除后，施以监禁处分。”该修正案的立法理由认为：“惟心神丧失人犯罪不处罚，而常人犯罪则处罚，若心神耗弱人其重者几与心神丧失等，轻者或与常人同，既不应处以通常之刑，又不应全免其刑事责任，故不能不有特别之规定，此为各国刑法家及医学家所公认者也。外国刑法典有类似规定者……皆有心神耗弱之条文。1905 年万国刑法学会议决，亦赞成对于心神耗弱人科以较轻之刑，本案故增入本条。至其刑期比常人较短，于执行完毕或免除后，若听其自由行动，恐贻害社会，故因其情节得施以监禁处分。”②

1918 年的刑法草案较《中华民国暂行新刑律》明显进步的方面就是吸收了世界最新立法成果，区分了心神丧失与心神耗弱两种不同程度的精神病，心神丧失人之行为仍然不罚，心神耗弱人之行为可以减轻刑罚，与今天刑法中将精神病人区别为无刑事责任能力人与限制刑事责任能力人的情形较为相似，而且提到可以因案件情节施以监禁处分，类似清代的锁锢监禁。此后的两部民国刑法典也延续了此种规定，例如 1928 年《中华民国刑法》第 31 条规定：“心神丧失人之行为不罚，但因其情节得施以监禁处分。心神耗弱人之行为减轻本刑，但因其情节得于执行完毕或免除后，施以监禁处

① 《民国三年五月十六日大理院复新疆司法筹备处函》，郭卫编《大理院解释例全文》，中国政法大学出版社，2014，第 336～337 页。

② 《第二次刑法修正案理由书》，华友根编《董康法学文选》，法律出版社，2015，第 48 页。

分。”1935 年《中华民国刑法》第 19 条规定：“心神丧失人之行为不罚。精神耗弱之行为得减轻其刑。”可见近代刑事立法之延续性。

梳理近代法律的历史沿革可以发现，精神病人犯罪的规定经历了“情有可矜”到“实无罪责”的发展过程，展开而言，从《大清律例》中的笃疾、废疾者犯流罪以下可收赎、犯死罪视情形处理到《大清新刑律》和《中华民国暂行新刑律》中的精神病人犯罪一律不为罪，再到《中华民国刑法》中的心神丧失之人犯罪不为罪、心神耗弱之人犯罪可减刑，从更长的历史时间线来看，此种立法精神还延续到了今天，现行《中华人民共和国刑法》规定，无刑事责任能力的精神病人犯罪不负刑事责任，限制刑事责任能力的精神病人犯罪可以从轻或者减轻处罚。

四　结语

中西古今之间，精神病人犯罪作为一种特殊类型的刑事案件受到中外法学界的关注，沈家本在《答王仁山问笃疾废疾》中提到传统律学与近代法学在精神病人犯罪方面的不同处理方式，前者可邀“矜恤之仁”，后者则“不为罪”。传统中国法时代，在“情理法”相融合的法律适用模式下，对于精神病人犯罪的司法审判原则是“情有可矜”，视案件情形和当事人病情综合裁量，以清代“疯病杀人”的法律规制为例，疯病杀伤凡人或卑亲属与疯病杀伤尊亲属的量刑规制有明显不同，显示出罪名轻重之等差，以维护纲常伦纪，疯病杀伤凡人一般以收赎监禁论处，而疯病杀伤尊亲属一般则按律问拟。此外，在清代还形成了较为完善的精神病人“报官锁锢”的司法制度，虽然其在实践中存在诸多弊病，但其对于精神病人犯罪的预防措施仍值得当代法律借鉴，对新时期精神病人的强制医疗制度的完善具有参考价值。随着近代法律转型的逐步推进，对精神病人犯罪的立法精神经历了从“情有可矜”到“实无罪责”的巨大转变，当然精神病人犯罪不为罪的西方法学理念也在立法和司法中引起很多争议，我们从中可以窥视近代法律转型之艰难性与复杂性。

“缠讼”与“清讼”（下）*

——清代后期地方官的上控审判与承审考核

海 丹**

摘　要：清代后期，当事人“缠讼”、地方官府中案件积压、地方官频频“清讼”等现象并见于世。本文基于对数起“缠讼”案件的考察，指出无论主观动机为何，“缠讼”者在客观行为上通常表现为基于某一事实认知和道德观念，反复请求审判者确认事实和做出道德判断。然而，清代后期各省上级官僚机构在考核、评价下属的承审行为时，“审判者是否有效地回应了当事人的诉求”并非唯一标准，而且部分省份在评价时明显更倾向关注审结数量。承审考核行为的失衡不仅可能导致承审官片面追求结案速度，也无益于积案问题的解决。

关键词：清代　上控　承审　考核　地方官

三　谁是“好”的审判者？

（一）各省出台承审考核规章的经过及其意图

早在乾隆年间，一些省份就已经出台了承审考核规章。比如，乾隆四十七年（1782）至五十一年（1786），福建曾两次就命盗、词讼、委审各类案件的承审扣限、结案时限、功过标准、造册申报事项发布通饬。① 道咸年间，山东亦多次就承审报告、循环簿、关提人证和审结期限等事项发布通饬。② 不过，这些规章大多只言及违者将被

---

* 本文得到2017年度高校基本科研业务费中山大学青年教师培育项目（批准号：1709068－11200－31610148）资助。

** 海丹，中山大学历史学系副研究员。

① 《承审命盗重案，不得藉扣犯病日期宕展》、《各属办理命盗词讼委审一切案件，议立章程造册送司考校功过，汇详参处鼓励》，台湾银行经济研究室编《福建省例》第4册，台湾省文献委员会，1997，第929、945页。

② 《承审命盗各案须一月审明通报》（道光六年），《东省通饬》，杨一凡、刘笃才主编《中国古代地方法律文献》丙编第13册，社会科学文献出版社，2006，第643～644页；《详禀事件三个月未奉批示禀请查覆》（道光六年），《东省通饬》，杨一凡、刘笃才主编《中国古代地方法律文献》丙编第13册，社会科学文献出版社，2006，第644页；《委审案件归委审州县造入循环簿核计功过》（道光六年），《东省通饬》，杨一凡、刘笃才主编《中国古代地方法律文献》丙编第13册，社会科学文献出版社，2006，第644～645页；《关提人证接到关文限二十日解质》（道光二十八年），《东省通饬》，杨一凡、刘笃才主编《中国古代地方法律文献》丙编第13册，社会科学文献出版社，2006，第662～663页；《上控自理各项案件查照此札办理》（咸丰十年），《东省通饬》，杨一凡、刘笃才主编《中国古代地方法律文献》丙编第13册，社会科学文献出版社，2006，第679～681页；《上控批审案件限两个月审结详报逾限分别记过撤参》（咸丰五年），《东省通饬》，杨一凡、刘笃才主编《中国古代地方法律文献》丙编第14册，社会科学文献出版社，2006，第148～150页。

记过、参处，并未载明奖惩标准。

同治年间，福建、江苏、直隶三省此呼彼应，频频以“清讼”为题发布有关审转、上控与京控承审考核的规章。比如同治六年（1867）六月，福建按察使针对州县官“藉词缺苦，吝惜解费”、匿报审转案件或被驳回后即不再审解等事，建议总督改变目前的案件“发审”方式。修改后的制度不仅区分了招解案件、“犯供狡谲异常，提解人证三月未到，核明应提要证在三名以上，或必须对质方可折服其心”的案件和“人证在三名以下，或人犯众多，碍难远解”案件的“发审”方式，而且责成“原审失当”的官员自行前往当地会同现任地方官“坐提”人证，并自行承担审解费用，而须由谳局重审的第 3 类案件的原审官也将被“札调来局，会同审理”，以免其因离任而置身事外。这一建议得到了总督的批准。①

与此同时，两江总督曾国藩宣布今后上控“批审”案件限于两月之内审结，且必须提交审理报告，否则将予处分（“如逾两月之限，先行记过，展限一月。逾限不结，暂行摘顶，再展限一月。仍不讯结，即予撤任”）。② 两年后，其又于直隶总督任上颁布了著名的《奏定清讼事宜十条》，内容涉及公文传递、保定发审局的行为规范、州县官的行为规范和监督书吏、差役之责、盗贼与“讼棍”的捉拿事项、“销案”规则和举荐人才等多个方面。③

同治八年（1869）九月，两江总督与江苏巡抚联名发布《筹议清厘京控章程》，宣布将对京控案件的提解与承审行为进行考核，并为此制定了功、过计算标准。④ 十二月，经督、抚批准，福建按察使司宣布今后将按案件月报册中的新、旧案件审结比例对各州、县进行考核。⑤

一年后，鉴于前次通饬发布后各属行为依然如故，以致“徒有清讼之名，仍无清讼之实”这一状况，福建巡抚决定仿照直隶的《奏定清讼事宜十条》制定章程。这一章程虽然涉及整顿各官僚机构间公文传递迟缓、谳局官员的承审行为、州县官不“亲

① 《各属解省案件发审章程》，台湾银行经济研究室编《福建省例》第 4 册，台湾省文献委员会，1997，第 1014～1016 页。

② 《承审逾限分别参处》，《江苏省例初编》，杨一凡、刘笃才主编《中国古代地方法律文献》丙编第 11 册，社会科学文献出版社，2006，第 683～684 页。

③ 《奏定清讼事宜十条》，《直隶现行通饬章程》卷三，中国科学院文献情报中心藏，光绪十七年刻本，第 1a～11a 页。

④ 《筹议清厘京控章程·按察司应筹议清厘京控章程（后略）》，《江苏省例续编》，杨一凡、刘笃才主编《中国古代地方法律文献》丙编第 12 册，社会科学文献出版社，2006，第 221～231 页。

⑤ “各属清理词讼，严定考核功过及裁汰白役……如该州县于三个月内有将新旧各案全数审结，或旧案在九成以上者为上考，随时详请奏奖。新案全结，旧案五成以上者为中考，汇案奖叙。倘审结之案不及新收之数者，分别记过，三过撤任（后略）。”台湾银行经济研究室编《福建省例》第 4 册，台湾省文献委员会，1997，第 1026～1028 页。

躬六事"、"滥传滥押"、"书差索费"、诬告、"讼棍"、"假命图诈"、"地方恶习"等多个方面，但仍未言及明确的考核标准，仅称未能"亲躬六事"的州县官将被"严参不贷"。[①] 与此不同，江苏按察使同年四月针对海门厅承审"崇明县民张维新等遣抱京控张云上等围占沙田案"超限一事，对该厅予以记过处分，并决定就此前"未将前、后任交接应除日扣算议及"一事修订章程。[②]

同治十一年（1872）九月，直隶当局宣布"各州县承审京控咨交案件"的审结期限为两个月，至于"上控、批审、委审案件"，则"各限一个月完结"，并制定了功、过标准。[③] 翌年（1873）十二月，江苏按察使司经督、抚批准后，颁布州县承审上控案件的审结限期与考核规定。[④] 同治十三年（1874）八月，在此基础上，该司补充规定了"寻常上控案件"的审结数量和允许延期结案的次数（"除徒罪以上本有审限外，所有寻常上控案件，均令将奉文审结日期于月报内详晰注明，核分功过。如奉文已满一月，承审之案仅在五起之内者，自应遵照定例即行讯结，不得言功。其在十起以内者，准其展至两月全结。二十起以内，展至三月全结。每多十起，展限一月。仍照月报旧章按季汇核。除去息结、注销，查照奉文日期，逐月扣算"），并据此对阜宁、崇明、安东、甘泉、宿迁等县知县记过。[⑤]

光绪年间，直隶当局频频围绕"清讼"事宜出台规章，江苏、四川两省亦时有举措。光绪二年（1876）三月，直隶当局针对已有章程将命盗、杂案、自理词讼"归并核计，实在之数不准多于旧管，以致各州县规避处分，将自理词讼隐匿不报"的问题，决定今后：（1）将积案分为两类考核，其中"命盗、杂犯有关罪名之案"仍按原有制度考核，其"实在之数不准多于旧管"，但对"日常词讼"案件的考核改为地方官"逐案注明所控事由、呈控月日"后造册报送，如发现有多起案件积压的情况，将对该地方官"立予记过"，至于"勤能"者，则"立予记功"，此外若发现有隐匿案件不报的行为，将对该地方官记大过以示惩戒；（2）将"羁押"与"积案"两项合并一册报

① 《清讼事宜八条》，台湾银行经济研究室编《福建省例》第4册，台湾省文献委员会，1997，第1032～1039页。

② "按察司应为详明事……嗣后奉文饬提人、卷，如卷宗于三日限内、人证于一月限内未解卸事者，应请免议。倘卷宗于三日限外、人证于一月限外未解卸事者，应仍照章详请记过。接任官即于到任之日起照限扣算。逾限不解，仍照定章详办。"《江苏省例续编》，杨一凡、刘笃才主编《中国古代地方法律文献》丙编第12册，社会科学文献出版社，2006，第247～250页。

③ 《酌定清讼功过章程》，《直隶现行通饬章程》卷三，中国科学院文献情报中心藏，光绪十七年刻本，第12a～19a页。关于时任直隶总督，参见钱实甫编《清代职官年表》第2册，中华书局，1980，1491页。

④ 《州县亲理词讼限期·按察司应为详请示遵事（后略）》，《江苏省例续编》，杨一凡、刘笃才主编《中国古代地方法律文献》丙编第12册，社会科学文献出版社，2006，第381～386页。

⑤ 《详定州县上控案件功过》，《江苏省例续编》，杨一凡、刘笃才主编《中国古代地方法律文献》丙编第12册，社会科学文献出版社，2006，第455～461页。

送，其中“已结”的案件应注明系“何案、何日业经讯结、因何收押”、是否因等候批示或追取应缴款项而被押，“未结”者则应“详细声明”为何被押；（3）如有“人证未齐、犯病养伤、原、被刁狡”等情形，允许地方官“预为禀明”后暂不将案件计入“积案”类中，但被押原因若系“刁狡缠讼”，则须在清册内述明其“刁狡情形”，并“以两月为限，不得久押不释，违者记过一次”，如查出有“不应押而押者”，记过一次。①

光绪八年（1882）四月，直隶按察使以现行章程虽将自理词讼的审结期限定为 20 日，但以州县官“日久怠生，不能无隐匿捏饰之弊”为由，令各“厅、府、州转饬所属各州县，务将新旧未完案件查明起数，据实开报……并将各案经书、承差姓名填注卷尾”，并限其自此次“文到日期”起一月内，将已有的“自理”案件全部审结，否则按察使将亲自追究承办吏役的责任。② 翌年（1883）正月，奉总督之命，直隶按察使又一次就州县案件“积压、逾限不结”一事发布命令，称今后自理案件除应“遵照定限迅速审断，录取双方、证佐确切供词”外，地方官还应“将如何判结缘由书明堂单”，若发现“有易结不结，致滋讼蔓，激成上控，调取原卷，实由当时讯断不明之故”之事，将“揭参”原审官。③ 三个月后，署任直隶总督的张树声亲自发布命令，宣布将“盗案记功过归入清讼并计”，并规定了记过标准。④

光绪十一年（1885）五月，因各州县“逾限不结”、“无故羁候”、“造送月报习为故事”、功过制度被“视为具文”之事屡有发生，直隶按察使再次发布通饬，宣布今后“无论命盗、杂案、京控、上控、委审、自理各案”，一律予以考核。如有地方官“无故逾限，或查无请展实据，并月报不遵历次颁定章呈，详晰声叙，以及逾限不到，暨查有滥押匿报等事”，其将与未“认真确核”的清讼局官员一起受到处分，此次通饬还规定了记过、撤任、停委的累计标准。⑤ 光绪十三年（1887）十一月，直隶布政使、按察使经总督批准联名发布章程，宣布仿照顺天府现行章程制定《清讼杂项记过罚银章程》。该章程宣布自翌年正月起在记过的基础上增加罚银处分，规定了罚银标准和罚没款项用途，并对光绪十年盗案“记过归入清讼案内并计章程”中的记过标准做了补充

① 《酌定清讼功过章程》，《直隶现行通饬章程》卷三，中国科学院文献情报中心藏，光绪十七年刻本，第 12a ~ 19a 页。

② 《自理案件速结实报》，《直隶现行通饬章程》卷一，中国科学院文献情报中心藏，光绪十七年刻本，第 38a ~ 38b 页。

③ 《自理案件讯结须书堂单》，《直隶现行通饬章程》卷一，中国科学院文献情报中心藏，光绪十七年刻本，第 39a ~ 39b 页。

④ 《盗案记功过归入清讼并计》，《直隶现行通饬章程》卷二，中国科学院文献情报中心藏，光绪十七年刻本，第 70a ~ 72a 页。关于时任直隶总督，参见钱实甫编《清代职官年表》第 2 册，中华书局，1980，第 1487 页。

⑤ 《整顿清讼事宜》，《直隶现行通饬章程》卷三，中国科学院文献情报中心藏，光绪十七年刻本，第 20a ~ 21a 页。

规定。[①] 光绪十六年（1890）二月，时任直隶总督李鸿章再次发布禁令，称今后如有州县官仍在月报时将初报后犯人脱逃的命盗案件"遽行列入逸册"而非列入"积案"，将受到记过处分。[②]

同年五月，江苏按察使颁布《谳局委员承审案件功过章程》，声称因谳局承审案件经常逾限，且承审官往往"狃于好生之见"，动辄将可能加重的案件"发回另审"，决定：（1）"仿照刑部现审章程，按十日开单一送"，对无故审判逾限的正委员和帮审委员分别予以记过处分；（2）若承审官"果能平反重案一起，或审出实情"及"将疑难、重大案件于一月内审结"，可获得奖励，但若系"寻常翻供、发审易结"之案，则无论是否在一个月内审结，都"不准记功"，当积功、积过达到一定程度后，将分别予以奖、惩（拔署或撤委）；（3）若承审官因当事人之"罪应加重"而"率行取巧详请发回"寻常案件，则将"正委员撤差，帮审委员记大过一次"。[③]

光绪二十二年（1896）至二十七年（1901），四川省制定并多次修订成都府《发审局问案章程及劝惩章程》。先是光绪二十二年，四川总督和按察使批准成都府知府所拟《发审局问案章程及劝惩章程》。这是四川省自光绪十年（1884）八月的《州县相验承审不实分别记过撤参章程》后，再次就承审考核事宜制定章程。[④]

此章程规定：（1）除"紧要重件不扣限"外，其他案件"统限一个月完结"。若"案情头绪纷繁，实难依限审理"，可"展限一个月"；若一月后仍未审结，则将在"扣除查传往返日期"后按"逾限半月以上，记大过一次"、"一月以上，记大过二次"、"三月以上，停委五年"的规则，分别予以处分；若超过半年仍未审结，则将承审官"即行撤差，仍予记过、停委、详司注册"，承审官应在"审定供词、拟呈判语节略"中注明审判中"有无逾、延"情形，并由成都府知府负责登记承审情形（"将何员、何日派审何案、何日限满逐件登记印簿，按月稽查一次"），发审局"坐办"负责监督、催促承审官按时结案。如"坐办"发现承审官有"怠玩因循"之事却不"举发"的话，则对"坐办"与承审官一并予以处分（"承审应记大过二次者，坐办记大过一次"）。（2）每案只派一名官员承审，承审官应"逐日入局、依限审结"，并限制发审局官员兼任其他职务。（3）若承审官有"易结不结及审断乖方、怠玩延误"等行

① 《清讼杂项记过罚银章程》，《直隶现行通饬章程》卷一，中国科学院文献情报中心藏，光绪十七年刻本，第1a～4a页。

② 《申明清讼章程》，《直隶现行通饬章程》卷三，中国科学院文献情报中心藏，光绪十七年刻本，第24a～24b页。

③ 《谳局委员承审案件功过章程》，《江苏省例四编》，杨一凡、刘笃才主编《中国古代地方法律文献》丙编第13册，社会科学文献出版社，2006，485～490页。

④ 《州县相验承审不实分别记过撤参章程》、《发审局问案章程及劝惩章程》，钟庆熙辑《四川通饬章程》，文海出版社，1977，第165～169、231～243页。

为，经成都府知府查明，由上级官员做出处分（“轻则记大过、停委，重则撤差”）。（4）平反案件的承审官可以请求奖励，每审结“寻常案件”10 起，可记大功一次，积功六次可获“酌委一次”，如受奖者已获“酌委两次”，可依其请求将之合并为“酌委优缺一次”。①

光绪二十五年（1899），依据时任总督奎俊的命令，四川按察使和成都府知府修订了上述章程。修订后的章程取消了平反请奖的规定，发审局官员今后承审案件仅可通过审结、积功的方式请求奖励。与此同时，请奖的标准降低为每审结 30 起案件即可获“酌委一次”。② 翌年，四川按察使司设立清讼局，宣布将“遴委勤慎州县一员入局”负责“院司上控批审、批提、批录覆之案”的封发、定限与催审，并称今后无论发审局官员还是各级地方官，凡逾限“无故不结、不覆者”均将被记过处分。③

光绪二十七年（1901）三月，成都府知府再次就修订光绪二十二年章程一事提交报告，四川按察使、布政使奉总督之命查核这一报告后，联名建议批准其中关于成都府知府和“坐办”的权限、承审人数、审结期限和逾限处分标准的修改意见，并驳回该府建议的审结记功标准，决定仍按不同标准对京控、命盗案件和词讼、上控批、提案件予以奖励。修改后的章程规定：（1）无论案件是否疑难，承审官均应与坐办“熟商，不得稍存意见”，若其“事涉疑难，坐办有未及见到者”，允许承审官报告成都府知府，由后者“斟酌”处断或代为报告上司，至于“收放人犯”，则须经成都府知府批准；（2）将每案一人承审改为“派委二员会审”，以便承审官之间讨论、斟酌处断，并避免承审官公出时无人提审的问题；（3）取消“紧要重件”和“寻常案件”之别，规定“无论何项案件，统限一个月完结”，若系“案情头绪纷繁，实难依限审结”的，允许“展限一个月”，但如“逾展限半月以上，记过二次。一月以上，记大过三次。三月以上，停委三年。在半年以上，即行撤差，仍予记过、停委”；（4）如承审官“审理控案并不认真体察、模棱断结及固执己见、任性偏畸”，亦记大过二次；（5）每审结 10 起批审、提审的词讼、上控等“寻常案件”，可记大功一次，京控、命盗案件则每 5 起记大功一次，大功“积至四次，归并酌委一次”，获得“酌委两次”者可“自愿请并酌委优缺一次”。④

综上所述，清代后期各省经常同时或相继宣布“清讼”，其中同治八年、九年福建的两次章程明言系仿直隶制度、略加变通所做。这些“清讼”方案既包括改组、新设

① 《发审局问案章程及劝惩章程》，钟庆熙辑《四川通饬章程》，文海出版社，1977，第 231 ~ 243 页。

② 《议改谳局功过章程稟稿》、《议改谳局功过章程》，钟庆熙辑《四川通饬章程》，文海出版社，1977，第 245 ~ 248、249 ~ 252 页。关于时任四川总督，参见钱实甫编《清代职官年表》第 2 册，中华书局，1980，第 1496 页。

③ 《整顿词讼章程》、《计开清讼局章程》，钟庆熙辑《四川通饬章程》，文海出版社，1977，第 223 ~ 226、227 ~ 229 页。

④ 《酌拟变通发审局劝惩章程》，钟庆熙辑《四川通饬章程》，文海出版社，1977，第 253 ~ 258 页。

谳局、清讼局等专门机构以专司"清讼"之职(包括审判和监督审判两方面),也涉及审判、施政行为规范及其考核规则和举荐人才等内容。① 就承审考核而言,其对象范围从地方官的相验、审解行为逐渐扩大至地方官和局所官员在词讼、上控、京控审判中的各类行为。而且,针对承审行为的奖、惩标准与手段(特别是惩处的手段)也日趋明确与严厉。至光绪年间,各省奖励承审官的方式通常为记功和"酌委"官缺两种,处分方式则从早期仅有揭参一种增加为记过、罚银、撤任、停委、参革等多种。

(二)承审考核的成效与局限

从上述规章中可以注意到,各省当局决定"清讼"时经常将积案问题的成因归咎于"棍徒"教唆诉讼和承审官"畏难苟安、饰词延宕",并试图通过承审考核解决积案问题。② 然而,从清代后期各省当局反复发布"清讼"章程这一现象可以看出,这一问题并未获得有效解决。关于其原因,学界已有一些探讨。如赵晓华认为,案件积压缘于战争、人口增长导致的诉讼增多,而吏治腐败、地方财政困难和交通不便等因素则令审判效率低下、地方官处断多有失当。③ 又如李典蓉认为,清代后期各省地方官之所以屡行"清讼"却不见成效,与地方治理"有治人无治法"这一特点有关,概言之,虽然一些地方官(如曾国藩)出于"仁心"制定了"清讼"章程,但这些制度往往随着时间的推移而流为"具文"。④

① 关于清代中后期各省设置和改组发审局、清讼局等机构的过程,学界已有一些研究。参见臨時臺湾舊慣調查会『清国行政法』5 巻、汲古書院、1972、77 頁;滋賀秀三『清代中国の法と裁判』、15 頁;李贵连、胡震《清代发审局研究》,《比较法研究》2006 年第 4 期;阿風「清代の京控——嘉慶朝を中心に」、井上充幸譯、夫馬進編『中国訴訟社会史の研究』、京都大学学術出版会、2011、332 ~ 379 頁;关晓红《晚清局所与清末政体变革》,《近代史研究》2011 年第 5 期。值得注意的是,清代后期不仅存在地方官将多个发审局合并归一的情况,也可以看到多个发审局持续存在于同一个地区的情况。前者如张集馨、黄彭年等人任按察使时曾出于管理便利等缘故合并、新设发审局,后者如光绪三十一年至三十二年间,吉林城中同时设有吉林将军衙门、吉林道、吉林府三处发审局或担任类似职务("帮审")的人员。参见《会详请将汉阳府谳局裁撤增添帮审二员归并武昌府审办由》,《清臬署珍存档案》第 1 册,全国图书馆文献缩微复制中心,2004,第 263 ~ 267 页;"(道光二十八年)首府衙门案件积压甚多,屡催不结。因在臬署西院设发审局,予于判稿、见官之暇,终日督率委员审理各案",张集馨:《道咸宦海见闻录》,中华书局,1981,第 96 页;《吉林府为解本年各季截日谳局经费银两的申及吉林分巡道的批》(光绪三十二年二月三十日)、《吉林府正堂户房为拿获逃犯王青山归局讯办给军辕发审局的移》(光绪三十一年七月十八日)、"具禀工房经承徐振声,为禀恳恩准查案究追,以免株累事……前次堂讯,杜帮审勒令承书将唱、何找案,承书因伊二人均已避匿,未能找获,当蒙交班严押,致使负欠者置身事外,无辜者累及局中(后略)"(光绪三十一年三月二十九日),《吉林府档案》,档案号:5 - 4 - 255、5 - 14 - 1008 - 18、5 - 14 - 1008 - 24。此外,关于黄彭年改组发审局的事迹,参见高遠拓児「『清臬署珍存档案』と湖北按察使黄彭年」『法史学研究会会報』10 號、2005、56 ~ 70 頁。

② 《奏定清讼事宜十条》,《直隶现行通饬章程》卷三,中国科学院文献情报中心藏,光绪十七年刻本,第 1a ~ 11a 页;《清讼事宜八条》,台湾银行经济研究室编《福建省例》第 4 册,台湾省文献委员会,1997,第 1032 ~ 1039 页;《整顿词讼章程》、《议改谳局功过章程禀稿》,钟庆熙辑《四川通饬章程》,文海出版社,1977,第 223 ~ 226、245 ~ 248 页。

③ 赵晓华:《晚清的积案问题》,《清史研究》2000 年第 1 期。

④ 李典蓉:《清朝京控制度研究》,上海古籍出版社,2011,第 106 ~ 107、132 ~ 133 页。

然而，从前文所述直隶、江苏的“清讼”活动中可以看到，曾国藩等人在同治年间制定的章程不仅为光绪年间的继任者沿袭，还不断得到完善。战争、人口增长、吏治腐败、财政困难和交通不便等因素，确实都可能导致诉讼增多和审判延滞，但具体到各时期、各地区和个案的情形，似可再做进一步分析。比如事例三之所以历经 20 余年方得审结，与其说与上述因素有关，毋宁说缘于此案涉及多重政治关系（蒙古王公与本旗官员、民众间的关系，邻旗王公间的关系，清廷与蒙古王公间的关系）和多个利益方（决定借贷、售地的人，名义上的债务人兼实际出售土地的人，债权人兼名义上的购地人，实际出资购地的人，佃户与负责招募佃户的经理人），这意味着地方官在做出处断时必须平衡这些关系与利益，而且必须由具有一定权威的第三方（在此案中，是总督乃至清廷）敦促各方执行处断，此案方可能获得彻底解决。概言之，战争、人口增长、吏治腐败、财政困难、交通不便乃至人亡政息等因素并非存在于每一起积案中，其往往只是间接因素。

与此不同，承审考核制度能在多大程度上激励和引导审判者尽快做出得当的处断，即在审判中兼顾效率与质量，直接影响到个案是否会陷入积压。就第一节所述事例而言，虽因史料缺失无法确知详情，但考虑到清朝作为统一的政治实体，同一时期各省的制度应该不会差别太大，因此或许可以根据现存的、制定时间与审判时间相距较近的、其他省份的规章来推测一下第一节所述各例的承审官可能获得怎样的考评成绩，由此探讨当时的承审考核制度是否能够有效地解决积案问题。

如前所述，山东在道光六年先后颁布了三道有关命盗案件审结期限、提交详禀超过三个月未获上级回复者应请求上级查覆和委审案件应列入循环簿的通饬。① 此外，在《福建省例》中可以看到关于委审案件的承审者应在报告中声明审限的规定，而在武昌府知府道光二十七年所审杨作材控萧德意等人案的看语中，详细记述了承审“起限”时间和应扣除的日数，由此可知当时湖北应该也有类似的制度。② 将这些规定对应于道光十六年至二十七年间发生在陕西、湖北两省的事例二、事例四和事例六，可以发现，虽然这三起案件均系委审案件，且事例六属于命盗案件，但并不能从相关判词和看语

① 《承审命盗各案须一月审明通报》、《详禀事件三个月未奉批示禀请查覆》、《委审案件归委审州县造入循环簿核计功过》，第 643 ~644、644、644 ~645 页。

② 《各属办理命盗词讼委审一切案件，议立章程造册送司考校功过，汇详参处鼓励》，台湾银行经济研究室编《福建省例》第 4 册，台湾省文献委员会，1997，第 945 页。“德安卫副丁杨大金之子杨作材京控正丁萧德意等侵吞帮贴等项银钱一案……道光二十七年二月初六日，该卫齎解人卷到府起限。卑府先于二月初三日赴堤督修，至十五日回署。除人证未到以前不计外，应扣公出十日。又于十七日赴堤督修，至二十七日回署，计公出十一日。又于三月初二日赴堤督修，至十四日回署，计公出十三日。又于十六日赴堤督修，至二十六回署，计公出十一日。又于四月初一日赴堤督防，至十二日回署。计公出日起扣至六月初三日届满委审例限，合并声明（后略）。”不著撰人：《京控承当各案看语》第 3 册，日本东京大学东洋文化研究所藏。

的叙述中看出承审官是否违反了上述规定。不过，从事例六的看语中没有提及沔阳州的历次审判有所不当这一点，可以推知历任知州没有因此被追究责任，而从事例二、事例四、事例六均被收入文集及其作者（邱煌与刘源灊）的履历来看，这几起案件的上控承审官也未受到处分。[①]

而将光绪年间直隶、江苏、四川三省的考核规章对应于光绪末年吉林、奉天的地方官所审事例一、事例三和事例五，可以注意到，当时的上控承审考核虽然包括对处断内容的控制（如江苏禁止将可能加重刑罚的案件随意发回原审机构另审，又如四川关于承审官审断乖方、"审理控案并不认真体察、模棱断结及固执己见、任性偏畸"的规定），但这几起案件的承审官并没有被其上级指为处断不当。[②]

不仅如此，从这些规章中可以看到，直隶、江苏、四川三省皆规定了审结期限，其中四川有针对"无故不结、不覆"行为的按期报告制度；江苏和四川针对审结成绩规定了请奖标准；直隶不仅规定了报送清册、考评成绩的制度，还设立了罚银处分手段。[③]然而，虽然事例一和事例五曾经有过多次审判，且当事人往往没有提出甘结，承审官却未因此被认为没有按时审结案件和被追究责任，而在事例三中，至少光绪三十一年十一月以后，王铭等人控达旗案的历次审判亦未受到十分严格的时间限制。[④] 其中，事例三中除了宣统元年三四月提法使审理徐恩控徐佐藩等人冒领案和同年十月至十一月初高等审判厅驳回刘雅亭控张长顺、周恩明冒领案没有超过两个月，历次审判或超过两个月，或因文书阙失无法确知审判时间（比如宣统元年四月总督批令高等审判厅审理的韩锡三、刘庆功、刘星桥、刘治臣等人所控冒领案和十月陈英控告吴周氏等人冒领案），然而，上级官员既没有催促审判，也没有追究承审官责任。[⑤] 而在事例一和事

① 从内阁大库档案中可以看到，邱煌此后升任延榆绥道。而据《光绪续永清县志》载，刘源灊后因眼疾离任，并无因审判失当获咎的记载。《内阁档案·道光二十二年九月二十四日·吏部为延榆绥道员缺事》，中研院历史语言研究所内阁大库档案，文书编号167630号，http：//archive. ihp. sinica. edu. tw/mctkm2/index. html，最后访问时间：2018年6月13日；《刘源灏刘源灊刘毓崑列传》，（清）李秉钧、魏邦翰：《光绪续永清县志》第10卷，《中国地方志集成·河北府县志辑》第27册，上海书店出版社，2006，第467页。

② 《谳局委员承审案件功过章程》，《江苏省例四编》，杨一凡、刘笃才主编《中国古代地方法律文献》丙编第13册，社会科学文献出版社，2006，第485～490页；《酌拟变通发审局劝惩章程》，钟庆熙辑《四川通饬章程》，文海出版社，1977，第253～258页。

③ 《清讼杂项记过罚银章程》，《直隶现行通饬章程》卷一，中国科学院文献情报中心藏，光绪十七年刻本，第1a～4a页；《整顿清讼事宜》，《直隶现行通饬章程》卷三，中国科学院文献情报中心藏，光绪十七年刻本，第20a～21a页；《谳局委员承审案件功过章程》，《江苏省例四编》，杨一凡、刘笃才主编《中国古代地方法律文献》丙编第13册，社会科学文献出版社，2006，第485～490页；《酌拟变通发审局劝惩章程》，钟庆熙辑《四川通饬章程》，文海出版社，1977，第253～258页。

④ 如前所述，王铭在光绪三十一年十一月的诉状中叙述了此前的审判概况。然而，由于档案文书缺失，并不能确知历次审判的具体时间。

⑤ 王铭于光绪三十一年十一月再次控告后，承审官并未下达处断。翌年六月二十四日，高清五、王东乙等人向将军控告后不久，达王亦提出"呈"文，将军随即命令奉天府知府审理此案。从吕长安（转下页注）

例五的历次审判中，虽然各有一次审判的时间超过两个月（前者为光绪三十一年三月二十六日至六月十八日的审判，后者为光绪二十六年二月八日至八月九日的审判），但仅事例一的那次曾被上级官员（吉林分巡道）催促。吉林府在接到催促的公文后随即提交了审理报告并申请“销案”，知府并未因此受到责罚。而且，吉林府在一个月后再次提交了审理报告和“销案”申请。

究其原因，事例三的承审官没有被催促和追责，或许与此案案情复杂，甚至可能被视作“紧要重件不计限”一类有关。① 而事例一中吉林分巡道的催审行为则应缘于此案系上控委审、审判时间即将超过两月、承审官尚未提交审理报告这三方面因素。此外，从这次催审可以看出，当时吉林当局关于上控案件的审限规定即使不是通常的“两月为限”，也不会比这更为严格。所以，像事例五那样当事人上控至府后由府审理的案件，就没有受到限制。甚而，即使是上控委审案件，但承审官只要像事例一中那样提交了审理报告和“销案”申请，就会停止计限。② 由此可知，当时在认定一起案件是否审结时，并非所有的省份都要求具备“当事人具结”这一条件。即使是在需要具结的省份（比如光绪二十六年设立清讼局以后的四川），对承审官的要求也仅是禁止其逾限“无故不结、不覆”，关于审结标准的规定和监督并不十分严格。换句话说，只要承审官能让当事人具结，甚至只要他能提出足以说服上级官员的报告，就不必担心会受到处分。

综上所述，清代后期各省制定的承审考核规章并非没有付诸实行，但对审判行为的引导却仅见于控制上控、京控委审案件的审判时间这一方面，因而成效有效。③ 具体来说，第一，未针对非委审的上控案件设立逾期处分制度意味着审判迟滞的隐患仍然存在。第二，各省的承审考核制度中较少关于处断失当的规定，户婚田土案件的处断是否妥当经常不属于考核的对象。第三，上述各省规章均没有涉及处断执行的问题，但从上述事例可以发现，“缠讼”导致的积案现象往往缘于承审官的处断失当或其处断未获执行。换句话说，这意味着承审考核制度无法有效引导审判者避免“缠讼”及由

（接上页注⑤）十月十四日的呈状及将军对此的批示和奉天府的报告来看，此次审判应系此年十二月末李培雨等人赴京前结束。不过，正式下达处断却在翌年正月二十日奉天官员终于说服达王以后。此外，光绪三十四年十月初七至十二月十五日提法使审理的吴周氏控王振江等人案和宣统元年九月至十二月十四日民政使审理的朱治安控韦升云等人侵吞、贿赂案，亦均超过两个月。

① 《州县相验承审不实分别记过撤参章程》、《发审局问案章程及劝惩章程》，钟庆熙辑《四川通饬章程》，文海出版社，1977，第 165 ~ 169、231 ~ 243 页。

② 《酌定清讼功过章程》，《直隶现行通饬章程》卷三，中国科学院文献情报中心藏，光绪十七年刻本，第 12a ~ 19a 页。

③ 从同治九年江苏海门厅关于崇明县民张维新等遣抱京控张云上等围占沙田案的承审报告中，也可以看到类似的叙述（“卑职自到任起至十八日止，未及一月，尚无逾限。惟卷宗未解，实因未准前任移交。新旧交替，以致稽延等情到司”）。如前所述，海门厅的这一解释遭到了按察使的驳斥，并因承审超限被记过。《按察司应为详明事》、《详定州县上控案件功过》，《江苏省例续编》，杨一凡、刘笃才主编《中国古代地方法律文献》丙编第 12 册，社会科学文献出版社，2006，第 247 ~ 250、455 ~ 461 页。

此引发的积案问题。也正是因为此，虽然当时一些省份（如直隶）针对承审行为的处分规则越来越细，但仍难免流于空文。毕竟，如果责任人根本都没有达到记过的标准，自然也不会有在此基础上产生的罚银、停委、撤任等处分。

（三）审判效率与审判质量

关于清代后期地方官过度强调审判效率，可能妨及发现事实和实现正义（平反）的问题，学界早有指出。[①] 从上述承审考核规章的主题及各项内容所占篇幅的长短可以看出，虽然平反被视为审判的应有之义，但审结时限和提交审判报告等事明显吸引了考核者更多的注意力。毋庸赘言，光绪二十五年四川总督奎俊所说的"俱以结案多寡为断"来评判审判行为，确有可能驱使承审官为了劝诱当事人结案而做出妥协的处断，或强迫当事人接受处断以便结案。[②]

但应当注意的是，强调审判效率并不必然意味着轻视审判质量。从光绪二十二年的成都发审局章程中可以看到，拟定章程者（成都府知府）希望说服他的读者同意下述观点：由于发审局承审的案件"类皆情节重大、头绪纷繁"，对承审官的心力投入程度要求尤高（"听断稍不经心，不特动关民命，抑且吏议綦严，似宜奖叙从优，方足以资策励"），因此应对那些能够做到"勤审速结"和平反错案的承审官从优奖励，并处分那些未能"究出实情"和审判逾限的承审官。[③] 而从光绪二十七年该章程的修订稿中可以看到，之所以删去曾经反复强调的专责原则，缘于这一规定被认为未考虑到"委审之案大多棘手在明干者固能胜任。而庸懦者难期迅结"及承审官公出可能导致审判迟滞这一问题。[④] 概言之，光绪二十七年四川省试图通过增加承审官人数（"两人承审，以便讨论"）和审判指导者（"坐办"有权指导审判）的方式来控制审判质量。

而且，从成都发审局章程的历次修订中可以看到，虽然"勤审速结"原则始终得到强调，但具体的奖励规则却屡屡变化。不仅用以区分奖励幅度的案件类型改变了，因审结案件而获得奖励（"酌委一次"）的案件数也有变化。前者从光绪二十二年、二十五年的"寻常案件"和"部驳、京控、年久积压案件"变为光绪二十七年的"批审、提审的词讼、上控案件"和"京控、命盗案件"，后者则从"部驳、京控、年久积压案件"每"审结一起视作审结寻常案件五起计算"改为"每审结京控、命盗案件5起，可记大功一次，记大功四次可得酌委一次"。[⑤] 也就是说，光绪二十二年时，成

---

① 李典蓉：《清朝京控制度研究》，上海古籍出版社，2011，第102～103页。

② 《议改谳局功过章程稟稿》，钟庆熙辑《四川通饬章程》，文海出版社，1977，第245～248页。

③ 《发审局问案章程及劝惩章程》，钟庆熙辑《四川通饬章程》，文海出版社，1977，第231～243页。

④ 《酌拟变通发审局劝惩章程》，钟庆熙辑《四川通饬章程》，文海出版社，1977，第253～258页。

⑤ 《议改谳局功过章程稟稿》、《发审局问案章程及劝惩章程》、《酌拟变通发审局劝惩章程》，钟庆熙辑《四川通饬章程》，文海出版社，1977，第245～248、231～243、253～258页。

都府发审局的官员每审结 12 起京控案件可以获得一次酌委，光绪二十五年时降为审结 6 起即可获得，但光绪二十七年以后却须审结 20 起京控案件方可，审结“寻常案件”可获“酌委一次”的标准则先从 60 起降为 30 起，后又增至 40 起（见图 1）。承审官因审结案件获得奖励的难度则经历了一个从无论何种案件都减少一半，到“词讼、上控”类案件增长 0.3 倍，京控、命盗类案件增长 2.3 倍的过程（见图 2）。

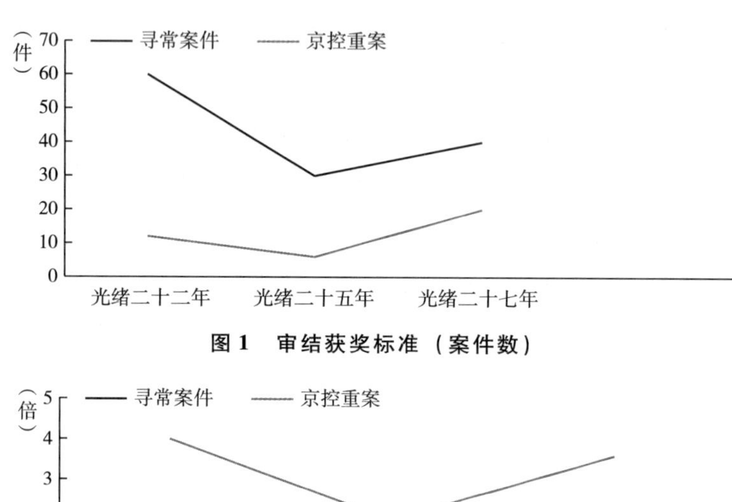

图 1　审结获奖标准（案件数）

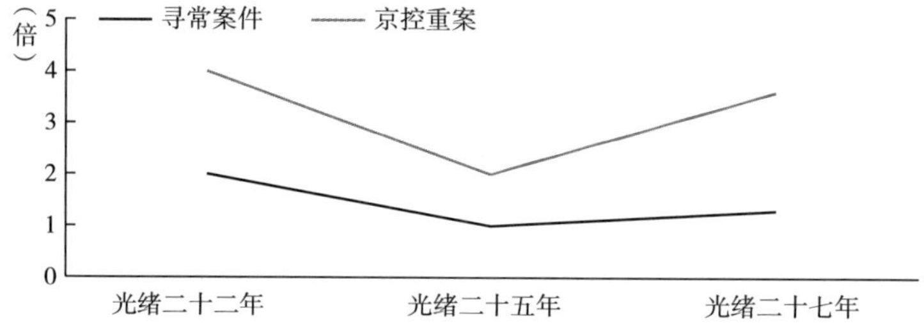

说明：设光绪二十五年获奖标准为基数 1。

图 2　审计获奖标准（倍数）

与此同时，虽然四川按察使曾于光绪二十五年成都府发审局章程修订时宣称“原定平反给奖一条，应行删去”，但修订后的章程其实并未彻底取消平反可以获奖的规定，而是将请奖范围限定为“案情重大、审属全虚、究出真情正犯、全行更正”，将请奖方式改为成都府“随案”报请上司决定，并针对承审官“有意开脱，藉以邀奖”的现象制定了处分规则（“即予撤差、停委”）。[①] 由此可知，虽然京控等重案的审结获奖变得更难，但若能获得上级的认可，承审官只须平反一起此类案件即可获得奖励。相反，承审词讼、寻常命盗案件的官员只能通过累计审结量获奖，而且具体的数量标准不时发生变化。换句话说，上级官员在加大对京控等重案的审判质量的控制力度的同时，对词讼、“寻常命盗案件”的审判更看重其效率。

① 《发审局问案章程及劝惩章程》、《议改谳局功过章程禀稿》、《议改谳局功过章程》，钟庆熙辑《四川通饬章程》，文海出版社，1977，第 231～243、245～248、249～252 页。

类似的规定也可见于光绪十六年江苏颁布的《谳局委员承审案件功过章程》。究其原因，除了不加区分地鼓励平反将导致处断失当这一顾虑外，应该也和将案件审结量作为评价标准更为直观、明确有关。尤其在户婚田土案件的审判中，传统审判的个别性特征和处断依据相对模糊等因素导致判断平反与否较为困难，因此在考核时以审结量作为评判标准显然更为简便。[①] 何况在当时的地方官看来，此类案件与“寻常命盗案件”的严重性相对较低，为了避免失出和翻案，不应鼓励这些案件的平反。

从成都府发审局章程的一系列修订中可以看出，四川省亟欲改善发审局的审判质量与审判效率，所以围绕奖惩标准、承审人数和审判指导三方面问题反复进行制度调整。由此可知，地方官至少从理念上希望通过承审考核制度奖优罚劣、解决积案。因此，不能得出承审考核制度的制定者（各省当局）对审判质量（尤其是京控等重案的审判质量）漠不关心的结论。

如第一节所述，无论是在户婚田土案件还是在命盗案件中，当事人请求承审官做出的大多是对事实的判断，有时还会涉及道德判断。然而，从上述事例可以看到，无论是在户婚田土案件还是在命盗案件中，事实判断都未必容易。在事例五中，证据缺失、证据矛盾及当时审判中常见的“人证不齐”等问题都妨碍了事实判断，进而阻碍了审判的进展。[②] 此外，承审官还可能以难以判明事实作为妥协处断或搁置审判的借口。还是在事例五中，承审官（历任吉林府知府）之所以决定将此案交由利益相关人（乡约、族长）调处，恐怕与此案为亲属间小额、多次借贷且无旁证这几点有关。换句话说，承审官为了回避亲自审判时可能遇到的困难，将查明事实的责任推给了利益相关的第三人。从事例四中也可以看到，除邱煌以外，所有的承审官都将清算账目一事委托给民间第三人，其中一部分承审官做出了妥协的处断（任、郭两家向王家支付 200 两“器具银”）。无论地方官是基于有争议的事实判断进行道德判断，还是搁置事实判断与道德判断，其处断显然都无法令当事人满意，“缠讼”与积案往往因此而生。

四　结语

综上所述，清代后期的“缠讼”与积案问题的形成固然与交通不便、财政困难、吏治腐败（比如原审官有意包庇、掩饰罪行）等因素有关，但归根结底缘于审判者提

① 关于传统审判的个别性，参见寺田浩明「『非ルール的な法』というコンセプト——清代中国法を素材にして」『法学論叢』160 巻 3・4 號、2007 年 3 月、51～91 頁。

② 关于审判中的“人证不齐”问题，参见寺田浩明「自理と上申の間——清代州県レベルにおける命案処理の実態」夫馬進編『中国訴訟社会史の研究』京都大学学術出版会、2011、427～477 頁。

供的处断及执行结果与当事人的诉求之间的错位，而当时的承审考核制度未能从这一角度对审判行为加以有效引导。[①] 具体而言，当时各省的承审考核制度通常要求承审官完成一定的量化标准（审结数），并鼓励其在京控等重大案件的审判中达到质（平反）的标准，但并不要求其介入执行。因此，即使地方对上控案件和“寻常命盗案件”的处断并不十分妥当，或者妥当的处断没有获得执行，由于这些问题不属于考核的范畴，由此导致的“缠讼”与个案积压也不会对承审官的考评成绩产生太大影响。然而，从当事人的角度来看，承审官能在一定的时间内审结多少起案件对其并无太大意义。无论所涉是否重案，当事人更关心的显然是承审官能否在一定的时间内为自己的案件下达一个妥当的处断，而且这一处断能够获得妥当的执行。当这一诉求未获满足时，生活在终审制阙如的法律环境中的当事人很可能选择再次控告乃至反复控告。由此形成的“缠讼”不止、“清讼”不休这一怪象，对传统法律制度的社会评价不无负面影响。

此外，值得注意的是，在清末法律变革的首批试点区域（奉天），在较高级别的审判官员的观念中已经出现了一些有关终审制和权利主张期限的萌芽。然而，传统法（上控制度）和法观念（实质正义优先，且为了使当事人折服，有必要反复进行审判等）在当时、当地的审判中仍有很大的影响。[②] 从事例三可以看到，当时奉天地区已经设立了审判厅，但宣统元年的刘雅亭案和朱治安案均通过上控制度提起。总督不仅会接受这些控告，还会以实质正义为由驳回奉天高等审判厅以当事人未及时主张权利且审判已经结束为由做出的拒绝再审决定，并对以较传统的方式处理案件（将上级批发的朱治安案转委下属审判，随后以自己的名义提交审判报告）的民政使的做法予以认可。由此可知，虽然终审制这一制度性的“控制阀”较之反复“清讼”的做法，可以为“缠讼”问题提供一个更为稳定和有力的解决方案，但正如唐仕春所指出的，立法和实践之间的距离仍会为“缠讼”行为制造温床。[③] 从这个角度来看，传统法到现代法的转型是一个渐变的过程。在这一过程中发生的不仅是制度文本和制度执行方式的改变，还有人及其观念的转变。

① 《会详请将延不解交被控门丁之蒲圻县知县张集庆撤任勒交解审一案》，《清臬署珍存档案》第1册，全国图书馆文献缩微复制中心，2004，第47～51页；《各属解省案件发审章程》，台湾银行经济研究室编《福建省例》第4册，台湾省文献委员会，1997，第1014～1016页；《酌拟变通发审局劝惩章程》，钟庆熙辑《四川通饬章程》，文海出版社，1977，第253～258页。

② 郑秦：《清代法律制度研究》，中国政法大学出版社，2000，第204～208页。

③ 唐仕春：《北洋时期基层社会的缠讼：李希明与荣坤等地亩互控案》，《史学月刊》2014年第11期。

古代中国的法外施仁及其法文化解读*

蒋铁初**

摘　要：法外施仁是中国古代司法的一个重要特色。法外施仁的主观要件是司法者的宽仁之念，而宽仁之念则源于司法者对诉讼参加人的怜悯、赞赏及对案件处理的利益权衡。客观要件有法条严厉、司法者拥有相应权力及相关人员受领。从法文化视角看，仁爱思想、法律工具观、原情司法理念、人治观念是法外施仁赖以存在的观念基础。由于法外施仁会破坏法制秩序与公平，统治者采取了一定的应对法外施仁不足的措施，但效果并不明显。

关键词：法外施仁　立法峻严　仁爱思想　原情司法　人治观念

法外施仁是中国古代司法的一个重要特色。所谓法外施仁，是指司法者本于宽厚待人的理念，在实践中突破法律规定，给予被告宽厚处理。① 其表现既可以是程序上的宽待，亦可以是实体上从轻或免予处罚。法外施仁一词虽至明代才出现，② 但其实践则要早得多。在议事以制的时代，司法有很大弹性。司法者即使对案件处理结果较轻，也很难说是法外施仁。如“（亻朕）匜”铭文记载之案中，（亻朕）与部下牧牛为争五名奴隶打官司。司法官伯杨父称本应判牧牛鞭打一千，治以“墨刑”；若牧牛发誓不再起诉，可减为鞭打五百，罚铜三百锾。本案中对牧牛的实际处罚比应得处罚要轻，但从轻是因为其答应不再起诉。当时法律是否规定败诉方服判就可以从轻处罚，因资料不足无法判断，因此本案施仁是否属法外尚难认定。到了春秋时期成文法公布以后，依法判决成为正常要求，法外施仁即有可能发生。就法外施仁的成就要件而言，司法者的宽仁之念是其主观要件，而原应适用条文严厉、司法者拥有相应权力、相关人员受领则是法外施仁能够实现的客观要件。总体来看，仁爱思想、法律工具观、原情司

* 本文系2018年国家社科基金项目“中国仁政司法的传统及其权益转化研究”（课题编号：18BFX025）和浙江省哲学与社会科学规划课题“中国古代的仁政司法研究”（课题编号：16NDJC143YB）的阶段性成果。

** 蒋铁初，杭州师范大学沈钧儒法学院教授。

① 中国古代最高统治者对犯罪者的普遍赦宥，对被赦者而言无疑也是法外施仁。但决定赦宥却大都不是基于对犯罪者的同情，即司法者并非出于施仁的动机而赦宥犯罪者。这与本文讨论的法外施仁性质有别，因此本文不考察赦宥制度及其实践。

② 明代许仲琳编《封神演义》第20回载：“恳祈恩台大开慈隐，法外施仁，一语回天得救归国，则恩台德海如山，西土众姓无不衔恩于世世矣！”

法理念及人治观念构成法外施仁的观念基础。

一 法外施仁的主观要件

法外施仁的主观要件是指司法者在决定法外施仁时的宽仁之念，而宽仁之念又源于司法者的三种心理状态，即怜悯心，赞赏心，功利心。怜悯心针对诉讼参加人的处境，往往与犯罪行为本身无关；赞赏心针对诉讼参加人的行为，其中主要是犯罪行为；功利心针对案件处理效果。

（一）司法者的怜悯心

从怜悯对象看，司法者的怜悯心可分为两种，一是对被告的怜悯心，二是对相关者的怜悯心。

1. 对被告的怜悯心

面对被告的凄凉处境，司法者会生出一种不忍对其依法决罚的怜悯心。怜悯心首先是一种自发之念。孟子言："恻隐之心，人皆有之。"① 司法者看到被告凄凉境况会油然而生怜悯之心。其次，怜悯心还是一种自觉之念。曾子曾说："上失其道，民散久矣。如得其情，则哀矜而勿喜。"② 即民之犯法乃因为统治者失道，故而司法者应对犯法者存哀矜之心。司法者对被告的怜悯心又可分为一般怜悯心和特殊怜悯心两种。

一般怜悯心对法外施仁的影响。一般怜悯心是指司法者因被告身陷囹圄、遭受刑讯、面临刑罚甚至性命不保等境况引发的怜悯心。一般怜悯心大都不会引起法外施仁之举。由于绝大部分案件会引起司法者的怜悯，如果每一次怜悯都引起法外施仁，就会出现数量庞大的法外施仁，从而导致法律秩序的崩溃。从实践来看，司法者一般怜悯心引发的法外施仁主要是对重罪犯人在程序上施仁。因为重罪犯人会面临严厉处罚乃至死刑，较普通犯人更能引起司法者的怜悯，司法者宽待被告也能够为其他官员理解；而程序上施仁不改变被告人最终受到的处罚，司法者不用承担出入人罪之责。《晋书·良吏传》、《南史·王志传》载：

> 曹摅补临淄令，狱有死囚。岁夕，摅行狱，悯之，曰："卿等不幸致此非所，如何？新岁人情所重，岂不欲暂见家邪？"众囚皆涕泣曰："若得暂归，死无恨也。"摅悉开狱出之，克日令还。掾吏固争，咸谓不可。摅曰："此虽小人，义不见负，自为诸君任之。"至日，相率而还，并无违者，一县叹服，号为圣君。
>
> 梁王志为东阳太守，郡狱有重囚十余，冬至日，悉遣还家，过节皆返，唯一

① 《孟子·告子上》。
② 《论语·子张》。

人失期。志曰：“此自太守事，主者勿忧。”明旦果至，以妇孕。吏人益叹服之。

上述两案的囚犯并无特殊之处，司法者的宽仁之念源于一般怜悯心。两起案件皆是重罪，前案是死囚，后案为重囚。所施宽仁主要是程序上的“纵之还家”，而非实体上从轻处理。如果司法者仅基于一般怜悯心对轻罪犯人在实体上法外施仁，可能会受到追责。《晋书·良吏传》载：“王宏擅纵五岁刑以下二十一人，为有司所劾。”本案法外施仁无特殊理由。王宏被视为良吏，行事宽仁是其内在要求，其动机应当源于一般怜悯心。但被告人是五岁刑以下，属于轻罪；且擅纵系实体施仁，这与基于一般怜悯心实施的法外施仁特征不符。这也正是其受劾的原因。

应当指出的是，基于一般怜悯心的法外施仁，即使满足了上述两个条件，司法者依然要承担一定风险。以上述纵囚还家的两起案件看，一是“掾吏咸谓不可”，二是为“主者担忧”，表明此种做法的确存在风险。事实上，如果被纵还家者没有按期返回，可以肯定司法者要承担责任。正因如此，普通司法者难以基于一般怜悯心法外施仁，此种做法较少发生。

但司法者若为帝王，其基于一般怜悯心的法外施仁就不受上述条件限制。《史记·魏豹彭越列传》载：“有人告梁王彭越反。上使使掩梁王，梁王不觉。捕梁王，囚之洛阳。有司治反形已具，请论如法。上赦以为庶人，传处蜀青衣。”谋反罪依汉律当处夷三族之刑，但刘邦不忍处以极刑，赦其为庶人。如此力度的法外施仁显然不是普通司法者能够行使的。

特殊怜悯心对法外施仁的影响。特殊怜悯心是指司法者因被告人有令人同情的特别之处而产生的怜悯心。能够引起司法者特殊怜悯心的情况较为复杂，被告人老幼弱病、贫困、愚昧、不知法等情况皆属此列。被告人具有老幼病弱等情形，本身已容易引发他人怜悯，又因犯法或受连坐而面临刑事处罚，此种情形更易激发司法者的同情。乾隆帝在批准受连坐幼儿免死时称，其“犯事时年仅数岁，尚在童稚无知，若概予骈诛，究觉不忍……惟是此等凶孽留其喘息，已属法外之仁”。[①] 即是因怜悯连坐对象幼小而法外施仁。被告人的贫困亦能引起司法者的同情进而法外施仁。《汉书·酷吏传》载，严延年为“河南太守，其治务在摧折豪强，扶助贫弱；贫弱虽陷法，曲文以出之”。此类做法在后世亦屡有发生。明代施风有盗取庵中田芋，为僧所控；遂诬僧焚其亡兄，自涉于诬。司法者认为“本宜重惩，矜其无赖（生活无依靠），薄杖示惩”。[②]

① 《皇朝通志》卷七十八《刑制·秋朝审》，文渊阁四库全书本。

② 《棘听草》，杨一凡主编《历代判例判牍》第 9 册，中国社会科学出版社，2005，第 201 页。

被告人的愚昧也能引起司法者的同情。明代王国彦控其岳父重嫁妻妹，犯干名犯义之罪。司法者认为“本应按律究拟，姑念愚昧，责以逐之”。[①] 本案中王国彦控其岳父，司法者认为被告虽干名犯义，但愚昧可悯，故对其法外施仁。被告不知法而犯罪同样会成为被怜悯的理由。古人认为官员有教化民众知法的义务，民众不知法而犯法，可知官员未尽到教化义务。官府未尽义务却要处罚行为人，属不教而杀。孔子认为不教而杀谓之虐。[②] 再则，不知法还表明行为人没有藐视法律，主观恶性较低，故而司法者的怜悯之心易转化为施仁之念。明初“中书省椽史有以铨选受贿者，按察司劾其罪当死。上曰，吏受赃卖选，见利忘法，罪固当诛，但法令初行，人未周知，姑减死杖之，若复犯则不宥也”。[③]

2. 对相关人员的怜悯心

司法者的怜悯之心有时也会因其他诉讼参与人的处境悲凉而产生，此种怜悯心亦可能导致对被告法外施仁。从司法实践来看，其他值得怜悯者往往与被告有亲属关系。如被告得不到宽大处理，相关者的生活可能陷入困境。宋时任布知越州，民有被酒骂其祖者。祖既诉之，已而大悔，哭于庭曰：“老无子，赖孙以为命。”布特贷出之，且上书自劾，朝廷亦不之问。[④] 本案被告酒后骂祖，依当时法律乃是死罪，亦是严重悖德行为，因而无可悯之处。本案中值得怜悯的是原告，他会因严格执法而失去所养。司法者因为对原告产生怜悯心而对被告生宽仁之念，进而有法外施仁之举。

（二）司法者的赞赏心

孔子主张仁者爱人，对被爱者未提要求；韩非主张仁者欣然爱人，同样未提要求。这种无差别的博爱心态只有少数圣贤才会具有。大部分司法者并非圣人，因此很难做到对每一个诉讼参加人都欣然爱之。从实践来看，司法者更易爱可爱之人，即爱源于赞赏。司法者赞赏被告及相关人员的行为，从而对其产生宽仁之念。被赞赏者的行为一般符合当时的主流道德观念。之所以会出现行为违法却能获得司法者赞赏的情形，是因为古代中国的道德与法律在一定时间一定领域存在冲突。这主要体现在两个方面：一是行为不合法但合乎道德；二是行为既不合法，亦不合道德，但行为人在案件审理中的表现合乎道德。

---

① 《棘听草》，杨一凡主编《历代判例判牍》第9册，中国社会科学出版社，2005，第279页。

② 《论语·尧曰》。

③ 《明实录·太祖高皇帝实录·卷十五上》。需要指出的是，中国古代宽恕不知法而犯法者并未成为传统。《周礼》虽有三宥之制，但所宽宥皆是事实认知错误而非不知法律。历代虽有不少官员以当事人未受教化为由从宽处理民间争讼，但以不知法为由则较为罕见。据笔者所掌握的资料，主要发生在汉初（刘邦以人未习法令犯法而赦天下）与明初，这可能与刘邦及朱元璋朴素的法律观念有关。

④ 《折狱龟鉴》卷八《严明》。

第一种情形最典型的表现是子女为报父母之仇而杀人。因礼有“父之仇弗与共戴天”之教，[①] 故而复仇杀人历来为主流道德肯定，也自然会获得司法者的赞赏。《三国志 · 庞淯传》载女子庞娥亲为父报仇之事。庞娥亲之父为李寿所杀。她的三个弟弟先后病死。庞娥亲志在复仇，终于寻机手刃仇人，然后向县衙自首。县长尹嘉不忍心定其罪，解印绶去官以宽纵她，被其拒绝。到郡后，郡亦免其罪，强行送其回家。本案中当事人值得赞赏之处有二：一是女子为父复仇，较一般男子复仇更加可敬；二是复仇后不避制裁，不连累司法者。当事人行为符合道德，自然容易引起司法者的共鸣，对其产生宽仁之念。除复仇外，卑亲属因尽孝而犯法亦能引起司法者赞赏。《元史 · 铁哥传》载，时庾人有盗凿粳米者，罪当死。铁哥谏曰：“臣鞫庾人，其母病，盗粳欲食母耳，请贷之。”案中庾人盗凿粳米行为虽违法，但其动机值得肯定。

第二种情形主要表现为被告的悔过行为。明永乐年间，有县官犯罪，本应重处，但明成祖以其“临罪能悔，可恕，故屈法以宥之”。[②] 中国古代的法律极重教化，犯罪者能够悔罪，表明其廉耻尚存，可以被教化迁善。对其从轻处罚，有利于提升教化效果。

因赞赏心而法外施仁，被赞赏的主要是被告人的行为或动机，但有时司法者赞赏被告人亲属的德行亦会导致对被告法外施仁。《南史 · 许昭先传》载：

> 许昭先叔父肇之，坐事系狱，七年不判。子侄二十许人，昭先家最贫薄，专独料诉，无日在家。饷馈肇之，莫非珍新，家产既尽，卖宅以充之。肇之诸子倦怠，昭先无有懈息，如是七载。尚书沈演之嘉其操行，肇之事由此得释。

本案中的法外施仁非因被告人有值得肯定之处，而是因其侄操行可嘉。司法者爱屋及乌，遂宽被告之罪。

（三）司法者的功利心

功利心是指司法者面对被告人的犯罪行为，虽不认为其值得怜悯及赞赏，但出于利弊权衡，亦可能予以法外宽待。中国古代法律秩序固然是重要的价值追求，但亦还有其他价值，如统治秩序、伦理等级等。在特定情况下，这些价值还会超越法律秩序。司法者为使司法行为更有利于维护上述价值，有可能突破法律规定，对当事人做出法外施仁之举。可以导致法外施仁的功利心主要表现为以下三个方面。

1. 追求统治秩序稳定

专制社会中，统治秩序稳定是官府最高追求。为了维护秩序稳定，可以不惜一切

---

① 《礼记 · 曲礼上》。

② （明）余懋学撰《仁狱类编 · 皇仁》，社会科学文献出版社，2012 年影印本，第 554 页。

代价。法律本身当然具有维护统治秩序的功能，但具体到个案，如司法者认为严格司法不利于维护统治秩序，就可能法外施仁。《汉书·循吏传》记载：

时渤海多盗，诏令龚遂平之。龚遂奏曰："愿丞相御史且无拘臣以文法，得一切便宜从事。"上许焉。至渤海，移书敕属县悉罢逐捕盗贼吏。诸持锄钩田器者皆为良民，吏无得问，持兵者乃为盗贼。遂单车独行至府，郡宁翕然，盗贼亦皆罢。

盗贼之案是重罪，依律只有未"侵损于人"者自首方可免罪。司法者对大部分从犯概予宽免，原因并不是认为他们果真无罪，而是考虑若严格依法惩罚，一旦激起大规模民变，会危及统治秩序。古代民谚"法不责众"的理由并非众人犯法就不应处罚，而是不能处罚。处罚则有可能激化社会矛盾，从而引起统治秩序不稳。出于维护统治秩序的法外施仁除了针对犯罪者本人外，有时也会施于其亲属。《三国志·高柔传》载：

高柔为丞相仓曹属。宋金等在合肥亡逃。旧法：军征士亡，考竟其妻子。太祖患犹不息，更重其刑。金有母妻及二弟皆给官，主者奏尽杀之。柔启曰："士卒亡军，诚在可疾，然窃闻其中时有悔者。愚谓乃宜贷其妻子，一可使贼中不信，二可使诱其还心。正如前科，固已绝其意望，而猥复重之，柔恐自今在军之士，见一人亡逃，诛将及己，亦且相随而走，不可复得杀也。此重刑非所以止亡，乃所以益走耳。"太祖曰："善。"即止，不杀金母、弟，蒙活者甚众。

本案中原来主者所奏尽杀宋金母、妻、二弟的做法非常不仁，其功利性动机在于制止军士逃亡。但高柔分析后认为严刑不利于实现立法目的，最终还是在同样的功利心驱动下法外施仁。

2. 维护家族伦理

中国古代社会是一个伦理本位的社会。古人认为维护伦理对统治有利。有子曾言："其为人也孝悌，而好犯上者鲜也，不好犯上而好作乱者，未之有闻也。"① 因此，维护伦理秩序是司法者必须重视的价值。如果司法者认为严格执法可能破坏伦理，在不影响统治秩序稳定的前提下，就可能法外施仁，以维护伦理秩序。《通典·刑制》所载两则案例，从中可见维护伦理对法外施仁的影响。

魏文帝时，有大女刘朱，挝子妇酷暴，前后三妇自杀。论朱减死作尚方，因是下怨毒杀人减死之令。

① 《论语·学而》。

唐敬宗宝历三年，京兆府有姑鞭妇致死者，奏请断以偿死。刑部尚书柳公绰议曰：“尊殴卑，非斗也；且其子在，以妻而戮其母，非教也。”遂减死论。

前案被告行为恶劣，后果严重。在“一命必有一命抵”的观念背景下，身负三条人命，其结果却是减死流放，目的就是维护尊卑有序的伦理等级不被破坏。后案被告行为在后果上虽不似前案负三条人命，但前案被害人皆属自杀，而后案却是直接致死，危害性并不轻。对其法外施仁，理由正如柳公绰所议，乃是为了维护名教不被破坏。

3. 其他方面的功利心

司法者为了维护自身声望亦会做出法外施仁之举。《旧五代史·安重晦传》载，后唐安重晦为侍中，田令方因牧马瘠而多毙，坐劾当死。重晦谏言，使天下闻以马杀人，是为贵畜而贱人。令方因得减死。本案中安重晦主张免田令方死罪，理由并非田令方罪不该死，而是贵畜贱人的处罚为天下所知，对于皇帝声誉有损。这一观点为皇帝接受，免去田令方死罪。

收买人心也是司法者的功利心之一，特别是官吏更易成为收买对象。《明实录·嘉靖元年》载，虏入陕西响水沟等堡。逮千户李杰，百户魏泰等下狱按问，坐守备不修设，当谪戍。上以杰等所部无大亡失，宥之，夺俸三个月。本案中有司按问李杰等罪名是“守备不设修”，如欲施仁，则应在这一方面做文章，如不设修守备有可以原谅的理由，但皇帝完全不提此事，直接以“所部无大亡失”为由免其罪，其市恩心态非常明显。

促使犯罪者自新亦是法外施仁的理由之一。雍正帝曾言：“朕酌其情稍可原者，量从宽减，若被人诱胁跟随为盗之犯自行出首，则将伊应得之罪予以宽宥，俾得改除旧恶永为良民。”① 这表明法外施仁的理由乃是期望被告弃恶为良。

维护被告生计有时亦是司法者功利心之一种。如为了不误农时，司法者会对被告法外施仁。《旧唐书·唐临传》载：唐临为万泉丞。县有轻囚十数人，会春暮时雨，临召囚悉令归家耕种，与之约，令归系所。囚等皆感恩贷，至时毕集诣狱。农业是中国古代社会经济的主体，不误农时是施政的一个重要原则。农忙止讼的价值就在于此。对在押囚犯暂释让其回乡耕种，与农忙止讼价值相同，故为主流观念所认可。

（四）综合考虑

很多时候，司法者宽仁之念的产生并非只出于一种动机，而是多种动机共同作用的结果。《汉书·钟离意传》载：

钟离意为县令，县人防广为父报仇，系狱，其母病死，广哭泣不食。意怜伤

① 《清实录·雍正帝实录·卷六十九》。

之，乃听广归家，使得殡殓。丞掾皆争，意曰："罪自我归，义不累下。"遂遣之。广敛母讫，果还入狱。意密以状闻，广竟得以减死论。

钟离意对防广法外施仁，一是因为防广为父报仇，行为值得赞赏；二是防广母病死，其哭泣不食的表现让人怜悯。赞赏其孝行，怜悯其不能殡母。在两种动机的共同支配下，才做出"听其回家"之举。

《新唐书·刑法志》载："上亲录囚徒，悯死罪者三百九十人，纵之还家。期以明年秋即刑。及期，囚皆诣朝堂，无后者。太宗嘉其诚信，悉原之。"本案中唐太宗对死罪囚产生怜悯之心，进而纵之还家。死囚犯获得自由却不逃跑，而是宁死不违约，可谓守信之至。中国古代正统道德五常中即有守信一端，故"太宗嘉其诚信，悉原之"。可见本案中先后两个阶段的法外施仁是出于怜悯与赞赏的不同动机。《宋史·张咏传》载：

张咏知杭州，岁饥，民多鬻盐以自活，犯者数百人，咏悉宽其法而遣之。官属请曰："不痛绳之，恐无以禁。"咏曰："钱塘十万家，饥者八九，苟不以盐自活，一旦蜂聚为盗，为患深矣。俟秋成，当仍旧法。"

本案中司法者对百姓因贫而犯法予以宽免，当然源于其对犯者的怜悯之心，但是更重要的是担心犯者聚盗为患，则是基于功利的考虑。

二　法外施仁的客观要件

司法者对被告人的宽仁之念是法外施仁发生的主观要件，法外施仁的发生还需具备一定的客观条件。这主要表现为三个方面：一是应当适用的法条严厉；二是司法者具有相应权力；三是相关人员特别是被告人接受施仁。

（一）应当适用的法条严厉

司法者之所以会法外施仁，是因为觉得对被告人依法处理是不仁之举。可见，在大部分法外施仁案件中，原先应予适用的法条明显刑过于罪。立法严厉主要表现为对四种犯人科以重刑，一是受连坐者，二是过失犯，三是非暴力犯，四是动机具有正当性的犯人。

连坐导致无罪者受罚，很容易让司法者觉得立法过严，从而突破法律规定对连坐者法外施仁。在高柔覆核的宋金逃亡考竟妻、子案中，主者依旧法奏尽杀宋金母弟妻子。母弟妻子无辜却要被杀，立法显然过于严酷。高柔亦称其为重刑。正因为连坐者无罪却受重刑的规定不合理，高柔的法外施仁主张才能获得曹操的认可。前述乾隆对连坐幼童法外施仁案件中，其正常量刑为骈诛，显然过重。

《文献通考·刑考九》所载宋代案件则表明过失犯罪受到重罚同样会引起法外施仁。庆历年间，开封有人聚童子教学，鞭打学生失手致死，法司定了死罪。仁宗认为“情虽可矜，法亦难屈”，于是杖责结案。本案虽属人命关天，但犯人显无杀人的故意，可以视为过失。过失致人死亡，却要抵死，立法过重，故而皇帝法外施仁。

非暴力的财产犯罪受重罚同样是立法过严的表现。前述《元史·铁哥传》所载庾人盗凿粳米罪当死，明代洪武年间，民盗内库，法当死，[①] 前引《明实录》所载中书省椽史铨选受贿当死，[②] 都是纯粹财产犯罪却要判处死刑，是立法严苛的表现。

动机正当的犯罪受重刑亦是立法偏重的表现之一。中国古代立法较为粗疏，在定罪量刑方面较少考虑犯罪动机，行为人动机的正当性在立法上很难成为从轻理由。此时如依法定罪量刑，就会显得合法不合理。宋时马亮知潭州。属县有亡命卒剽攻，为乡村患。或谋杀之，在法当死者四人。亮谓其僚属曰：“夫能为民除害，而反坐以死，岂法意耶?”乃批其案，悉贷之。[③] 被告人为民除害，动机具有正当性，但依法却当死罪。司法者认为不合理，故对其法外施仁。

需要指出的是，应当适用的法律过严是法外施仁的常见条件，但并非必要条件。在以下两种情况下，即使立法不严亦可以法外施仁：一是司法者本身具有不受限制的权力；二是司法者只在程序上法外施仁。就前者而言，唐代一案即是如此。《文献通考·刑考九》载，“唐肃宗至德二年，将军王去荣以私怨杀本县令，当死。上以其善用炮，壬辰，敕免死，以白衣于陕郡效力。群臣上表反对，上竟舍之”。本案王去荣以私怨杀人，且所杀者还是本管县令，处以死刑，难言严厉，所以众臣反对免其死罪。但皇帝拥有最高权力，故而不受限制。就后者而言，前述曹摅、王志等纵囚还家并非因为他们所受刑罚过重。由于程序上施仁未改变被告应受的实体处罚，在重实体轻程序的时代，司法者所承受的压力较实体上法外施仁要小得多。

（二）司法者具备相应权力

司法者法外施仁，本身具有违法性质。违法要承担责任，这一点司法者自然清楚。但古代社会与当代社会不同，当代社会法大于权没有争议，因此任何人不享有法外特权。但在古代社会，法律未被视为最高权威，司法者也并非只能依法办事。关于司法者与法律适用的关系，晋刘颂曾言：“夫君臣之分，各有所司。法欲必奉，故令主者守文；理有穷塞，故使大臣释滞；事有时宜，故人主权断。”[④] 按照这一说法，人主不受

① 《清实录·雍正帝实录·卷六十九》，第530页。
② 《清实录·雍正帝实录·卷六十九》，第548页。
③ 《折狱龟鉴》卷四《议罪》。
④ 《晋书·刑法志》。

法律限制，大臣在法律有疑问时可以解释法律。此时因法律本身存在疑问，故而即使依适用的法律，当事人所受处罚较轻，亦与法外施仁无关。普通司法者只能依法办事，无法外施仁之权。当然这仅是理想状态，实际情况要复杂得多。

1. 人主法外施仁

人主通常指天子，有至高无上的权力，自然可以法外施仁。不过在特定条件下，非天子亦可能具有法外施仁特权。先秦时期，诸侯在其国内有最高司法权，不受周天子统辖。秦汉以降，虽然从理论上说只有皇帝才拥有不受制约的司法权，但权臣执国柄时同样有此权力。鉴于人主权力无限，因此他们的法外施仁有相当大的自由度，在实体上与程序上皆可以恣意施仁。

一是实体上法外施仁，给予犯罪者比法律规定更轻的处罚甚至免予处罚。《菽园杂记·三》中所载一案即是如此。洪武年间，京城一校尉之妻与某少年有奸。一日少年进入其家躲于床下，得以发现校尉爱妻之情。校尉走后，其妻又对少年言其夫平昔相爱之事。后少年杀校尉妻，并自首伏罪，供称因见校尉如此恩爱，而其妻负之，因此杀之。法司请示皇帝，朱元璋说："能杀不义，此义人也。"遂赦免少年。本案被告先奸人之妇，复又杀之，仅因为杀人动机有一定的正当性，皇帝即予赦免，罔顾其行为的违法性与危害性，显然不合法意。如此法外施仁也只能由帝王实施。

二是程序上法外施仁。其表现有多种，首先是不审理甚至不受理相关案件。《史记·淮阴侯列传》载：

> 汉六年，人有上书告楚王信反。高帝以陈平计，天子巡狩会诸侯。至楚，信谒高祖于陈。上令武士缚信，载后车。信曰："天下已定，我固当亨！"上曰："人告公反。"遂械系信。至洛阳，赦信罪，以为淮阴侯。

韩信被告谋反，本应查实，但刘邦并未审理该案，而是直接降韩信为侯。我们知道，这一做法不能理解为是未审辄定罪。因为韩信若是被定谋反罪，应当夷三族，而绝非降王为侯这样的轻罚。可见刘邦没有审理韩信谋反案，对于韩信而言乃是法外之仁。帝王对特定人员法外施仁甚至可以不受理该案。《旧唐书·侯君集传》载侯君集"坐口出欲反之言"案。侯君集在张亮出为洛州都督时，对张亮表示欲与其谋反。张亮密奏天子，太宗言："卿与君集俱是功臣，君集独以语卿，无人闻见。若以属吏，君集必言无此。两人相证，事未可知。"遂寝其事。我们知道，对于民间细故案件，中国古代强调教化为先，可以不受理或者虽受理但不审理。但刑名重案司法者很少不受理，更不可能受理却不审理。但人主权力无限，对刑事案件既可以不受理，亦可以受理却不审理，这是人主法外施仁的一个重要特征。

需要说明的是，在理论上人主的法外施仁应当是没有阻碍的；但在实践中，人主法外施仁能否实现还要视其自身对法律秩序的敬重程度。如其能够克己守法，则法外施仁实现难度较大，甚至无法实现；如其威福自用，则无所而不能。下面两则案件显示了这种差异。一是贞观年间侯君集谋反当死，唐太宗因侯君集于国有功，不忍置诸法，向群臣请求免其一死。群臣皆主张论罪如法。太宗遂从群臣之议。① 二是前引唐肃宗年间，皇帝不顾众臣反对，以王去荣善用炮，敕免其杀害本管县令的死罪。两案被告都是死罪，皇帝都欲免死，都遭群臣反对，二人也都是威柄在御之君。之所以结果迥异，主要在于皇帝对自身权力行使的克制程度不同。

人主能否坚持法外施仁还与案件的轻重有关。重案的法外施仁，人主会更多考虑法律规定及臣下意见；若是轻案，则会径自施行。《新唐书·长孙顺德传》载：

> 长孙顺德受人馈绢。事觉，太宗曰不之罪，但于殿廷赐绢数十匹。大理少卿胡演曰："顺德枉法受财，罪不可赦，奈何复赐之绢？"上曰："彼有人性，得绢之辱，甚于受刑。如不知愧，一禽兽耳，杀之何益。"

前文所述，唐太宗欲免侯君集死罪，因大臣反对而作罢；但本案中不但不追究长孙顺德的枉法受财之罪，还在官员反对下仍坚持法外施仁。这与本案罪名较轻有很大关系。

2. 普通司法者法外施仁

普通司法者法外施仁可以分为两种情形，一是轻罪或程序上的法外施仁；二是重案实体上的法外施仁。下引案例可以看出普通司法者法外施仁的特征：

> 童恢任不其县令。吏人有犯违禁法，辄随方晓示。若吏称其职，人行善事者，皆赐以酒肴之礼，一境清静，牢狱连年无囚。
>
> 煚为冀州刺史，尝有人盗煚田中蒿者，为吏所执。煚曰："此乃刺史不能宣风化，彼何罪也。"慰谕而遣之，令人载蒿一车以赐盗者。盗者愧恧。
>
> 薛奎知益州。有妇人讼其子不孝，诘之，乃曰："贫无以养。"奎因出俸钱，与为资业而遣之。②

上述三案中，前案吏人犯禁，类似今天的违纪行为。次案盗人田中作物，类似今天的违反治安管理的行为。后案虽属不孝，但仅表现为供养有缺，为不孝罪中较轻的一种，类似今天的家庭纠纷，且被告并无过错。对于情节轻微之案，司法者有较大自

---

① 《新唐书·侯君集传》。

② 分别引自《后汉书·循吏传》、《隋书·赵煚传》、《宋史·薛奎传》。

主权，或随方晓示，或者慰谕，或资物。三者并非法定处理方式，但因违法行为较轻，故而未受到上司追究，且这一做法亦取得了良好的治理效果。

普通司法者法外施仁的另一个表现是程序上的法外施仁。《后汉书 · 吴祐传》载：

> 祐以光禄四行迁胶东侯相……安丘男子毋丘长与母俱行市，道遇醉客辱其母，长杀之而亡，安丘追踪于胶东得之。祐呼长谓曰："子母见辱，人情所耻。然孝子忿必虑难，动不累亲，今若背亲逞怒，白日杀人，赦若非义，刑若不忍，将如之何？"长以械自系，曰："国家制法，囚身犯之，明府虽加哀矜，恩无所施。"祐问长有妻、子乎？对曰："有妻，未有子也。"即移安丘逮长妻，妻到，解其桎梏，使同宿狱中，妻遂怀孕。

本案中吴祐在程序上的法外施仁有两个表现，一是对死刑犯解其桎梏，汉律对犯人虽有颂系规定，但限于老幼弱残等特殊群体，毋丘长显然不符合条件；二是使犯人妻入狱孕子，为其传后，此做法后代亦有效仿者。[①]

私纵犯人回家亦是程序上法外施仁的表现之一。这一做法与其他程序上的施仁相比，力度更大。因为犯人可能会逃走，从而牵连司法者。不过依然有司法者不计自身安危而私放特殊囚犯回家，如钟离意私放防广。[②]

重案实体上的法外施仁超出了普通司法者的权限，风险较大，因此司法者很少直接行使，一般会在事先做好准备，或事后进行补救。事前准备有三种方式：其一，事先获得授权。前述《汉书 · 循吏传》所载龚遂奉旨平渤海盗即是先奏请获得便宜从事之权。其二，向上级请示。前引《汉书 · 钟离意传》所载案件中，对于囚犯防广，钟离意听其归家，在程序上的法外施仁。但实体上的法外施仁超越了职权，故而"密以状闻，广得以减死"。很显然，司法者有法外施仁之念，再奏请人主批准，是普通司法者处理情轻法重案件的常规路径。司法者如未如此行事，则会受到非议。对于前引宋代马亮径自宽免谋杀剽攻者案件，郑克评论说："此四人者，为民除害，其事有实，其情可矜，而必诛之，非法意也。然僚属皆拘法之文，则郡将当原法之意，故亮独批其案而悉贷之。若奏听敕裁，则尤为得体也。"在郑克看来，马亮事先不请示的做法是不够得体的。事后补救措施表现为请责。前述《折狱龟鉴》所载任布赦醉酒骂祖者之后上书自劾即属请责。

---

① 《晋书 · 良吏传》载："乔智明为隆虑令。部人张兑为父报仇，母老单身，有妻无子，智明悯之，停其狱。岁余，令兑将妻入狱，于狱产一男。会赦，得免。"

② 帝王亦会释放犯人回家，但两者力度不同，普通司法官员一般只能私放较少或个别犯人回家，而帝王可释放大量人员。这反映出司法者权力差异对法外施仁力度的影响。

此外，还有以弃官等极端的方式施仁。前引《三国志 · 庞淯传》所载案件中，禄福长尹嘉不忍论娥亲，即解印绶去官，阴语使去。但这种做法非常罕见，毕竟司法者动辄弃官亦不符合儒家官员的为官伦理，而且会给被告人带来很大的精神压力。该案后来还是通过奏请方式获得法外施仁的结果。

（三）相关人员的受领

法外施仁能否成功实施主要取决于司法者，因为就常理而言，大部分被告人会受领法外施仁结果，但亦有例外。如果被告人不受领，会导致法外施仁无法实现。《史记 · 循吏列传》载：

> 李离者，晋文公之理也。过听杀人，自拘当死。文公曰："官有贵贱，罚有轻重。下吏有过，非子之罪也。"李离曰："臣居官为长，不与吏让位；受禄为多，不与下分利。今过听杀人，傅其罪下吏，非所闻也。"辞不受令。文公曰："子则自以为有罪，寡人亦有罪邪?"李离曰："理有法，失刑则刑，失死则死。公以臣能听微决疑，故使为理。今过听杀人，罪当死。"遂不受令，伏剑而死。

从君臣对话可以看出，李离依法应受死刑，文公欲宽之，属法外施仁。李离自杀伏法使得文公的法外施仁未能实现。后世被告人不受领法外施仁的现象较为少见，但并未绝迹。前引庞娥亲报父仇案中，司法者纵其逃走，被庞娥亲拒绝，司法者自主的法外施仁没有成功。

此外，与被告人相关之人若拒绝接受法外施仁，亦会使施仁无果。《吕氏春秋 · 去私》载，墨者有巨子腹𪏆居秦，其子杀人。秦惠王曰："先生之年长矣，非有它子也，寡人已令吏弗诛矣。先生以此听寡人也。"但腹𪏆以墨家之法拒绝，最终其子依然伏法。

三　法外施仁的法文化解读

司法是依据法律解决纠纷的专门活动，而法外施仁显然与正常司法理念不符。正常司法要求依法判决，而法外施仁则是违法处理案件。此种违法司法为何能够长期存在甚至为主流观念认可，笔者认为，它与中国传统社会的法文化观念有很大关系。总体而言，儒家的仁爱思想、法律工具观、原情司法理念、人治观念等决定了法外施仁的特色。

（一）仁爱思想

儒家思想在很长一段时期内都是中国古代社会的主流思想，而仁爱思想又是儒家思想的核心。依目前所见史料，"仁"的概念最早出现在西周初期。《尚书 · 金滕》记载周公祷神辞中有“予仁若考。”虽然史料中未明确“仁”的含义，但周公称自己“仁若考”，比武王发更合适侍奉祖宗，由此可以肯定“仁”是一种利他品格。《诗经》称叔段“洵美且仁”；[①]“仁”与“美”并称，可见仁是一种美好品性。春秋时期，人们开始对仁的含义做出界定。《国语·晋语一》称：“为仁与为国不同。为仁者，爱亲之谓仁；为国者，利国之谓仁。”此处仁的含义可以从主体与表现两个方面来理解。就主体而言，既有普通人的仁，亦有当政者的仁。从表现来看，普通人的仁指爱亲，即爱自己的父母，是一种自然情感；而当政者的“仁”则表现为行于国有利之事，为理性选择。春秋晚期，孔子及弟子对仁做了系统阐释。依《论语》记载，仁有三种含义。

一是“爱人”。这一观念在“爱亲”为仁的基础上对爱的对象做了拓展。樊迟问仁时，孔子答曰“爱人”。爱人是一种情感，但孔子不满足于仁只是一种情感，还提出仁者应有所作为。子贡曰：“如有博施于民而能济众，何如？可谓仁乎？”子曰：“何事于仁，必也圣乎！尧、舜其犹病诸！夫仁者，己欲立而立人。己欲达而达人。能近取譬，可谓仁之方也已。”这段话的逻辑是这样的，因为爱人如爱己，故要推己及人，己之所欲亦应满足人之所欲；己所不欲勿施于人。

二是孝道伦理。颜渊问仁，子曰：“克己复礼为仁。一日克己复礼，天下归仁焉。为仁由己，而由人乎哉？”[②] 我们认为，仁者爱人中的推己及人与克己复礼为仁相比，后者境界更高，因为前者有我，后者无我。笔者认为这并非孔子观点发生了改变，而是孔子认为布衣之仁本就有两个层次。我们知道，在孔子心目中，颜回德行相当完美，远非樊迟能比，故而孔子对樊迟所言的仁是对一个普通人的要求；而对颜回则是对君子的要求。作为一个普通人，只要能做到爱人就可以视为仁；而对于君子，则还要克制自己的行为使其符合礼的要求才可以视作仁。由此可见，礼是仁的集中表现，二者具有同一性。即一个人若被称为仁，那么其行为就应符合礼的要求。礼的核心是亲亲尊尊。所谓亲亲父为首，尊尊君为首。[③] 但于寻常百姓而言，尊君是欲行而不可得的，为此以亲亲为代表的孝道伦理就成为中国古代社会最重要的价值追求，学界将中国古代社会称为伦理本位的社会是名副其实的。

三是能行“恭、宽、信、敏、惠”于天下者为仁。子张问仁于孔子。孔子曰：“能行五者于天下为仁矣。恭、宽、信、敏、惠。恭则不侮，宽则得众，信则人任焉，敏则有功，惠则足以使人。”[④] 与前两者不同，此处施仁的主体已非寻常百姓，而是天子

① 《诗经·郑风·叔于田》。

② 《论语·颜渊》。

③ 《史记·太史公自序·亲亲尊尊索引》。

④ 《论语·阳货》。

国君等统治者，他们施政时若能做到恭、宽、信、敏、惠五方面要求，则可算是仁。

仁的三种含义虽有别，但亦有共通之处。爱人的基础是爱亲，而爱亲又表现为孝悌，故有子曰："其为人也孝弟，而好犯上者，鲜矣；不好犯上而好作乱者，未之有也。君子务本，本立而道生；孝弟也者，其为仁之本与!"① 而孝道亲亲本身又是礼的核心。至于能行"恭、宽、信、敏、惠"五者于天下，就其本质而言，乃是天子诸侯爱民的表现，其本质依然是仁者爱人。

（二）仁爱思想与法外施仁

法外施仁在结果上表现为对诉讼参加人特别是被告人的宽厚处理，这与仁爱思想的本质"爱人"是一致的。"爱人"不应仅停留在口头上，还应给予所爱者实际利益，司法实践中宽厚处理诉讼参加人就是一种实际利益。前引能行"恭宽信敏惠于天下者为仁"，其中"宽"与"惠"在司法中即具有宽厚处理涉讼人员之意。法外施仁符合对当事人特别是被告宽惠的要求。司法者对被告的宽厚除了其心中有爱之外，还因为他们对被告人具有怜悯之心，这印证了儒家主张的"恻隐之心，人皆有之"的观点。纵使儒家不提出这一观点，司法者心中依然会生恻隐之心。但若无这一理论依据，司法者纵使有了恻隐之心，亦未必能有将其转化为施仁之念的自觉。

孝道伦理是仁爱思想的集中体现，它对法外施仁产生极大影响。司法者对诉讼参加人的赞赏之心是施仁之念的重要源头。而诉讼参加人的行为之所以能够获得司法者赞赏，主要是因为此类行为符合孝道伦理要求。如行为人为父母复仇而杀人及因尽孝而犯法，卑亲属代尊亲属受刑等，都能获得司法者的肯定。司法者的功利心同样是施仁之念的源头。我们发现，那些能让司法者屈法维护的价值中，孝道伦理成为首选，如在以尊犯卑案件中对尊亲属从宽处理，为了保证老有所养而对本应处以死罪的卑亲属网开一面，为了让被告能够操持父母之丧而私纵其回家，甚至为了使被告能够为祖宗延续香火而逮其妻入狱受孕。凡此种种，虽表现不一，但价值无二，皆有利于维护孝道伦理。

法外施仁无论从结果上的宽厚处理，还是从施仁之念的三个源头——恻隐之心、赞赏之心与功利之心的表现来看，都与儒家仁爱思想密切相关，可见儒家仁爱思想是法外施仁最重要的观念基础。

（三）法律工具观

法律工具观是指在人们的观念中，法律本身没有独立价值，只是实现其他价值的工具。在中国古代，法律被视为维护统治秩序的工具。《管子・七臣七主》认为："法

① 《论语・学而》。

者所以兴功惧暴也，律者所以定分止争也，令者所以令人知事也。”无论是为了惧暴还是为了止争，其本质都在于维护统治秩序。法律工具观赋予了中国古代立法两个特征，一是法律权威性不足，二是立法上的重刑主义。

1. 法律权威性不足

法律权威性不足首先表现在人们对法律来源的认识上。古代中国人认为法律是由世俗社会创制的，而非由最高统治者制定。《吕刑》认为尧舜时期的法律乃伯夷所造，《唐律疏议》则将汉晋法律创造者的称号授予萧和与贾充。① 法家干脆不讨论法律的最初来源，只讨论现行法的产生。韩非认为：“法者，宪令著于官府，刑罚必于民心，赏存乎慎法，而罚加乎奸令者也。”② 儒法两家的共同观点是认为法律是常人制定的。中国古代最高统治者的权力，一直都声称源自天，历代最高统治者无论是称王还是称帝，都自称天子，君权神授是官府长期宣扬的观点。即使周人认为“皇天无亲，惟德是辅”，③ 但有德者依然须通过上天的认可才能获得统治权。与古代西方社会不同的是，中国人观念中的上天在将统治权授予人间帝王时，并未同时授予其治国的法律。夏商时期的《洪范》曾被赋予这种色彩，但后来的法律再无此地位。由此看来，中国古人观念中的法律缺少与王权一样的神圣性。

缺乏神圣性的法律在人们观念中只是维护统治秩序的手段，且非最重要的手段。除了秦代法家思想当道，主张“事皆决于法”之外，在先秦及汉以后，主流观点都认可德礼才是治国之本。孔子曾言：“道之以政齐之以刑，民免而无耻；道之以德齐之以礼，有耻且格。”④ 指出了法律作为治国手段的局限性，即法虽能禁人为恶，但不能导人向善。唐律更是主张“德礼为政教之本，刑罚为政教之用”。清人认为：“刑为盛世所不能废，而亦盛世所不尚。”⑤ 这是中国古代绝大部分时期对法律作为统治工具的一种基本认识。法律工具观导致司法者对法律缺乏敬畏之心。最高统治者权加法上，在法外施仁时少有顾忌，经常屈法施恩。普通司法者不具备法外之权，不能公然屈法施仁，但也会因为心中对法律缺少敬畏之念，而于实践中曲法施仁。⑥

2. 立法重刑主义

法律作为维护统治秩序的工具，核心职能是预防犯罪。囿于认知能力，法家认为

---

① 《吕刑》有“伯夷降典，折民惟刑”的记载；《唐律疏议》则有“萧贾遗文”之语。

② 《韩非子 · 定法第四十三》。

③ 《尚书 · 蔡仲之命》。

④ 《论语 · 为政第二》。

⑤ 《四库全书 · 政法类 · 法令之属按语》。

⑥ 屈法指弃法不用，形式、实质皆违法；曲法为曲解法律，形式上合法，而实质上违法。前引严延年“曲文以出贫弱”，即是曲法。

重刑更有利于预防犯罪，达到刑以止刑的目的。商鞅主张："立君之道，莫广于胜法；胜法之务，莫急于去奸，去奸之本，莫深于刑严。"① 法家的重刑治国理念随着秦王朝的灭亡在表面上退出历史舞台，但依然不时地影响着后世立法。原因有三：一是法律继承性的存在。中国古代历代皆行秦政制，因此秦代重刑思想对后世的影响难以完全消除。二是法自君出的传统，使得法律的品格在很大程度上系于君主一人。若君主仁厚，则法律就可能宽厚，如唐律；若君主刻薄，则立法就可能严苛，如汉武帝、明太祖所立之法。三是儒家法律思想本身就有重刑基因，儒家"刑乱国用重典"② 的观念与法家"重刑治国"的主张高度契合。

立法过严对社会伤害很大，导致社会秩序难以维持。秦亡的导火索就是严格执行酷法。后世立法虽无秦代严酷，倘若完全执行，社会同样不胜其苦。南朝王弘曾言，"依事纠责，则物以为苦"，③ 正是这种状况的写照。事实上，立法者也明白严厉的法律不可能完全严格执行。朱元璋在阐述明律意旨时曾言："愚民无知，若于本条下即注宽恤之令，必易而犯法，故以广大好生之意，总列《名例律》中。善用法者，会其意可也。"④ 可见古人认为刑罚严酷的价值在于威慑，因而不要求必须执行。深谙此理的司法者自然不会完全依法办案。既然如此，实践中司法者突破法律规定给予当事人宽厚处理，就是表面上违反法律但实质上可能符合法意的做法。

（四）原情司法理念

一般认为，天理、国法、人情是古代司法的三大依据。最理想的状态是三位一体，即司法判决上合天理，中循国法，下顺人情，但事实上很难达到。三者冲突主要表现为情与法的冲突。从立法上看，违背天理的条文很难见到，因此司法者只要依法判决，就会合乎天理。而国法与人情的冲突经常发生。原情司法理念要求官员在司法时不能仅考虑法律规定，还应充分考虑"人情"的影响。此处的情有两层含义，一是指具体案情，每案皆不同；二是指与案件事实无关却与案件处理有关的世俗人情，在不同的案件中可能有相同的表现。⑤ 司法实践中，这两种"情"都可能导致司法者法外施仁。

1. 具体案情对法外施仁的影响

《周礼·小司寇》主张以"五声听狱讼，求民情"。⑥ 民情即具体案情。案情是审断案件的目标和依据。《左传》载鲁庄公所言："小大之狱，虽不能察，必以情。"⑦ 即

① 《商君书·开塞》。
② 《周礼·秋官·大司寇》。
③ 《南史·王弘传》。
④ 《明史·刑法志》，百衲本二十五史，浙江古籍出版社，1998。
⑤ 如唐太宗释放的二百九十名死罪囚，犯罪情形各不相同，但新年不能与亲人团聚则无别。
⑥ 《周礼·秋官·小司寇》。
⑦ 《左传·庄公十年》。

是此意。前文已述，由于中国古代立法相对粗疏，很多危害性不同的犯罪行为受到同样对待，如依法处理，就会造成事实上的不合情理。前文所引案例中，当事人或因尽孝而犯法，或因岁饥图活而亡命，都属于立法未载之情。司法者依法判决，结果会合法不合情；但法外施仁于普通司法者而言又有风险，最高统治者也不可能赋予司法者直接法外施仁之权。面对情法冲突，有作为的帝王就可能让司法者向其奏请予以法外施仁。贞观五年，唐太宗敕令："比来有司断狱，多据律文，虽情在可矜而不敢违法。守文定罪，或恐有冤。自今门下省复有据法合死，而情在可矜者，宜录状奏闻。"[①] 这一敕令赋予原情司法致生法外施仁的制度依据。

2. 世俗人情对法外施仁的影响

世俗人情虽与案件本身无关，但在重视人情的社会背景下，它对司法的影响不容忽视。古代中国以社会和谐为治理目标，顺应世俗人情的司法无疑比单纯依法办案更有利于促进社会和谐。前引案件中提到的晋代曹摅岁末行狱，曾言新岁人情所重，为顺应囚犯全家团聚的人情而纵其还家过新年。梁代王志冬至日遣囚还家，顺应了冬至全家祭祖的人情。唐太宗在十二月纵囚回家，与前案目的相同。钟离意私纵防广回家殡母，顺应了子女当为父母送终的人情。上述案件中的新年团聚、冬至祭祖、殡葬父母都是中国古代社会极为重视的人情。由于它与案件本身没有直接关系，因此一般不会影响判决，但可以影响其他环节中司法者对被告的处理。司法者为顺应人情而法外施仁，可取得良好的社会效果。

（五）中国古代的人治思想

人治思想是中国古代儒家治国思想的重要内容。人治不能仅从字面上理解为统治只靠人，因为一些昏君蠹吏的统治并不能被视为人治。事实上，中国古人所讨论的人治通常与德治无别，即贤德的统治者凭借自身的美好德行及卓越能力实行善治。

1. 人治思想的内容

人治思想的首要内容是将社会成员分为不同等级，而划分依据主要是德行与能力。孔子将社会成员划分为君子与小人；孟子则将社会成员分为劳心者与劳力者，并主张劳心者治人，劳力者治于人。[②] 汉代董仲舒则将人分为上中下三品，即圣人之性、中民之性与斗筲之性。[③] 之所以说人分等级是人治思想的基础，是因为人若不分等级，人治理论中一部分人应当统治另一部分人就失去了正当性。正因为人分等级，低等级的人才会愿意接受高等级人的统治，社会才能和谐。

① 《贞观政要》卷八《刑法第三十一》，四部丛刊续编景明成化刻本。
② 《孟子·滕文公上》。
③ （汉）董仲舒：《春秋繁露·实性》，清武英殿聚珍版丛书本。

人治思想的第二个内容是德、能之治。既然人的等级划分依据是德、能，那么高等级者就只能依靠其德行与能力来治理。德、能二者的关系是德主能辅。孔子说过："其身正，不令则行，其身不正，虽令不从。"① "君子之德风，小人之德草，草上风必偃。"② "为政以德，譬如北辰，居其所而众星共之。"③ 这些都是对德治的强调。荀子主张"故君人者欲立功名，则莫若尚贤使能矣。"④ 这表明贤能之治也是人治的重要方面。

人治思想的第三个内容是有治人无治法思想。其含义是立法优劣并不重要，法制状况取决于司法者是否贤能。孔子说过："其人存，则其政举；其人亡，则其政息。"《荀子 · 君道》称：

> 有乱君，无乱国；有治人，无治法。羿之法非亡也，而羿不世中；禹之法犹存，而夏不世王。故法不能独立，类不能自行；得其人则存，失其人则亡。法者治之端也，君子者法之原也。

孔子认为统治的兴衰只与人特别是优秀人才是否存在有关。荀子深化了孔子的主张，并强调了在人与法的关系上，人具有根本性的作用，法则具有依附性。

2. 人治思想对法外施仁的影响

人治思想对法外施仁产生了很大影响。人治思想将人分为君子、小人，这种分类映射在司法中，表现为司法者基本上被视为君子，而犯法争讼者大体等同于小人。小人犯法是因为其未受教化，故而是值得同情的。而司法者作为德行高尚的君子，不应与小人一般见识，故而对犯法行为不能简单地依法处理，而应秉哀矜之念，尽可能地宽待犯法者。而人治思想中的"有治人无治法"思想则给司法者法外施仁提供了理论依据。司法者若认为不宜依法处理案件，就可以突破立法规定，从自己的良知或理性出发，对案件做出虽不符合法律规定却符合情理的处理。而司法者之所以会做出这样的选择，是因为他们相信单纯依法处理案件并不一定是最佳选择，贤明的司法者有责任也有能力在法律规定之外做出更合理的选择。

总的来看，作为法外施仁观念基础的仁爱思想、法律工具观、原情司法理念与人治思想四者具有逻辑上的一致性。仁爱思想要求司法者在审判案件时善待当事人，但法律工具观导致的立法严苛使得司法者单纯依法司法难以满足其善待当事人的诉求。不过，同样受法律工具观影响的法律权威不足情形则会导致司法者产生屈法或曲法施

① 《论语 · 子路》。
② 《论语 · 颜渊》。
③ 《论语 · 为政》。
④ 《荀子 · 王制》。

仁之念。而原情司法理念则为司法者屈法伸情提供了理论依据。人治思想则让那些对自己的德、能抱有自信的司法者进一步增强了法外施仁当仁不让之念。

四　法外施仁的缺陷及应对

（一）法外施仁的缺陷

1. 破坏法制秩序

法外施仁本身就是对法制秩序的破坏，这是法外施仁与生俱来的缺陷。法外施仁出现的一个重要背景即法律权威不足，而法外施仁又加剧了法律权威的衰减，两者互为因果。法外施仁的这一缺陷不言自明，本文无须赘言。笔者在此探讨的是法外施仁对法制秩序破坏的另外两个表现。一是司法者对轻罪被告人法外施仁，使得被告人未及时受到惩罚，从而在犯罪的道路上越走越远，最终犯下更重的罪行，对法制秩序造成更严重的伤害。汉文帝刘恒有幼弟刘长，有勇力，为报母仇擅杀并无明显罪过的辟阳侯审食其。汉文帝出于手足亲情，不予治罪，赦免刘长。刘长返国后越发骄纵肆恣，不依朝廷法度，终至谋反起事，事败后被流放，于途中绝食而死。刘长最终走上谋反道路，汉文帝是有责任的。假如当初刘长擅杀审食其，汉文帝对其予以一定的惩罚，刘长就会有所收敛，也许就不会走上谋反道路。

二是司法者袒护亲贵，逞一己之私法外施仁，导致其他亲贵产生法不责己之念，遂更加横行不法，从而在更大程度上破坏法制秩序。梁代一案的处理即是如此。

> 临川王宏伏人于桥下，将欲为逆。事觉，有司请诛之。帝但泣而让曰："我人才十倍于尔，处此恒怀战惧。尔何为者？我岂不能行周公之事，念汝愚故也。"免所居官。顷之，还复本职。由是王侯骄横转甚，或白日杀人于都街，劫贼亡命，咸于王家自匿。薄暮尘起，则剥掠行路，谓之打稽。[①]

本案中萧宏谋逆，梁武帝对其法外施仁。但从主观上看，萧宏既无可悯之由，更无可赞赏之处，依法处罚也不会危及统治秩序；从客观上看，"有司请诛之"的刑罚亦不算严厉。但梁武帝以念其愚昧这样荒唐的理由对其法外施仁，导致其他王侯产生一种犯罪不受制裁的心理预期，结果是犯者日骄。

2. 破坏法律公平

法外施仁易导致司法不公，主要表现为两个方面：一是过分宽纵被告人而损害被害人；二是一部分被告人获得法外施仁，另一部分被告人未获得法外施仁。前者主要

① 《隋书·刑法志》，百衲本二十五史，浙江古籍出版社，1998。

针对个案而言，后者则要放在一个较大的司法场域内考察。宋代官员翁彦深曾上言：

> 伏见淮东十一州军，政和六年、七年坐杀人而死者才十有二人，刑几措矣。然计二年之狱，盖一百三十二人，而独此十二人者死。问之有司，则曰："不死者，有情理者也。"自五帝、三代至于汉、唐，未有杀人不死之法。在律，詈人者笞四十。借如以一詈之故即遭殴杀，是杀人者不死，詈人者顾当死。轻重倒置，莫此为甚！且百有二十人皆大辟也，州郡奏而免之，可谓仁心矣，彼其遭杀者，受无辜之虐而衔不报之冤，反不足恤乎？廷尉，天下之平，乃仁于强暴，使寡弱者不保其生，乌在其为平也……今之官吏，外希雪活之赏，内冀阴德之报，递相驱煽，遂成风俗，一作奏案，无敢异议。胥吏乘之，奸弊万态，文致情理，莫可究诘。谳状径上，不由宪司。其就东市者，大抵贫民耳！①

文中所言"仁于强暴，寡弱者不保其生"即属于对被告人宽厚却伤害被害人的不公平；而"其就东市者，大抵贫民耳"则是对众多被告的不公平。这两种不公平在司法实践中都存在。

第一种不公平源于司法者对宽待被告人的偏爱。而司法者之所以有此偏爱，与其司法动机有很大关系。翁彦深认为官吏宽待被告人是"外希雪活之赏，内冀阴德之报"。清人王明德则更进一步论述了阴德之报对法外施仁的影响，他说："若夫迷惑于浮屠邪教，不问理之是非，惟曰做好事，活得一个是一个，日为记功自负，意谓其后必昌。"② 翁彦深、王明德对司法者为追求善报而宽纵被告的批评是中肯的。实践中确有大量司法者为救被告之命而罔顾被害人冤屈。清代一些刑名幕友被称为"四救先生"。所谓"四救"，即"救生不救死，救官不救民，救大不救小，救旧不救新"。"四救"中的第一救"救生不救死"，意即被害人已死，不可复生；而凶犯如果也判死刑，就要多死一人，不如设法让其免死。③ 很显然，清代刑幕"救生不救死"是法外施仁的体现，但它导致被害人冤情难伸，对被害人极不公平。

至于第二种不公平，其在实践也经常出现，身份显赫的被告更易成为法外施仁的受益者。诚如金世宗所言："形势之家，亲识诉讼，请属道达，官吏往往屈法徇情。"④唐初一案即是如此

> 长孙无忌被召，不解佩刀入东上阁。尚书右仆射封德彝论："监门校尉不觉罪

① 《文献通考》卷一六七《刑考六》，华东师范大学古籍所点校，中华书局，2011。

② （清）王明德：《读律佩觿·读律八法》，法律出版社，2000，第8页。

③ （清）纪昀：《阅微草堂笔记·姑妄听之四》，中国华侨出版社，1994，第1069页。

④ 《金史·世宗本纪》，百衲本二十五史，浙江古籍出版社，1998。

当死；无忌赎。”胄曰：“校尉与无忌罪均。臣子于君父不得称误。御汤剂、饮食、舟船，误不如法，皆死。陛下录无忌功，原之可也；若罚无忌，杀校尉，不可谓刑。”帝曰：“法为天下公，朕安得阿亲戚。”诏复议。德彝固执，帝将可，胄驳之曰：“校尉缘无忌以致罪，法当轻。若皆过误，不当独死。”由是与校尉皆免。[①]

本案按法律规定，长孙无忌与校尉无疑都应死罪，但封德彝论罪时主张无忌之罪可以赎，而校尉罪当死，显然是讨好皇帝。法外施仁会偏向于权贵，乃是由人性特点决定的，这一特点即儒家主张的爱有等差。既然司法者出于爱而法外施仁，自然会导致施仁对象偏向于其所爱之人，即亲近之人。由于能够决定法外施仁者都是位高权重之人，作为其亲近之人自然也更可能是权贵人物。就法外施仁的对象而言，虽有个别司法者会倾向于普通人乃至贫弱者，如汉代严延年即是如此，但从大部分案件来看，受益者更多为形势之家。毕竟严延年的做法是发生在汉武帝时期抑制豪强的大背景下的，而这样的背景在中国其他历史时期很少出现。

除了被告身份导致法外施仁对象的不公平外，司法者理念的差异亦会导致不公平。有的被告人得遇仁厚官吏，其案若有可恕之处，就可能获得法外之仁；而有的被告遇到严毅之官，则可能被依法处理，相同情况得不到相同处理，自然也是不公平的。前种情形无须多述，后种情形也相当常见。史载：

孔琇之仕齐为吴令。有小儿年十岁，偷刈邻家稻一束，琇之付狱案罪。或谏之，琇之曰：“十岁便能为盗，长大何所不为？”县中皆震肃。[②]

案中犯者为小儿，且赃仅为一束稻，应属典型的法外施仁情形，但被告未获宽恕，与常人一样被定罪。

（二）对法外施仁缺陷的应对

法外施仁能够消减立法过严之弊及维护其他更重要的价值，因而有着深厚的法文化基础。有鉴于此，古代社会不可能完全禁止法外施仁。那么如何应对法外施仁的缺陷，就成为中国古代统治者必须考虑的问题。如前文所述，中国古代是一个最高权力大于法律的社会，因此，任何时候对法外施仁的规制都不包括控制人主的法外施仁，人主法外施仁只能依赖于其自我克制。

中国古代立法对普通司法者法外施仁的规范没有专门规定，而是包含在规范违法裁判的相关条款内，法外施仁当然属于违法裁判的一种。秦时官员信奉法家重刑治国

① 《旧唐书》卷七十四《戴胄传》，百衲本二十五史，浙江古籍出版社，1998。

② 《南史·孔琇传》，百衲本二十五史，浙江古籍出版社，1998。

主张，法外施仁现象尚未见诸史册。汉代中期以后，儒家思想渐成主流思想，司法者出于对德治和仁政的追求而法外施仁，既可直接施仁，亦可奏请皇帝对被告施仁，前者存在较大的滥施之弊。魏晋之时，司法理论主张“主者只能守文”，从根本上否定了普通司法者法外施仁的权力。与此同时，立法上也开始要求死刑案件决定权须集中到皇帝之手，普通官员法外施仁无论是理论上还是制度上都缺乏正当性。西晋王宏因擅纵轻罪囚被劾即是此种状况的体现。完全剥夺普通司法者法外施仁的权力，固然能限制司法者的不当法外施仁，但也带来了负面后果。由于法外施仁只能由人主实施，而人主精力有限，不可能亲审很多案件，因此人主更多地依靠受理臣僚请求来法外施仁，但因臣僚申请法外施仁并非制度要求，导致人主能够受理的法外施仁申请数量亦较有限，为此就会出现本应施仁却没有施仁的案件。《旧唐书·刑法志》载：

> 同州人房强，弟谋反伏诛，强当从坐。太宗尝录囚徒，悯其将死，为之动容。顾谓侍臣曰：“反逆有二：一为兴师动众，一为恶言犯法。轻重有差，而连坐皆死，岂朕情之所安哉?”更令百僚详议。

本案中司法者应当知道房强被从坐致死不合理，因惧违法之责，也只能依法裁判，这一现象相当普遍。[①] 由此我们发现，针对情轻法重现象，最高统治者发现，若任由司法者自主施仁，他们可能滥用权力；若完全收权，又会致判决合法不合情。对此唐太宗采取了有限授权措施，下令“自今门下覆理，有据法合死而情可宥者，宜录状奏”，[②] 授予普通司法者对死罪案件的法外施仁建议权，而将决定权收归皇帝。宋仁宗也诏令：“死罪情理可矜及刑名疑虑者，具案以闻。”[③] 此后，普通司法者如发现应当法外施仁，向皇帝奏请就成为一种义务，结果是普通司法者直接法外施仁现象开始减少，法外施仁更多表现为官员与皇帝的合作。如清代要求司法者若认为被告依律当判死罪但情有可原者，则应当做出正式死罪判决，但在具题文本中夹签叙述应当宽宥的情由，由皇帝裁决，可谓深得唐宋诏令的精神。将法外之仁交由人主统一施行，其意义在于避免因司法者办案理念不同而导致的不公平。而君臣合作的施仁亦较一方单独施仁更显慎重，在一定程度上可以减少法外施仁的恣意性。

上述措施能够在一定程度上控制法外施仁的消极后果，但依然存在不足。一是对人主的法外施仁没有约束力，皇帝依然可以恣意施仁，如明太祖赦少年杀奸妇案。二

① 前引唐太宗所言“言曹司断狱，多据律文，虽情在可矜，而不敢违法”，表明此种情形具有普遍性。

② 这一做法在实践中早已存在，前引汉代钟离意、三国时高柔等对死罪案件的奏请处理都是请求人主法外施仁的做法。

③ 《宋史·刑法一》，百衲本二十五史，浙江古籍出版社，1998。

是对非死罪案件的法外施仁没有约束力，如宋代薛奎宽恕因贫无以养的不孝之子。不过此类案件原本危害较轻，法外施仁负面影响不大。三是对司法者受情感支配的法外施仁基本没有约束力。由于司法者的宽仁之念有怜悯心、赞赏心与功利心三个来源，司法者若是出于后两者法外施仁，一般会比较理性，能够考虑擅自法外施仁的后果，因此通常会奏请皇帝决断。但司法者宽仁之念若是出于怜悯心，就有可能在极强的同情心支配下暂时忽略利害关系。前引任布宽恕骂祖者案中，司法者因原告大哭，当即做出释放被告之举。事后冷静下来，觉得不妥，遂向朝廷请责。四是对司法者为追求福报而故纵被告的法外施仁亦不起作用，因为司法者通过整合证据材料，将法律适用问题变换为事实处理问题，法外施仁成了依法判决，自然也就不会引起皇帝对法外施仁的有意监督。

余　论

中国古代的法外施仁有其时代的合理性。在当代司法实践中，法外施仁当然缺乏正当性。当代社会是法治社会，任何人都必须在法律范围内活动。当事人固然不享有法外之权，司法者更不能越法裁判。那么本文研究的意义在哪里呢。笔者认为，当今司法者应当借鉴古代司法者，养成对犯罪者的宽仁之念。其意义有二。一是就案件真实发现而言，我国当下对刑事案件的办理实行的是追诉机制，在这一机制影响下，司法者往往会对被告人有罪与罪重材料关注更多，而被告无罪或罪轻的材料可能受到忽视。如果司法者能养成宽仁之念，他们在办案中就会有意关注对被告有利的事实和证据，这对于我国当下刑事诉讼中偏重收集有罪证据的做法可以起到纠正作用。二是就法律适用而言，中国古代法律中的刑罚制度与当今的刑罚制度存在很大不同，其中重要的一点是中国古代实行绝对法定刑，法律明文规定某罪适用某个刑等，司法者无自由裁量之权，故而欲宽待被告人常常法外施仁。而今天的刑罚有量刑范围。当代司法者若养成宽仁之念，可以对符合条件的被告人法内施仁，在法定量刑幅度内从轻处罚或依法减轻处罚。这是中国古代法外施仁对当今司法的积极影响。

南京国民政府成立初期“人民团体”法制理念的形成

董志鹏 *

摘　要：国民革命时期，“民众团体”成为革命力量的重要组成部分。国民党夺取政权后，重新调整了对各种民众社团的组织政策，在综合原有“法定团体”和“民众团体”的基础上对各种社团加以整合，并将社团组织的主体由“民众”转为“人民”，将社团功能由“运动”转向“训练”，构建了“人民团体”的法制理念，其过程展现了国民党在由革命党向执政党的角色转换中对社会治理方式的探索。

关键词：国民政府　初期　民众团体　人民团体　治理

对于南京国民政府时期的社团法制相关问题，学界有较多研究成果。已有研究比较重视国民政府所制定的各种法规制度，尤其是1930年前后颁行的大量法规文本，而对1927～1929年国民党关于社团治理的理论构建则关注不多。① 南京国民政府在成立初期形成了关于“人民团体”的法制理念，体现了国民党从革命党向执政党的角色转换，并为其后大规模的社团法制建设提供了方针政策指引。本文拟在已有研究的基础上，对国民党从“民众团体”革命思维向“人民团体”法制理念的转变做一梳理，从社团组织管理的角度探索南京国民政府社会治理方式的理论基础，以求教于方家。

一　国民革命时期的“民众团体”政策

南京国民政府的“人民团体”法制理念是在清末以来的“法定团体”和国民革命时期“民众团体”基础上综合而成的产物。“法定团体”主要是清末民初产生和发展的商会、农会、教育会等各种社团，这些团体的地位有相应的法规予以明确保障，其成员主要是社会中上层人士。北洋政府承认法定团体在各自领域的权威地位，并让这些社团承担相应的管理职能，辅助政府推行政令。中产阶级的成员构成决定了法定团

*　董志鹏，历史学博士，贵州中医药大学人文与管理学院讲师。

①　参见卜志勇《近代中国社会团体法律制度研究》，博士学位论文，中国政法大学，2011；陈志波《南京国民政府社团法制研究》，博士学位论文，苏州大学，2014；宫炳成《南京国民政府社团政策与民众运动控制（1927～1937）》，博士学位论文，吉林大学，2012；魏文享《“党规”与“国法”：国民党民众组训体系中的社团制度分析》，《华中师范大学学报》（人文社会科学版）2014年第2期；等等。此外，还有大量关于《商会法》、《工会法》等涉及单一种类社团法规的研究，限于篇幅，此处不一一列举。

体的政治立场比较温和，保持社会秩序的稳定和安全是其主要的政治诉求。

与北洋政府治下的法定团体不同，南方广东革命政权的“民众团体”带有明显的革命倾向。陈炯明主政期间的广东革命政权总体政策仍然偏于改良，而陈炯明与孙中山关系决裂之后，孙中山于 1923 年 2 月重新在广州建立革命政权，并在苏俄的接洽之下转变了早期依赖少数“先知先觉”知识精英的革命策略，开始有意识地运用民众所蕴含的巨大力量，“人民表面上似无能力，然要知对于某问题，既得一种直觉之了解，则实力异常伟大，不使枪炮，而其力大于枪炮十倍百倍而未已”。①

为了能够系统地运用民众力量，通过苏式的民众运动开展国民革命，国民党提出了组织和运用“民众团体”进行政治斗争的理论和政策。1924 年 1 月，国民党一大通过了《中国国民党第一次全国代表大会宣言》，将民众的组织提到了前所未有的战略高度，尤其突出了对工农群众的组织。宣言提出，“本党基于扶植农工之政策，以后应多致力于农工组织，扩大吾党基础的势力”，并“努力于赞助国内各种平民阶级之组织，以发扬国民之能力”。② 1926 年 1 月国民党“二大”上，民众团体的组织问题进一步具体化为各种决议方案，其中特别强调支持工人在法律上享有集会、结社的“绝对自由”，并帮助和支持工人社团的发展，“使全国工人的总组织中华全国总工会，及各产业的、各地方的总组织，成为健全的、独立的且有系统的组织”。③ 同时，提出要普遍加强农民、青年、妇女等各种民众团体的组织，“在工农群众已经能够公开领导民众运动的地方，应极力促成工、农、学的联合组织”，从而实现民众的广泛联合。④

在这些决议案的指导下，国民党先后制定了《农民协会章程》、《工会条例》、《商民协会章程》等多部关于民众团体的组织法规，为农工商各阶层民众的组织化提供了法律保障，广东等地的各种民众团体得到了迅速发展。在国民党的核心统治区广州市，各种社团“真是应有尽有，不可胜计”，并且社团的组织形态十分丰富，纵式的系统组织和横式的联合组织“没有一处不普及”。⑤ 以农民协会为例，根据国民党的统计，“吾党在广东作农民运动的工作，为期不过七月，已有农民协会组织的有三十七县，会员六十二万人”。⑥ 1926 年 7 月国民革命军北伐出师后，各地民众运动蓬勃发展，“有

① 孙中山：《与王用宾的谈话》，中国社会科学院近代史所等编《孙中山全集》第 7 卷，中华书局，2011，第53 ~ 54 页。

② 《中国国民党第一次全国代表大会宣言》，中国国民党中央执行委员会编印《中国国民党第一次全国代表大会宣言及决议案》，1924，第 1 ~ 17 页。

③ 《工人运动决议案》，《政治周报》第 6、7 期合刊，1926，第 56 ~ 57 页。

④ 《青年运动报告决议案》，《政治周报》第 6、7 期合刊，1926，第 64 页。

⑤ 袁平凡编《中国民众运动之史的发展》，出版地不详，1931，第 135 页。

⑥ 《农民运动决议案》，《政治周报》第 6、7 期合刊，1926，第 60 页。

如潮水一样，排山倒海而来"，北伐军所到之处和将到之处，各种民众团体都纷纷成立，响应革命，"当时革命的潮流非常高涨，全由于这些民众团体的原故"。[①]

然而，随着革命的进展，革命化的民众团体对原有的社会治理机制产生了猛烈冲击，如城市中工人协会组织罢工影响商会利益、商民协会试图推翻商会、教育协会试图接收教育会、农村中农民协会颠覆以乡绅为主体的传统治理结构，1926年11～12月，各种社团群体之间开始出现频繁冲突，而这些冲突的背后还含有愈演愈烈的国共两党政治对立，使得局势最终难以挽回。

1927年"四一二"政变后，国民党蒋介石派宣布"清党"，但依然宣称保护民众团体，4月17日蒋介石发出通告，称"所有一切农工主要团体及各级党部皆照常进行，毫无更张"，[②] 但实际上，民众团体受到了各级党政机关的明显压制。1927年7月，福建省国民党党部筹备会发布通告，称"本省各社团纠纷时起，此攻彼讦，淆乱视听，而且分散革命力量"，命令在"清党"期间"各社团无论如何不得有轨外行动，倘敢故违，即以破坏社会秩序论"；[③] 8月，南京特别市政府根据国民政府的指令，拟具了《取缔集会结社办法》，规定凡是集会结社行为，必须提前五日呈报地方警局，警方审查批准并派员监视后才可以举行，若监视人员认为集会结社不合法，可以"随时制止"。[④]

1927年12月13日，蒋介石在上海举行记者招待会，发表了对时局"个人的意见"，表示"一切民众运动应暂时停止"，直到国民党"确定指导方针及办法之后，重新再来做起"。[⑤] 1928年1～2月，国民党在全国多地命令停止民众运动，解散各类民众团体。至此，国民革命时代的民众运动随着新政府的强力压制而基本终结。

革命时期，各种民众团体是按照政治斗争的需求普遍组织的，而这些社团与党和政府之间彼此关系究竟如何，主要依靠方向性的政策加以笼统性的指导，并没有清晰、具体的权责划分，而仅有的几部社团法规章程很大程度上也只是革命政策的再现，对于国民党执政后的社会治理而言显然难以胜任。塞缪尔·P. 亨廷顿指出："革命摧毁旧的社会阶级，摧毁通常由等级地位所造成的旧的社会分化基础及旧的社会分裂。革命为所有获得政治意识的新团体带来新的团体感和认同感，如果认同是现代化过程中的关键问题，那革命就为这个问题提供了一个结论性的（虽说是代价昂贵的）答案。"[⑥] 南京国民政府的成立标志着国民革命阶段性的结束，但革命所到之处，社会秩

① 袁平凡编《中国民众运动之史的发展》，出版地不详，1931，第139页。

② 王正华编注《蒋中正总统档案：事略稿本》第1册，"国史"馆，2003，第218页。

③ 《中国国民党福建省党部筹备委员会通告》，《福建党务半月刊》第2期，1927，第91页。

④ 《呈复国民政府为拟具取缔集会结社办法由》，《南京特别市市政公报补编》1927年8月24日，第58页。

⑤ 《蒋氏演词纪要》，《申报》1927年12月14日，第14版。

⑥ 〔美〕塞缪尔·P. 亨廷顿：《变化社会中的政治秩序》，王冠华、刘为等译，沈宗美校，上海人民出版社，2015，第255页。

序中那些“旧的社会分化基础及旧的社会分裂”受到了沉重的打击，如何在革命之后建立“新的团体感和认同感”，成为摆在南京国民政府面前的难题。

二 “人民团体”理论的形成

国民党推行“清党反共”政策之后，排斥阶级斗争理论，但是，如果公开反对民众运动，既有违背孙中山“遗教”之嫌，又可能动摇新政权的民众基础，国民党中央只能表示对于民众运动“暂时停止”，在革命后的混乱局面下，各种团体新旧并立，处于“暂停”的放任状态。

以上海普遍存在的工商同业公会为例，国民革命军占领上海后，新政府并不承认北洋政府施行的《工商同业公会规则》，新政府的同业公会法规又尚未出台，各行各业公会的组织活动无法可依。1927 年 10 月，新成立的上海饼干糖果罐头食品同业公会向市政府呈请备案，而由于法规缺失，市政府仅表示“准予暂行备案”，待法规公布后“再行遵章呈请登录”;① 上海县竹商同业公会是早已成立数年的同业组织，该公会在政权更替后于 8 月召开会员大会，提出“以前订会章及董事等名目与现时制度已不适用，是应加以改正，此后当以奉行三民主义、谋同业之幸福为主旨”，并修改会章积极改组，呈请上海县政府备案。上海县政府认为“各商业组织公会均依照旧有工商同业公会规则办理，现已不能适用，而新法规又未奉颁行，无从依据”，于是呈请江苏省政府鉴核；江苏省民政厅则认为“该项改组办法事关党纪”，必须党部核准后才可以备案，又将该事项转给了上海市党部处理。②

这种混乱状态显然不利于新政权的社会治理，但制定新的社团组织法规必须以明确社团组织和管理政策为前提。国民革命时期的民众团体带有强烈的政治目的，并不完全是民众结社意愿的自觉行为，其产生、发展及功能属性都依赖于意识形态的指导，国民党实行“清党”后，国民党内外的思想一度比较混乱，关于现时应采取的民众政策、民众团体未来的发展方向等诸问题，产生了激烈的争论，新政权对社团地位的重新确认需要一个新的理论基础。

在蒋介石宣布“暂时停止”民众运动后，以汪精卫“改组派”为代表的国民党内的反对派对南京国民政府的方针表示强烈质疑。1928 年 5 月，改组派“干将”陈公博在《今后的国民党》一文中公开质疑蒋派停止民众运动的命令，主张国民党依然需要依靠广大民众，尤其是要积极组织工农团体并完善其功能：工会组织应“消灭工会的

---

① 《饼干糖果公会准予备案》，《申报》1927 年 10 月 6 日，第 11 版。

② 《咨上海特别市党部请核覆上海县竹商同业公会改组章程由》，《江苏建设公报》第 4、5 期，1927，第 23 页。

地方主义和行会色彩”，“置工会完全于党部指导之下，使每个工会都得到党部的直接训练”；农民协会要严密控制，其行动要加以“严切指导”，“不单使其为农民革命的机关，并且使之为生产指导的机关”。改组派还提出，应该停止党内对商会系统和商民协会系统的人为割裂，“而使商人得一个整个的组织”，同时通过地方合作事业等途径使工人和商人之间能够建立“经济的沟通线”，从而“逐渐泯除两阶级的歧点”。①

改组派强调国民党与民众关系密不可分，这本质上是革命时期党化民众团体政策的延续，仍然试图将原来广东地区民众团体的组织架构推广到全国，以稳固国民党的民众基础。改组派的精神领袖汪精卫提出，“党是在民众之内的，并非在民众之上，尤其非在民众之外”，“……对于各种民众团体，如商人团体、工人团体、农民团体等等，都是应该尊重他们以独立，党只能用种种工夫，使之自动的接受党的领导，绝不能加以压迫，如今南京党部对于各种民众团体直视为一种工具，随意操纵，我们认为强奸民意，十分痛恨，我们主张党的彻底改组，正是为此”。②

与改组派主张尖锐对立的，当属国民党内以支持蒋介石“清党反共”的以吴稚晖、蔡元培、李石曾、张静江“四大元老”为代表的元老派。元老派提出，国民党组织民众团体、发动民众运动是为了辅助革命并夺取政权，夺权后即应停止，“在此时运动，目的何在？岂能运动民众来反对自己吗?”③ 元老派主张革命与建设相分离，带有比较强烈的执政意识，认为既然已经完成从在野党到执政党的角色转变，就应当停止民众运动，而将重心转向国家建设。

改组派与元老派的分歧反映在社团治理方式上，即表现为前者坚持由党来组织和指挥各种“革命”的民众团体，继续革命式的政治运动；后者则认为应当停止政治运动，通过颁行法制来限制和利用现有社团，将国家重心转向法制框架之下的经济建设和社会发展。

为了在各派纷争中稳定局面，在国民党内地位颇高的胡汉民选择支持南京政府，并与蒋介石结成了一文一武的政治联盟，为新政权提出了系统的社团治理理论。胡汉民主张，既要“保护民众团体组织的自由”，又要“制定训练民众团体的方法”，以防其他政治力量“引诱或胁迫民众团体离开党与政府的指导训练而破坏革命之进行”。胡汉民将民众团体的组织与训政的推行结合在一起，强调要从民众团体的基本组织着手，“以植训政时期县自治的基础”，民众团体要在训政下的政权建设中起到基本骨架的作

① 陈公博：《今后的国民党》，《革命评论》第1期，1928，第1~15页。

② 汪精卫：《党治之意义》，南华日报社编印《汪精卫先生最近言论集》，1930，第33~34页。

③ 关于两派的争执，参见《王子壮日记》第2册，第266~268页，转引自王奇生《党员、党权与党争：1924~1949年中国国民党的组织形态》，华文出版社，2010，第157页。

用。在民众团体的基本组织尚未完善时，“非得党与政府之许可，民众团体即不得任意组织上级机关，以免奸人截断民众树立民主的自治之根基而利用之为破坏革命的工具”。胡汉民还特别强调，民众团体不得自行拥有武装力量，“尤须解除非属于革命武力系统之一切武装，使民众完全受革命的武力之保护”。①

在胡汉民的理论推动下，南京国民政府对民众团体的政策逐渐由革命的斗争式思维转向了执政的治理式思维，主要体现在以下方面。

（一）主体的转变：从“民众”到“人民”

胡汉民的理论刻意对“民众团体”这一概念做淡化处理，试图以“人民团体”取而代之。“人民团体”本是清末民初即有的称谓，常用来代指前文所述的“法定团体”，其他还有公团、法团等称呼，这些概念彼此之间的差别难以分辨，常常是混用的。早在 1924 年 11 月，孙中山就在《北上宣言》中提出，应召集现代实业团体、商会、教育会、各省学生联合会、工会、农会等社团代表，共同召开国民会议预备会，并组织国民会议，由这些社团代表民意。其后，在段祺瑞执意主张召开“善后会议”时，孙中山也曾提出，希望“善后会议”能够“兼纳人民团体代表”。② 孙中山所称的“人民团体”是一个非常宽泛的概念，包容范围比较广，北方政权治下的法定团体和南方政权治下的民众团体都在其中。虽然“善后会议”并没有采纳孙中山的提议，但孙中山关于“人民团体”参与国家政权的主张，无疑也在他去世后成为“遗教”的一部分，成为国民党构建治理逻辑时必须慎重考虑的问题。

南京国民政府对“人民团体”这一概念的使用，经历了一个从沿用到改造的过程。自工农民众运动兴起后，“民众团体”是国民革命中普遍使用的概念，一般专指由国共两党组织发动的工会、农民协会、商民协会、妇女协会等革命团体，而北方政权治下的各种法定团体常常被排斥在这一范围之外。国民党“清党”后，试图对民众运动采取限制和改造，但又不能明显违背孙中山对民众运动的“遗教”，只能首先在话语体系上做文章，革命时期带有斗争意味的“民众”一词开始逐渐被带有法律色彩的“人民”替代。

1929 年 3 月 15 日，胡汉民在国民党“三大”开幕词中提出，国民党要通过地方自治推动民权的训练进而推行宪政，这样“众人才能变成人民，才能谈到一切民权的行使”。③ 在胡汉民的主持下，“三大”通过的决议案也提出：“过去所作之民众运动，只

① 胡汉民：《国民党民众运动的理论》，国民党中央政治会议武汉分会，1928，第 82 ~ 83 页。

② 孙中山：《致段执政的信：关于重开国民会议》，许仕廉编《吾志所向：孙中山的政治社会理想》，赵诺译，世界图书出版公司，2014，第 69 页。

③ 胡汉民：《第三次全国代表大会的使命》，《革命理论与革命工作》，民智书局，1932，第 240 页。

知顾及民众之组织，而全未顾及人民全体在社会生存需要上之组织。故其结果则只见以一部份少数人民变为民众之运动，而不见以一部份民众扶植大多数人民社会的组织之运动。”从这些表达中，可见国民党有意识地对“民众”与“人民”两个词加以区分，“民众团体”和“人民团体”仅有一字之差，但标志着社团构成主体的变化，“人民”是自约法以来就普遍采用的法律概念，以“人民团体”取代“民众团体”反映了国民党试图将社团由政治引导转向法制约束的方针的变化。

（二）功能的调整：从“运动”到“训练”

在社团的构成主体由“民众”转向“人民”的同时，国民党对社团功能的认识也发生了变化，逐渐从“运动”转向“训练”。

这种变化首先在国民党社团管理机构的调整上表现出来。国民革命时期，国民党中央的社团管理机构按照农民、工人、青年、妇女、商民五种民众类别分设了五个部门。南京国民政府成立后，1927 年 9 月 27 日国民党中央特别委员会第四次会议将农民部、商民部名称改为农人部、商人部，权限未做大的调整。① 至 1928 年 2 月国民党二届四中全会期间，蒋介石等人提议改组中央党部，认为分设独立部门削弱了党对民运统一协调的能力，主张设立新的统一的中央机构取代之。全会通过了该提案，决议“各部合并为民众训练委员会，直隶于中央执行委员会，掌理民众团体的组织训练”。② 至此，革命时期按照民众团体类别分管的体制终结，开始进入由专设部门合并管理的阶段，民众训练委员会的设立也标志着民众团体的主要功能开始由“运动”调整为“训练”。

国民党中央刻意淡化民众运动和民众训练之间的区别，称“民众运动和民众训练没有什么大分别，训练中一定有运动，运动中一定有训练”。③ 但从社团自身的角度来看，“训练”具有明显的被动性，国民党以施训者角色处于高高在上的地位，与国民革命时期深入民众组织发动的行动相去甚远。新的“人民团体”保留了国民革命时期“民众团体”某些形式上的特点，但民众训练的既定政策使社团臣服于国民党的威权，与革命时代有着本质的区别。

国民党对民众的“训练”是其“训政”阶段的有机组织部分，“训练”是“训政”的具体措施和手段，而“训政”可以为“训练”提供理论根据。1929 年 3 月 21 日，国民党“三大”通过的《确定训政时期党、政府、人民行使政权、治权之分际及方略

① 《二十世纪中国实录》编委会：《二十世纪中国实录》，光明日报出版社，1997，第 1535 页。
② 《中央党部关于调整机构之建议》，中国国民党中央秘书处编印《中国国民党第二届中央执行委员会第四次全体会议记录》，1928，第 102 ~ 105 页。
③ 《中央党部六日纪念周》，《申报》1928 年 8 月 8 日，第 9 版。

案》称，“总理遗教认定由国民革命所产生之中华民国人民，在政治的知识与经验之幼稚上，实等于初生之婴儿；中国国民党者，即产生此婴儿之母”，国民党要对人民这个“婴儿”担负“保养之、教育之”的责任，这也就是所谓“训政”的目的。人民既然只是“初生之婴儿”，当然不能赋予其完整的权利，必须通过国民党的指导，使人民能够完成使用选举、罢免、创制、复决四权的训练，“始得享受中华民国国民之权利”。

国民党对政权、治权的“分际”将国家政治权力集中到国民党中央，把人民视为“扶不起的阿斗”，这源自孙中山权能分离的理论，却背离了孙中山晚年所主张以人民团体组织“国民会议”的方案。在国民党新政权看来，人民既然只是“婴儿”，那么“人民团体”也不过是一群“婴儿”，当然也要加以“保养”和“教育”，显然并不具有参加国家政权的资格。国民党明确提出，为了“求达训练国民使用政权”，对于人民的集会、结社等自由权，要“在法律范围内”加以限制。[①]

在“训政”体系下，民众训练成为训政时期社会建设的组成部分。此后，尽管国民党还曾根据政治形势的需要多次强调“民众运动”，但也只是以“运动”之名行“训练”之实。在新的社会秩序下，社团不再有“运动”的自由，而只能按照国民党的指示，辅助推行由官方主导的各种“运动”，社团也由民众运动的组织平台转变成民众训练的场所，以实现国民党所预期的由“民众”向“人民”的转变。

（三）《人民团体组织方案》的出台

随着社团主体、功能的转变，南京国民政府开始重新制定关于“人民团体”设立和组织的法规，试图通过社团发起、申请、审核以及改组等方面的法令对社团进行控制和规范。1929 年 6 月 17 日，由于“旧有人民团体组织法规多不适于训政时期之需要，而新法规又尚在拟订之中”，为了解决社团成立的法律依据问题，国民党三届二中全会议决通过了《人民团体组织方案》。该方案将各类民众社团分为“职业团体”和“社会团体”两种，前者包括工会、商会、农会等，后者包括学生团体、妇女团体、慈善团体、文化团体等，基本上将此前的“法定团体”和“民众团体”都包括在内，成为普遍适用的法规文件。

该方案对党部与社团之间的关系做出了指示和限制，要求党对于合法的人民团体应当“尽力扶植，加以指导”，对于违反三民主义的行为，应当“加以严厉之纠正”。但是，该方案并没有赋予党部对社团的惩罚权，对于“非法之团体”，党部只能“尽力检举”，由政府来加以制裁。

该方案详细规定了职业团体的一般组织程序，并对党部和政府的分工进行了划分。

① 《确定训政时期党、政府、人民行使政权、治权之分际及方略案》，《中央党务月刊》第 10 期，1929，“决议案”，第 22 ~ 24 页。

根据该方案，职业团体的组织大致要经过四道程序。一是申请许可。职业团体的发起申请必须经过“五十人以上之联署”，准备理由书，向当地高级党部提出申请。二是党部的“视察”和“指导”。党部接受申请后，先是派员“视察”，认为合格者即发给许可证书，然后再派员“指导”。三是职业团体的“筹备”。职业团体获得党部许可后应在党部的指导下组织筹备会，拟定章程草案，再次呈请当地高级党部核准，然后才能进行组织，同时还要“呈报政府主管机关备案”。四是立案。职业团体组织完成后，“经当地高级党部认为健全”，才能呈请由政府立案，至此方才完成组织程序。

该方案对于职业团体的发起组织有数条规定，而对于学生、妇女、慈善、文化等“社会团体”则语焉不详，仅仅一句话带过，“社会团体应在党部指导、政府监督之下组织之，并须依法呈请政府核准立案”。①

《人民团体组织方案》公布后，南京国民政府开始对各种社团合并使用“人民团体”作为官方表达，此后虽然也出现过使用“民众团体”称谓的情况，但“人民团体”被更为广泛地用于官方对社团的概括和定义。

《人民团体组织方案》是国民党中央执行委员会发布的社团组织制度，属于党务系统文件，产生于国民党的内部会议，并未经过国家立法程序，并非严格意义上的国家法律，但在“党治”体制下，该文件通过国民政府的追认，成为社团必须遵守的普遍规范。《人民团体组织方案》经国民党全会公布之后，1929 年 12 月，南京国民政府以训令向各省市抄发了《人民团体设立程序案》，要求各职业团体和社会团体都应按照《人民团体组织方案》所规定的程序，接受党部的指导，之后“方得依照现行各该关系法规之规定设立之”，② 政府的追认，使《人民团体组织方案》具有了超出社团单行法规的普遍效力。

三 “人民团体”法制理念的缺陷

“人民团体”理论是一种积极的社会治理构思，但就民众结社行为的本质而言，这种构思存在比较明显的缺陷。结社行为本身是一种个人自由意志的体现，这也决定了随着社会的多元化发展，社团的种类和性质也必然呈现多元化的趋势；而“人民团体”的组织则是一种结社行为的变异，无论其结社主体属于何种职业、何种群体，都要在“训政”旗号下加以组织和训练，其活动都要为政治目标服务，结社行为原本所包含的个人志趣被政治意志统一代替。在对各种社团的管理中，国民党将一党的意志凌驾于社团之上，不论民众结社的初衷和社团的性质，一概服从三民主义，一概要服从党部，

---

① 《人民团体组织方案》，《中央周报》第 55 期，1929，第 21 ~ 22 页。

② 《公布人民团体设立程序案令》，《行政院公报》第 106 号，1929，第 19 ~ 20 页。

党权高于一切，这既违背了社团发起设立的自愿精神，也侵犯了社团组织管理的自治原则，必然会影响社团的正常发展。

结社本属于民众的一种自由权，而国民党构建的社团法制体系涵盖了登记、视察、指导、改组、整理、解散等各种管理程序，对社团的成员资格、经费开支、职员任用等事务进行全面干预，对社团的发起设立、运营活动直到解散无所不包，可谓对社团“从生管到死”。这样的管理模式既是对民众结社自由的扼杀，又是对国家行政能力的无谓消耗，尤其是对国民党各级党部的要求极高，以“清党”之后国民党基层党部的状况，要在人员、经费都极其有限的条件下完成社团法制所规定的大量具体事务，其效果可想而知。

《人民团体组织方案》在实践中一定程度上发挥了一般法的作用，但是该方案是党务系统内的文件，仅仅在党组织内部对党部和党员具有约束力，其内容多是指示各级党部而非社团本身。该方案没有通过国家立法程序，不具备法律规范的完整形式要件，虽然起着国家法律的作用，但本质上并不属于法律。对于非党员的普通民众而言，政府的法律才代表国家的公权力，党的规定在法理上对非党员并没有强制力。相较之下，清末《结社集会律》和民初《治安警察法》虽然含有较多专制因素，一度被视为“恶法”，但至少在形式上是完整的，南京国民政府的社团基本法则长期停留在党务层面。“党治”模式下，国民党在国家社团管理体制中居于特殊的地位，产生了一个法理上的缺陷，即社团一般性规范的缺位，在结社权的宪法性规定和社团单行法规之间，缺少扮演社团一般法角色的法律文件。

中国近代社会演进的历史表明，尽管近代社团自诞生之时即带有一定程度的官方色彩，但随着社会多元化的发展，社团必然会更加重视其自身的利益诉求，逐渐跳出政府预设的框架。职业团体一般都以协调同业同行的共同利益为宗旨，其他各种社会团体更有各不相同的旨趣，这种多样性本身就是社团生活的一部分。社团治理中可以通过立法规范限制那些侵害社会和他人利益的行为，保障各种社团的不同利益诉求在法律框架内得到实现和满足，但是南京国民政府却试图在这些各异的利益诉求之上将“训政”作为终极目标，强行将社团发展的多样性演变为对国家效忠和贡献的单一性，这本质上是一种反社会发展趋势的行为，难以形成长效的社会治理机制。

评　论

“酌情据法，以平其事”
——从两则立继类书判论宋代士大夫民事司法的价值追求与实践技艺

刘舟祺 *

摘　要：宋代州县官士大夫民事司法过程中，司法人员会对证据材料、案件事实、人情法意进行认定与考量，正所谓“酌情据法，以平其事”。《名公书判清明集》中两份关于户绝纠纷的书判蕴含着宋代士大夫司法活动中以“以平其事”为核心的价值追求和以“酌情据法”为核心的实践技艺。宋代州县官士大夫民事司法的经验与智慧可以为当下的民事司法乃至法律史学提供借鉴意义与探索方向。

关键词：宋代　民事司法　士大夫　价值追求　实践技艺

《名公书判清明集》（后文简称《清明集》）是宋代士大夫参与司法活动留下的判牍汇编，“该书中的‘书判’二字，意指担任司法官员的士大夫在断决狱讼时所写的判语……‘名公’与‘清明’四字蕴涵两层意思：其一，书中的士大夫断狱明敏，且关心民间疾苦。其二，通晓律义，严格执行宋朝法律……‘清明’的首要条件是严格执行法律。如若不完全依法律条文处置能说是‘名公’严明执法吗？其次，当法条与情理冲突时，是屈法以伸理，还是明法以抑情呢？”[①] 也就是说，“清明”的“明公”在断决狱讼、撰写“书判”的过程中，如何兼顾情理法，又如何权衡法律与人情之关系呢？为直观了解宋代基层民事司法的样貌状态，笔者选取《清明集》中两个关于户绝立继以及财产分配的案例进行分析，两则书判均收录于《清明集》户婚门的立继类，即“立继有据不为户绝”[②]

* 刘舟祺，中国社会科学院大学（研究生院）博士研究生。

① 陈景良：《“文学法理，咸尽其能”（下）——试论两宋士大夫的法律素养》，《南京大学法律评论》1997 年春季号。陈景良先生就宋代士大夫法律素养、观念及其司法状况，撰写论文如下：《“文学法理，咸尽其能”（上）——试论两宋士大夫的法律素养》，《南京大学法律评论》1996 年秋季号；《“文学法理，咸尽其能”（下）——试论两宋士大夫的法律素养》，《南京大学法律评论》1997 年春季号；《试论宋代士大夫司法活动中的人文主义批判之精神》，《法商研究》1997 年第 5 期；《试论宋代士大夫司法活动中的德性原则与审判艺术——中国传统法律文化研究之二》，《法学》1997 年第 6 期；《试论宋代士大夫的法律观念》，《法学研究》1998 年第 4 期；《宋代司法传统的现代解读》，《中国法学》2006 年第 3 期；《宋代司法传统的叙事及其意义——立足于南宋民事审判的考察》，《南京大学学报》（哲学·人文科学·社会科学）2008 年第 4 期；《宋代司法中的法理问题》，《公民与法》（法学版）2009 年第 3 期；《唐宋州县治理的本土经验：从宋代司法职业化的趋向说起》，《法制与社会发展》（双月刊）2014 年第 1 期。

② 《立继有据不为户绝》，《名公书判清明集·卷七·户婚门·立继》，中华书局，1987，第 215 ~ 217 页。

与“继绝子孙止得财产四分之一”。① 本文将借助上述两份判决②对宋代法官的价值追求与实践技艺进行分析。

一 两则书判案情简介

本文从《清明集》中选取的两则书判均被收录于《清明集》之《户婚门》，可见两则书判直接关乎民众的亲缘关系与切身利益。两案确有共同之处，即均是因户绝立继引起的纠纷。

其一，“立继有据不为户绝”，书判作者为一名司法参军（此文亦非司法判决，而是类似于今天的司法建议，即“拟判”）③，本案是一个第二次进行审理的案件。本案的被继承人是吴琛，其有嗣女二十四娘（长女）、二十五娘（次女）、二十七娘（三女）、二十八娘（幺女）三人，有嗣子吴有龙一人（四男，排行二十六，本案发生时亦去世）。在第一次审判中，吴登母子（吴登与吴琛子女为姑侄关系）主持家务期间，二十八娘到了出嫁年龄，但“不以礼遣”，所以告官兴讼，遂“兴出卖之词”，第一次审判案件的判官赵知县“深烛其情，遂有均分议嫁之判”。第一次判决后，已嫁的二十四娘、二十五娘与丈夫石高、赘婿胡闉乘机“从（二十八娘）而攻之（吴登母子）”，由此开启第二次审判。④ 因吴琛以及其立继异姓之子吴有龙相继过世，其长女二十四娘受到次女二十五娘之赘婿胡闉煽动，状告吴有龙乃是义男，而非人子，故吴琛之家已作户绝，应当瓜分吴氏家产。第二次审理焦点有二：一为吴有龙是否为义男；二为吴氏家产是否应该依照户绝处置。司法人员结合证据，依照法律，因循人情，确认吴有龙并非义男，而应当按照吴琛之子加以认定，给出的司法建议类似于今日的“驳回起诉”，并要求吴登母子尽到义务，安排二十八娘的婚礼嫁妆并协助婚嫁。

其二，“继绝子孙止得财产四分之一”，书判作者为刘克庄。本案涉及的人物有：被继承人田县丞，继承人珍郎（田县丞之养子）、珍郎之二姊妹（田县丞之二亲女）、

① 见《继绝子孙止得财产四分之一》，《名公书判清明集·卷八·户婚门·立继类》，中华书局，1987，第 251～257 页。

② 对这两份书判进行研究的论文有：陈景良：《唐宋州县治理的本土经验：从宋代司法职业化的趋向说起》，《法制与社会发展》（双月刊）2014 年第 1 期；张帆：《〈清明集〉中“田县丞遗属分产案”书判释读》，《社科纵横》2015 年第 6 期；高楠、王茂华：《宋代家庭中的奁产纠纷——以在室女为例》，《贵州文史丛刊》2004 年第 2 期；等等。

③ 陈景良：《唐宋州县治理的本土经验：从宋代司法职业化的趋向说起》，《法制与社会发展》（双月刊）2014 年第 1 期。该文指出，“《清明集》一书收有五份南宋时司法参军所拟的书判，史称‘检法拟’。它真实反映了‘司法参军’作为州级司法属官在具体历史案件中所履行的‘检法议刑’功能。之所以叫‘拟’，不叫‘判’，亦不称为‘断’，是因为‘判’或‘断’是长官的职权，司法参军只能依案情检出适用于此案的法律条文，提出适用何种刑罚或某种处罚的建议，故叫‘议刑’，也称‘拟判’”。

④ 此结论可由“二十四娘何不诉于吴琛方死，名位不正之时，乃独诉于有龙既死之后”、“胡闉等不得见利忘义，违法干预，摇五寸笔挠官府，以成终凶之讼”等处得知。

世德（世光之嗣子，县丞弟通仕之亲子，世光乃通仕之侄）、世光二女。因田县丞与其抱养之子世光过世后，其亲弟通仕图谋其兄家产，将己子世德立为世光之子，企图中分县丞的家产，自己得其中一份。本案经过多次裁定，第一次尚未得知珍郎有二姊妹（田县丞与侧室刘氏有二女），故依照诸子均分之法，将田产浮财，珍郎得二分之一，世光二女及立继子世德共得另外二分之一，内部按照在室女得四分之三处理。其后得知刘氏有二女，且世光已死，故停止适用诸子均分之法，而由世光名下得二分之一，即珍郎与二女共得二分之一；世光名下，在室二女得世光财产的四分之三，立继世德得世光财产的四分之一（即在室二女得田县丞的八分之三，立继世德得田县丞的八分之一）；珍郎与二女内部，珍郎得二分之一，二女共得二分之一（即珍郎得田县丞财产的四分之一，田县丞二女共得田县丞财产的四分之一，各得田县丞财产的八分之一），此外浮财由刘氏及其子女用以准折；但由于田县丞二女（得田县丞财产八分之二）系世光二女的姑姑（得田县丞财产八分之三），不合姑侄长幼尊卑之礼制，故从世光二女处切取八分之一，作为世光的安葬费。最终将田县丞田产分为八份，抓阄均分，除珍郎得四分之一外，其余诸子均得八分之一，多出的八分之一作为世光安葬费。

两则书判，前一则为司法参军做出的“拟判”，后一则为刘克庄做出的“正判”；前一则为确认户绝与否，后一则为请求分割财产；前一则的拟判结果为依法驳回起诉，后一则的判决结果为酌情分割财产。前一则拟判开篇便说道：“照得户婚讼牒，不一而足，使直笔者不能酌情据法，以平其事，则无厌之讼炽矣，家不破，未已也。事到本司，三尺具在，只得明其是非，合于人情而后已。”[①] 借此书判之用词，笔者认为，两份书判蕴含着宋代士大夫司法活动中以“以平其事”为核心的价值追求和以“酌情据法”为核心的实践技艺。

二 “以平其事”：宋代州县士大夫民事司法的价值追求

宋代士大夫司法的价值追求，可概括为“以平其事”[②]，并可分为三个层次：第一，司法审断之公平，即司法人员要力求司法公平，在案件中使当事人获得真正的公平正义；第二，人情与法意之衡平，即司法人员必须协调人情与法意之间的关系；第三，家族与乡里之太平，使得家族内部、乡间邻里太平和睦，美教化、尚人伦。

（一）司法审断之公平：“极天下之公平”

在宋代士大夫司法价值追求中，最为直接的价值追求便是“司法公平”。司法公平是现代司法活动价值追求的表达，但是这种价值取向并不是只有在西方司法模式中才

① 《立继有据不为户绝》，《名公书判清明集·卷七·户婚门·立继》，中华书局，1987，第 215 ~ 217 页。
② 《立继有据不为户绝》，《名公书判清明集·卷七·户婚门·立继》，中华书局，1987，第 215 ~ 217 页。

能孕育出来。公平是人类意图恢复被破坏之社会秩序的体现，而法律及其适用正是对自然秩序之维护或矫正。因此，宋代士大夫司法审判这一行为所追求的平允，则是一种抽象意义上的价值追求，比后文将提及的人情与法意之平、家族与乡里之平这些具象化的价值追求高出一个层级。

“极天下之公平”语出《清明集》卷八“继绝子孙止得财产四分之一”判牍：“以法论之，则刘氏一子二女，合得田产三分之二，今止对分，余以浮财准折，可谓极天下之公平矣。”可见仅依法律条文来判不甚公平：刘氏的一子二女，一共能够继承田县丞田产的三分之二，现在只用由刘氏母子与秋菊母女对半平分，原本刘氏应得三分之二现在只能得到二分之一的差额部分，用刘氏手上掌握的田县丞之浮财加以准折，这可以说是达到了天下公平之极致。本语前半部分均是分割财产比例调试的具体方案变更，以达到一种对财产分割多方均得公平的目的，最终法官找到了一个自己心目中最为合适平允的方法，即田产对半平分，不足之处用浮财均匀，至此便达到了天下公平之极致。这表明了宋代司法人员在处理案件的过程中对司法公平的慎重态度与不懈追求：只有尽最大之可能进行平允调试之后，方可“极天下之公平”。

司法的平允与否，对于案件当事人（百姓这种个体）而言，直接关乎他们切身的权利、义务和责任的确认、分割和承担，对审判者所代表的国家公权力而言，则直接关切社会安定、被破坏的“自然秩序”（亦即君主对“天下”的统治秩序）是否能够得以归位。只有穷极天下之平允，才能使法律及其适用达到保障个人权利与修复社会秩序之目的。

（二）人情与法意之衡平：“使上不违法意，下不拂于人情”

维持人情与法意之间的比例与分寸，是宋代士大夫司法的重大难题。饱读诗书、熟知律令的宋代儒家士大夫阶层，能将人情法理加以协调，使得法律本身不致冰冷，而显温情脉脉。“拟判”开篇就言明了对“情法之平”的态度：在其他司法部门，户婚案件裁判人员往往不能依据法律、参酌人情，不能使案件得到平允的解决，最终只能导致诉讼不能平息甚至家庭崩溃；但是案件到了本司，本官便会按照三尺律令，断定法律事实，最终使事实、法律与人情圆融吻合。[①] 正如胡颖所言：“法意、人情实同一体，徇人情而违法意，不可也；守法意而拂人情亦不可也。权衡于两者之间，使上不违法意，下不拂于人情，则通行而无弊矣。”[②]

① 《立继有据不为户绝》，《名公书判清明集·卷七·户婚门·立继》，中华书局，1987，第215～217页。原文曰：“事到本司，三尺具在，只得明其是非，合于人情而后已。”“三尺”即法律之代称。

② 转引自陈景良《“文学法理，咸尽其能”（下）——试论两宋士大夫的法律素养》，《南京大学法律评论》1997年春季号。

如何妥善处理法律与人情的纠葛，是宋代士大夫司法面临的重大课题。宋代士大夫司法对法意的通晓有三个层次，即“明法”、“通情”、“情法融于一体”：“一是要深明祖宗（包括圣人）立法之意，二是把‘情理’作为变通法律的依据，使案件判的合情合理，三是当法律与情理冲突时，既要原则上切察圣人重宪之意，又不必拘泥于‘一准乎礼’之教条，而是根据社会发展的需要，现实的处理问题。”①

《汉书·刑法志》记载：“圣人既躬明哲之性，必通天地之心，制礼作教，立法设刑，动缘民情，而则天象地。”可见立法之中本就蕴含对民情的考量、尊重与吸纳，而司法是对立法的适用与落实，必然应当依据具体情形对所涉及的人情加以审视，最终使之在司法裁判文书中得以体现。

（三）家族与乡里之太平：“保家息讼”与“民间和睦，风俗淳厚”

“保家息讼”与“民间和睦，风俗淳厚”是宋代州县士大夫司法最为重要的价值追求。此处之“平”，乃是取“太平”之意。因为审理案件的司法人员一般情况下还是地方上的父母官或者为父母官提供法律建议的专门人员，他们不仅是掌握司法权柄之辈，还是对乡里百姓负有治理责任之在位者。所以，对于宋代士大夫的司法活动，“美人伦、厚风俗固属应有之义，但懂法晓律、娴熟审判程序更为士风所重”。②

第二则书判文后附有刘后村所写判文：“大凡人家尊长所以心忿者，则欲家门安静，骨肉无争，官司则欲民间和睦，风俗淳厚。”③ 此语正言明“保家息讼”与“民间和睦”之重要性。对于基层州县的士大夫治理而言，司法审判的最高级目的就是保障家庭和乡间的和睦，州县士大夫司法必须“在儒家‘德性’原则的基础上，注重天理、国法、人情的圆融与双方当事人利益的平衡上，能够让当事人满意，社会舆论赞成，有利于兴人伦、敦教化，睦风淳俗便是最高的司法公平与效率”。④ 家族与乡里的稳定正是基层社会稳定的基础，而基层社会稳定则是国泰民安的基础。

家族谐和兴盛自然是社会安定在群体身上的投射与映现，乡里风俗纯美亦是国家统治秩序稳定的写照与具化。如果崇尚亲情人伦的家族频发纠纷、重视礼俗教化的乡里多有矛盾，立法与司法的意义就会被严重削弱。

---

① 陈景良：《“文学法理，咸尽其能”（下）——试论两宋士大夫的法律素养》，《南京大学法律评论》1997 年春季号。

② 陈景良：《“文学法理，咸尽其能”（上）——试论两宋士大夫的法律素养》，《南京大学法律评论》1996 年秋季号。

③ 见《继绝子孙止得财产四分之一》，《名公书判清明集·卷八·户婚门·立继类》，中华书局，1987，第 251~257 页。

④ 陈景良：《宋代司法中的法理问题》，《公民与法》（法学版）2009 年第 3 期。

三 “酌情据法”：宋代州县士大夫民事司法的实践技艺

宋代州县士大夫民事司法，需要饱读诗书、明习法令、深烛人情的士大夫在具体操作的过程中展现以“酌情据法”为核心的司法实践技艺。宋代士大夫民事司法具有以下四个层次：第一，甄别证据认定案件事实；第二，运用问句进行逻辑推理；第三，援引法律；第四，参酌人情促成平允。如此操作与实践，显然是为了凸显与落实对司法审断之公平、人情与法意之衡平、家族与乡里之太平这些价值取向的追求。

（一）“明其是非”：重视证据对事实认定的作用

所谓“明其是非”，即明确案件事实，其中必然涉及对证据的认定与运用。对于法官而言，“以事实为依据，以法律为准绳”，实际上是“以证据为依据，以法律为准绳”。这是审判的第一个步骤，如果事实无法厘清，就难以确定当事人的权利与责任归属；如果当事人权利与职责难以确定，就无法做到“定分”，更无法做到“止争”。如此，便谈不上对“司法公平”的追求。

根据本案原文，司法参军眼中有两种证据，一是遗言，二是县据（此处指在官府审查备案的收养文件）。第一种证据，遗言如果是书证形式，必须呈给官府审查备案，如果只是口头遗嘱，那就相当于没有证据，难以堵塞公众的议论；而本案的第二种证据，则是县官府发给的收养执照，其中一本是发给阿涂的，文中显示吴有龙乃是在一岁乳孩之时被立为养子的，而吴琳提供的县据有明显涂改痕迹，并显示吴有龙是七岁所立，即吴有龙并无继承资格。[①] 毋庸置疑，司法参军采信的必定是未经修改的由官府发放的县据，即阿涂之据，最终判定：“今吴有龙命立一节，却有县据可证，合与照条承分。”[②]

可见，宋代州县士大夫民事司法活动中，并不只关注口供，还对书证、物证保持高度的关注，对于证据本身的真伪及证明力大小，也有极为清晰的认识，由此确定案情真相，不为一面之词所煽惑。只有将证据通过审判思维逻辑串联成具有说服力的证据链，司法官的判决才能够拥有超越权力本身的权威性，即一种基于事实的理性与逻辑的权威性。

（二）“其何故也?”：运用提问方式进行逻辑推理

宋代州县基层士大夫民事司法遵循审判逻辑展开，即在确认案件事实的过程中会通过提问方式对案情加以确认，或者检验对某个法律条文的适用是否妥当合理（即如此适用之后是否会产生不平允的结果和影响）。此外，在特定情形下，这种提问（尤其

① 《立继有据不为户绝》，《名公书判清明集·卷七·户婚门·立继》，中华书局，1987，第215~217页。
② 《立继有据不为户绝》，《名公书判清明集·卷七·户婚门·立继》，中华书局，1987，第215~217页。

是反问语气）还可以起到教化训诫之功效。

司法官在判决中进行提问的第一种功能是确认案件基本事实。经过分析可以看出，重要的事实大多是通过提问引导得出的。确认案件事实除了运用书证、物证等证据外，通过提问对各种可能性进行排除也是一种重要的推理式途径。第一次极为密集的提问（连续八次提问）是为了确认吴有龙是否应当作为继承人：“各安于数年之远，曾无异辞，而一旦遽起讼端，其故何也？得非以有龙不当为吴琛之子邪？则吴琛之死，斩衰之制，二婿行之乎？有龙行之乎？得非有龙行之邪？得非以有龙非吴二十四娘等兄弟邪？则有龙之死，大功之制，姊妹行之乎？他人行之乎？况有龙既能生事死葬，克尽人子之责，而谓之非子，则不可也。”① 通过如此密集且有逻辑的提问，司法参军最终确认了一个事实：吴有龙能够做到生事死葬，所以具有继承家业的资格。为巩固这一事实，司法参军紧接着继续提问：“若必欲以有龙非己子，称曰义男，则二十四娘何不诉于吴琛方死，名位不正之时，乃独诉于有龙既死之后？”② 这一提问对二十四娘的告官动机及时间进行分析，确认吴有龙确实具有如同亲子的名位，是为“正名”，从而“定分”。最后，司法参军进一步提问：“今吴琛既有植下子孙，却非绝之比，岂可遽称作绝户分邪？”③ 既然吴有龙是吴琛的合法继承人，那么吴琛之家不是户绝，其家产也不能按照绝户来分割，由此确定了审理的思路。

司法官在判决中进行提问的第二种功能，是对判决结果的得当性（法官或司法人员提出的财产分配方案等结论性内容）进行审查。例如，第二份判词所问“尽以县丞全业付刘氏，二女长大，必又兴讼，刘氏何以自明？兼目下置秋菊于何地？”④ 便是司法人员在自我提问中寻求合理的分配方案，确认审查判决是否得当，促使财产分配符合当事人的身份以及相应权利。此外，反问方式还有教化训诫兴讼者的功能，如在第二次判词中，刘克庄问道：“田通仕执留登仕丧柩在家，以为欺骗孤幼，占据产业之地，此何理哉？”⑤ 质问兴讼者实际上也是训诫教化兴讼者，言语犀利、直指人心，其背后追求的司法价值即是“保家息讼”与“民间和睦，风俗淳厚”。

（三）“三尺具在”：依据国家律令执行清明裁判

在现代法律逻辑中，判决本身要符合三段论的证明逻辑，即小前提（案件事实）、大前提（法律条文）、结论（判决结果）。经过以上两个环节对案件事实进行认定之

---

① 《立继有据不为户绝》，《名公书判清明集 · 卷七 · 户婚门 · 立继》，中华书局，1987，第 215 ~ 217 页。

② 《立继有据不为户绝》，《名公书判清明集 · 卷七 · 户婚门 · 立继》，中华书局，1987，第 215 ~ 217 页。

③ 《立继有据不为户绝》，《名公书判清明集 · 卷七 · 户婚门 · 立继》，中华书局，1987，第 215 ~ 217 页。

④ 见《继绝子孙止得财产四分之一》，《名公书判清明集 · 卷八 · 户婚门 · 立继类》，中华书局，1987，第 251 ~ 257 页。

⑤ 见《继绝子孙止得财产四分之一》，《名公书判清明集 · 卷八 · 户婚门 · 立继类》，中华书局，1987，第 251 ~ 257 页。

后，便要适用法律条文，方能得出判决结果。从本文所引两则书判可见宋代州县士大夫民事司法也遵循“三段论”逻辑，“宋之士大夫与汉代循吏相较，最大的不同就在于：前者兴教化的基础是以律（或曰以法）剖断是非；后者则以依教化为主旨。翻开《名公书判清明集 · 卷四 · 户婚门 · 争业》，便会发现各条判词在论教说化为关的同时，几乎皆有‘在法’‘在律’之引语”。①

查诸本文所选第一则“拟判”，有四到五处“在法”之引语，“司法针对本案所检的法条有五：（1）诸异姓养子身份追诉时效法；（2）异姓养子与‘除附法’；（3）赘婿以妻之财营运养殖分配法；（4）户绝财产尽给在室女法；（5）在室女听婚嫁法”。② 查之于本文所选第二则“判文”，“在法”、“考之令文”之引语或“方合法意”之结语在五处以上，内容如下：（1）户绝人有生母同居财产合听法；（2）户绝财产尽给在室女法；（3）立继后户绝财产给在室女四分之一法；（4）一母所生之子不许摽拨法。③ 法有明文，则判有理据。

宋代州县士大夫民事司法中，一方面是直接援引法条进行裁决，另一方面也有可能根据法律本意进行裁决，“据学界之研究，《名公书判清明集 · 户婚门》共一百八十七个书判，明文具引法条者五十六个，约总数的 30% 判词中声称依法为断，而未具引法条者数目更多”。④ 依据法律进行民事裁判，可以使判决有实在的成文法依据，深化审判判决对法律的适用，同时使成文立法的“大前提”与案件事实的“小前提”进行匹配，从而得出判决这一具有法律逻辑的“结论”。

（四）“合于人情”：伸张人本情理补充清明裁判

尽管宋代州县司法人员能够准确适用法律或者掌握法律精神，但是仅仅符合法律本身是不够的。当然，关照人情并不是徇情枉法，而是在司法过程中力图“其一，注重诉讼双方的关系，是否亲戚、邻居、故友等。其二，指案件之中当事人的实际情况，如是否孤幼，是否典卖房屋而不离业等。其三，适当保护或照顾孤幼的利益……人情要求司法官员权衡实际，灵活断案”。⑤

在第一则“拟判”中，司法参军注重当事人之间的伦常关系，由此确定相互之间

① 陈景良：《“文学法理，咸尽其能”（下）——试论两宋士大夫的法律素养》，《南京大学法律评论》1997 年春季号。

② 陈景良：《唐宋州县治理的本土经验：从宋代司法职业化的趋向说起》，《法制与社会发展》（双月刊）2014 年第 1 期。

③ 见《继绝子孙止得财产四分之一》，《名公书判清明集 · 卷八 · 户婚门 · 立继类》，中华书局，1987，第 251 ~ 257 页。

④ 陈景良：《“文学法理，咸尽其能”（下）——试论两宋士大夫的法律素养》，《南京大学法律评论》1997 年春季号。

⑤ 陈景良：《试论宋代士大夫司法活动中的德性原则与审判艺术——中国传统法律文化研究之二》，《法学》1997 年第 6 期。

的权利、义务与责任，因此才敢断言“雁行之序既陈，苟得之讼可折矣”：首先，吴有龙“克尽人子之责”，能够“生事死葬”，被认定为继承人，合乎情理；其次，“不以礼遣”的侄女兴起出卖之词，是有其道理的，作为姑辈的吴登母子，应当“迎取其归，曲尽姑侄之礼”。① 礼制作为确定家庭内部身份关系、尊卑秩序的重要标准，其本身就体现了人情的存在形式与合理意义。

不仅拟判如此，正式判决更加注重身份关系、人情关系对裁判结果的重要性。刘克庄判决有三处考虑人情，均是在不同身份关系中进行调整，对不同比例的方案进行排除、反思与选择。第一处人情考量设计了一种方案，即世光、珍郎、刘氏儿女，各得三分之一，田产分割采用诸子均分之法，浮财由刘氏控制，又不在检校的名目之内，不进行强制分割才能“保家息讼”；第二处人情考量设计了第二种方案，即世光一脉得县丞田产二分之一，其中秋菊之儿女得四分之三（县丞田产的八分之三，各得十六分之三），所立之子世德得四分之一（县丞田产的八分之一），在刘氏一脉，珍郎与刘氏二女共得县丞田产二分之一，其中珍郎获得二分之一（县丞田产的四分之一），二女共获得四分之一（县丞田产的八分之一），“如此区处，方合法意”。但是根据第一个方案，刘氏一脉原本可以分得田县丞田产三分之二，现在根据第二个方案只能分得二分之一，其中有六分之一的差值，便以浮财冲抵，“极天下之公平”正是人情得到关照的真实表现。除此之外，第三次人情考量还根据辈分关系进行一次微调，即秋菊二女比刘氏二女的辈分低一辈，但是所分田产比刘氏二女还要多八分之一，不符合伦常辈分，恰好死者安葬费尚无所出，即从秋菊二女处切出八分之一，用于世光登仕的安葬费用，如此一来，除珍郎作为田县丞亲子得田县丞田产四分之一外，诸子均得八分之一，正可谓“极天下之公平”，不仅照顾了生者的公平分配，还关注了死者的后事处理，这不仅体现了对人情的关照与公心的要求，还体现了宋代基层司法人员的人文主义关怀与人本主义精神。②

如此一来，考诸司法参军的拟判与刘克庄的判决，可以发现：权衡人情与遵行法意并不是分离的，也非将二者强行“融合”在一起，而是我们现在理解的“人情”与“法意”，实质对于古代司法官而言，就是同一件事情，或者说是重叠的、不可分割的一个整体，因为只有“合于人情”才有可能“方合法意”。天理、国法、人情是三位一体、浑然天成的，并不需要法官强行促成，因为调试本身是自然的选择过程。

① 《立继有据不为户绝》，《名公书判清明集 · 卷七 · 户婚门 · 立继》，中华书局，1987，第 215～217 页。

② 见《继绝子孙止得财产四分之一》，《名公书判清明集 · 卷八 · 户婚门 · 立继类》，中华书局，1987，第 251～257 页。

结语 总结古代司法的思维模式，探求法律史学的现代价值

中国法律史学正在面临来自现实世界的危机挑战。来自部门法的同行评议往往是“法律史能够给部门法提供什么样的理论”。例如，苏联刑法能够提供“四要件”犯罪要件理论，而德日刑法能够提供“三阶层”理论，那么中国法律史学能够从历史中转化出什么样的理论，提供给当下的刑事司法工作者来使用？事实上，这类问题确实已然直接触及法律史学的学科意义与存在价值。

本文所总结的宋代士大夫司法活动中以“以平其事”为核心的价值追求和以“酌情据法”为核心的实践技艺，其志趣并不在于反映古代情理法的关系或者为以往情理法关系的论文添一注脚，而在于试图探求宋代司法人员面对案件时的一种审断理路和处理模式。经过分析可见，宋代司法官本着对司法公正、人情与法意之平、家族与乡里之平的司法价值追求，通过证据对事实加以判定与确认、借助连环提问的方式确认事实与检验审断的正确性、援引法典律条进行逻辑推理、考量人情民俗对判决加以调整，由此完成了从司法价值到司法行为的转化，形成了“证据－事实－法律－人情”的思维链条，从而构建了“客观性－合法性－合理性”的审理模式。法律文本是静止和僵硬的，但是司法实践是动态与灵活的。因此，经由司法人员这一“人”的软性要素，法律文本需要磨掉与现实龃龉之处，从而与案情相合。司法人员面对的问题是，选择什么样的法律、适用该法律会造成什么样的后果以及该后果能否使案件得到平允处理。正如“继绝子孙止得财产四分之一”一案中，司法官从适用“诸子均分之法”到参酌人情采用“以法论之，则刘氏一子二女，合得田产三分之二，今止对分，余以浮财准折”以达到“极天下之公平”的审判效果，最终又考量姑侄名分与对所得财产多寡进行调试，使案件得以完满处置。由是观之，司法官依照案情调整对法律的适用，并非对既定立法的反动，也绝非主观臆断式的“卡迪司法”，而是经过理性判定、推理、权衡之后的一种选择。而古代司法官这些有意义的努力应当被今人正视与吸纳——既非盲目地全盘接受，也非盲目地全盘抛弃。

近代以来，欧风美雨侵染东土。清末立宪修律，受西法影响较大。民国以来，法界仁人志士开始反思，文化保守主义思潮兴起，文化复兴成为一面大旗。例如，董康指出司法改良既要做到“知新”也要做到“温故”，同时在新制推行过程中应当酌采旧制精神的合理内核，即注重司法过程中的情法之平。[①]“温故而知新”本意确实是指在温习传统的旧功课之时，得出对当下有借鉴意义的新知识，“对立法者而言，应在时

① 董康：《从吾国社会实际需要略论刑法》，《国立北京大学社会科学季刊》第 6 卷第 1 期，1936。

代的变局中看到中国文化‘不变的底色’。这些‘不变的底色’就蕴含在中国文化的经典中，贯穿在中国古典的法律体系里，反映在老百姓的日常行为及心理结构中，体现在对婚姻家庭的‘仁孝观念’、对处理人际关系的‘和合原则’、对民商行为的诚信坚守，等等”。[①] 不仅如此，在民事司法中，也应遵循中国人“过日子”的逻辑。第一，在体现中国人“过日子”逻辑的法典出台之后，严格遵循法意，因为此时法意与人情是吻合一致的，法律本身的逻辑就是老百姓过日子的逻辑；第二，在体现中国人“过日子”逻辑的法典尚未出台之前，通过对各地方的风俗民情加以体会、掌握，对各家庭、各当事人之间的关系进行调查、了解，顺应人情，不违法意，进行公正裁判，通过判例来创造因循中国人“过日子”逻辑的法律本身。只有这样，才能产生本时代的《名公书判清明集》，才能做到本时代条件下的“极天下之平”、“保家息讼”、“民间和睦，风俗淳厚”。由此，总结古代司法的思维模式，探求法律史学的现代价值，这应当也是如今中国法律史学科的重大使命。

① 陈景良：《寻求中国人“过日子”的逻辑》，《人民日报》2016年10月20日，第5版。

清末女性犯罪的统计分析
——基于法部第二次司法统计的考察 *

张洪阳　艾　晶 **

摘　要： 在清末法部的第二次司法统计中，第一次对女性犯罪进行了详尽的关注，展示了近代司法对女性犯罪的重视程度及女性为适应社会变迁所付出的艰辛努力。由统计可以看出，清末女性犯罪人数和类型较以往有所增多，但由于清末修律的影响，对女性犯罪的刑罚以笞杖为最，且多数可以交罚金。虽有重罪女犯，但通过秋朝审等方式，多数可以获得一定的援免，体现了清末司法对女性的照顾。

关键词： 女性犯罪　犯罪统计　司法改良　刑罚援免

清朝末年，中国社会处于新旧交替的转型期，女性地位发生了很大的变化。随着西学大举东来，国内知识分子的大力鼓吹，妇女问题开始受到社会的重视。但人们关注较多的往往是精英女性，或是比较辉煌的女权运动的种种成果，如女子教育、废缠足、女子参政等，而对平民女性关注不多，特别是女性犯罪，关注者更是寥寥。但在此际，女性犯罪却开始大量出现，成为一大社会问题。此时，国家法律做出了一定的调整，各种法律文件、司法公文都对女性犯罪的惩罚做出了合乎实际的规定。从当时司法年报中对女性犯罪的重视，亦可以看出女性犯罪已经开始引起司法界的注意。①

清末的司法统计就目前笔者所见比较完整的只有法部先后于光绪三十三年（1907）、三十四年（1908）、宣统元年（1909）所做的刑事统计报告，第一次统计没有区分性别，因此能看到女性犯罪情况的只有第二次、第三次统计。② 另外，当时的大理院也对部分女性犯罪进行了一定的统计，虽然不是很完整，但从中可以看出对女性犯罪的处理还是受到了新律的一些影响。法部第二次、第三次统计就内容上来看，第

---

* 本文为2013年教育部青年基金项目“近代女犯的收禁问题及其改良研究”（项目编号13YJCZH001）、2014年辽宁省优秀人才支持计划项目“统计视角下的近代女性犯罪研究”（项目编号：WR2014008）阶段性成果。

** 张洪阳，经济学博士，沈阳师范大学数学与系统科学院讲师；艾晶，沈阳师范大学社会学学院副教授、中国社会科学院博士后。

① 清末以前中国不太重视司法统计，一般的刑事报表，也很少对女犯做特别的关注。清末的司法改革，在移植西方法律的同时也为了展示中国司法的完整性进行了一定规模的女性犯罪统计。

② 这两次统计分别为：《法部第二次统计》，京华书局，1908；《法部第三次统计》，京华书局，1909。

二次统计涉及的内容较为丰富，包括了女犯的年龄、籍贯及罪名刑罚等多方面的内容，同时对女犯的援免、监禁等情况也进行了详尽的说明。而第三次则更多关注援免、减等方面的内容，大理院则侧重对河南、直隶两省的犯罪统计，对看守所女犯的部分情况也进行了一定的关注。因此，本文主要利用第二次的统计资料，对清末女性犯罪进行一定的梳理。

从统计来看，清末女性犯罪在数量上还远不如男性。这可能是由于在清末，女性与社会的接触还不多，承担的经济压力也不是很大，其犯罪类型和数量相对来说要少于男性；还有一个原因可能是这一时期的女性犯罪在其时人们的心目中并不重要，即使有所犯，也是“细故”，在家族内部予以解决；即使上升到司法程序，只要不是人命和奸情案件，一般也会给予和息和开释处理，因此真正诉诸官府的并不多。我们从对这些犯罪统计资料的分析中，能够较为明显地看出这一特点。

因条件所限，所谓的统计有时并不能完全反映当时中国犯罪的实际状况，由此统计者在附录中指出：“以上表除大理院及京师初级各厅、东三省各级厅表外俱系本部专据部卷自行编制之表，其外省填注之表因本部具奏时送到者尚甚寥寥，兼之表式未能划一，年度更参差不齐而案由亦节略殊甚”①，“本部第一次统计表所列罪刑人数系自光绪三十三年三月十七日本部改章之日始至年终止，本表则合光绪三十四年全年并计第一次表就地正法人犯未曾列表，本表除广东等省未经奏咨有案者不计外凡曾按年按季汇报有案者概入统计是以新旧比较增减较多”。② 因此，就整个清末的犯罪统计来说，虽然略显粗糙，而且也不一定能详尽地反映其时全国的女性犯罪情况，但由此我们还是可以看出该时期女性犯罪的大致状况。

一　女性犯罪的基本情况

在清末修律以前，民刑事案件在中国的司法中是混在一起的，凡是触犯法律的都算犯罪。对于女性犯罪人数，如前所述，由于统计的粗糙及各省上报的层次参差不齐，单纯统计表上的数字不能准确地反映当时女性犯罪总人数。在清代社会，家法族规对女性的行为起着一定的规范作用。特别是人们也不太愿意看到女性涉讼，即使其触犯了法律，一般情况下也是让相关当事人在庭外和息解决。清代考查地方官政绩的重要指标是“无讼”，诉讼案件增多是地方官疏于职守的表现，所以许多地方官上任后首要的事情便是息讼，所谓新官上任“首先安民，安民之道，首先息讼”。③ 一些地方官为

① 《法部第三次统计·序》，京华书局，1909，第1页。

② 《法部第二次统计·序》，京华书局，1908，第4页。

③ 《汝东判语》卷二，转引自郭建《古代法官面面观》，上海古籍出版社，1993，第50页。

了表明自己的政绩，总是竭力压制、减少诉讼。[①] 如果不得已而必须处理案件，处理的原则也是“大案化小，小案化了”。时间长了，就大大削弱了原本不高的法律权威，使人们头脑中的法律观念更加淡化。[②] 以上这些因素都可能使实际公布的数字大为减缩，因此同期女性犯罪的实际人数可能要比出现在统计表中的人数多得多，但由法部的第二次统计中，我们还是可以看出当时女性犯罪的一些信息（见表 1）。

表 1　京畿直省犯罪人数——女

单位：人

京省/罪	京畿	奉天	吉林	直隶	江苏	安徽	山东	山西	河南	陕西	甘肃	新疆	浙江	江西	湖北	湖南	四川	广西	云南	贵州	热河	总计
贼盗	133		2	2	6				1	2			2				2				1	151
人命	1	13	1	3	10	1	3	8	11	5	1	3	2	1	6	1	15	1	6	4		96
斗殴	4			1	1			1		1	1		2				4			2		17
诉讼	3				1		1		2						1							8
受贼					1																	1
诈伪	3																					3
犯奸	45	3		9	3	2	4	2	7	1	2	1	2		1	1	2			2		87
断狱							1															1
户役	2																					2
婚姻	4																					4
总计	195	16	3	15	22	3	9	11	21	9	4	4	8	1	8	2	23	1	6	8	1	370

资料来源：整理自“京畿直省犯罪人数总表”，《法部第二次统计》，京华书局，1908，第 30～32 页。

在清朝，犯罪按类型共分为 25 大类，分别为贼盗、人命、斗殴、诉讼、受贼、诈伪、犯奸、嫌犯、捕亡、断狱、名例、职制、公式、户役、田宅、婚姻、仓库、课程、钱债、祭祀、宫卫、军政、邮役、河防、杂犯。对于女性来说，如表 1 所示，犯罪人数由多到少依次为贼盗、人命、犯奸、斗殴、诉讼、婚姻、诈伪、户役、断狱、受贼，其他类型的犯罪女性基本没有涉及。清末社会，部分女性走出家庭，和男性一样成为家庭经济的主要支柱，由此可以看出，其犯罪类型以经济类为多。其时，部分女性也会由于婚姻不幸或经济困境等原因而与人通奸，进而演变为恶性事件。奸情罪在当时一般不易被发现，而且需要本夫告诉才得以受理，一般情况下都会与殴伤或人命案相关联。详见表 2。

---

① 欧中坦：《千方百计上京城：清朝的京控》，高道蕴、高鸿钧、贺卫方编《美国学者论中国法律传统》，清华大学出版社，2004，第 537 页。

② 杨剑利：《清末民初华北妇女地位的社会考察（1895～1921）》，博士学位论文，中国人民大学，2002，第 99 页。

表2　女性各犯罪类型所占比例

单位：件，%

贼盗	人命	斗殴	诉讼	受赃	诈伪	犯奸	断狱	户役	婚姻	总计
151	96	17	8	1	3	87	1	2	4	370
40.81	25.95	4.59	2.16	0.27	0.81	23.51	0.27	0.54	1.08	99.99

注：表中计算的比例都为约数，以下皆同，不赘述。

资料来源："京畿直省犯罪人数总表"，《法部第二次统计》，京华书局，1908，第30～32页。

就地域分布来看，主要集中在京畿、四川、江苏等地，特别是京畿地区，占了一半以上，这主要是因为当时北京为全国的活动中心，外来人口较多，另外可能也是因为当地的司法统计较为完备，所以统计的犯罪人数较多。

清末女性犯罪的增多，给国家和社会造成了一定的消极影响，成为影响家庭和谐与社会安定的因素之一，由此国家对此进行了相应的惩治，这在法律制度上体现得较为明显。法部第二次统计虽然只有光绪三十四年（1908）女性犯罪的情况，但从中也可以看出国家对女性犯罪进行惩治的情形。

二　国家对女性犯罪刑罚的规定

清朝的刑罚主要分为五刑，即笞、杖、徒、流及死刑。其时，府、州、县只能判处笞、杖罪，"用法至枷杖而止"。[①] 地方省级督抚以下仅有权判处徒刑，"寻常徒罪，各督抚批结"；流刑就要"专案咨部核复"。（《大清律例·断狱·有司决囚等第》）但几乎所有的案件都由县一级开始立案审理，对一般民事纠纷和笞、杖轻罪，县一级就可以判处。县一级对刑案审理后，做出拟处意见，不待当事人上诉，即向上传呈。府一级对案件二审后，如无权管辖，即又向上转呈。这种层层审转使得案件审理繁冗复杂，但这并不是出于对当事人的负责，而是中央集权的表现。[②] 案件的严重性，特别是达到可能判处刑罚的严重程度，将决定该案是否要经过法定的复审。轻微的刑事案件，知县可"自理词讼"，有权决定并执行笞杖和枷（一种枷于颈骨上的随身木枷）刑，而且每月将这类诉讼的综述呈交上司。但这是事后进行的程序，并且它的意图绝不是导向实质性的复审。不过，过度使用枷刑须征得上级同意。在这种情况下，知县做出初审和临时判决（拟罪）以后，要将犯人、证人和案情移交上级（知府）。知府复查卷宗，预审被告，然后将案子移交按察使和巡抚，他们又接着进行如上程序。如果刑罚在有期徒刑以下，巡抚对拟罪的批准即为终审；如果刑

① 刘衡：《理讼十条》，（清）徐栋辑《牧令书》卷一七，刻本，李炜，道光二十八年（1848）（线装），未见页码。

② 以上内容参见倪正茂等著《中华法苑四千年》，群众出版社，1987，第314～315页。

罚严厉或涉及杀人，还要由刑部复审。只有皇帝能批准死刑的执行，而且显然是在悉心复审该案之后（斩立决除外）。① 清末官场的腐败，使得很多案件没能即时上报。即使是上控案件，最高司法机关有时也不能全部审理："凡呈词之较为近情者酌量事体大者奏闻，次则咨交各省督抚审理，情节支离言辞闪烁及一切例不准理者即予发还，仍将奏交咨交及发还各呈词摘叙简明事由，开列清单按月具奏。"② 这就使很多案件一般都在州县自行解决，只有重大的人命、盗匪之类的案件，才会真正上升到由中央解决。因此，就统计上来说，仅能反映女性所受刑罚的一部分。但由此次统计可以看出，女性被处刑罚人数还是达到了一定的规模，表现在光绪三十三年（1907）、三十四年（1908）及宣统元年（1909）女性被处刑罚人数呈现出很大的变化。详见表 3。

表 3　京畿直省刑罚人数比较——女

单位：人，%

	光绪三十三年	光绪三十四年	宣统元年	总　计	比　例	各类别罪犯人数占总人数比例		
						光绪三十三年	光绪三十四年	宣统元年
斩	13	27	43	83	7.29	7.30	8.94	6.53
绞	16	37	41	94	8.25	8.99	12.25	6.22
遣军	2	5	4	11	0.97	1.12	1.65	0.61
流	11	16	26	53	4.65	6.18	5.30	3.95
徒	73	141	159	373	32.7	41.01	46.69	24.13
杖笞	63	76	386	525	46.1	35.39	25.17	46.09
总计	178	302	659	1139	99.96	99.99	100	87.53

资料来源：整理自"京畿直省刑罚增减比较表"，《法部第二次统计》，京华书局，1908，第 3～4 页；《法部第三次统计》，京华书局，1909，第 644～645 页。

清末社会，女性犯罪主要集中在州县，只有重大的刑事案件如人命案等，才会送交更高级别的司法部门进行裁决。因此，由统计可以看出，女性犯罪的刑罚多为笞杖。鉴于女性的生理特点，徒刑一般为收赎。流刑仅次于死刑，用于较严重的刑事案件，其中发遣是从流刑派生出来的，一般发往黑龙江或新疆伊犁给批甲人（八旗官兵）为奴，一般流刑也可收赎。③ 因女性体质柔弱，"徒役之事，非妇女所能任"。流刑要到远离家乡几千里的地方，服役期间难以管理，单就路上的安全问题也是一件让人大伤脑筋的事情，④

① 欧中坦：《千方百计上京城：清朝的京控》，高道蕴、高鸿钧、贺卫方编《美国学者论中国法律传统》，清华大学出版社，2004，第 515～516 页。

② 《都察院刑部复上控案件未能概予提审折稿》，《申报》1906 年 11 月 3 日，第 4 版。

③ 王强：《清前期女性犯罪研究》，硕士学位论文，暨南大学，2003，第 22 页。

④ 王强：《清前期女性犯罪研究》，硕士学位论文，暨南大学，2003，第 20 页。

而且一旦离去，家庭生活难以为继，因此徒流刑很少施行。[①] 后经山西巡抚赵尔巽奏请，“徒犯毋庸发配，按照年限，于本地收所习艺。军、流为常赦所不原者，照定例发配，一律收所习艺。遣军照满流年限计算，限满释放，应听自谋生计，并准在配所入籍为民。若为常赦所得原者，无论军、流，俱无庸发配，即在本省收所习艺”。光绪三十年（1904），又改为罚银，[②] 按当时徒刑为五等，“其年限虽均依旧制，然均改在本地收所工作，限满释放，不若以前之发配远方矣。又烦老幼、废疾及过失伤害情可矜悯者，均听赎；惟为律例所不准收赎者，均不准赎”。[③] 光绪三十一年（1905），修订法律大臣沈家本等奏请删除重法数端，认为“凡此惨重之刑，故所以惩戒凶恶。第刑至于斩，身首分离，已为至惨”，因此谕令凌迟、枭首、戮尸永远革除。[④] 死刑分为绞、斩两类，又各有立决和监候两种。立决即立即执行。监候则先监禁起来，等到秋审和朝审之后再做决定，秋审时可分为情实、缓决，情实又有勾决和未勾两种情况，勾决处死，若侥幸未勾，就转入下一次秋审，如果十次未勾即可改为缓决，缓决三次可减等。[⑤] 至此清末修律将律例内凌迟、斩枭各条，俱改为斩决，其斩决各条，俱改为绞决；绞决各条，俱改为绞监候，入于秋审情实，斩监候各条，俱改为绞监候，与绞候人犯仍入于秋审，分别实缓。至缘坐各条，除知情者仍治罪外，余悉宽免。其刺字等项，亦概行革除。光绪三十二年（1906），法律馆又奏准将戏杀、误杀、擅杀虚拟死罪各案，分别减为徒、流，“自此而死刑亦多轻减矣”。[⑥] “其处拟虚拟死罪而秋审例缓者莫如戏杀、误杀、擅杀三项。……中国现行律例不分戏误擅杀皆照斗杀拟绞监候，秋审缓决一次即准减流，其重者缓决三次减流，盖虽名为绞罪实与流罪无殊。”[⑦] 清末社会动乱不安，出于维护政权稳定的需要而设就地正法一刑，清朝末年的女革命家秋瑾，便因此被就地正法。[⑧]

---

① 但也有例外，如乾隆四十八年，老邢王氏因儿媳体弱不能工作又出言顶撞而强迫其灌饮盐卤，用刀撬落门牙导致死亡，皇帝认为残忍至极而实发。参见《刑律 · 人命》，《刑部》七八，《清会典事例》卷八〇〇，中华书局，1991 年影印本，第 759 页。

② 赵尔巽等主编《清史稿》卷一四三《刑法志二》，中华书局，2003，第 4199 页。

③ 黄秉心编著《中国刑法史》，《民国丛书》编纂委员会：《民国丛书》第四编政治法律军事类 26，上海书店出版社，1992，第 400 ~ 412 页。

④ 凌迟，用之十恶中不道以上诸重罪，号为极刑。枭首，则强盗居多。戮尸，所以待恶逆及强盗应枭诸犯之监故者。凡此诸刑，类皆承用明律，略有通变，行之二百余年。至此，三项酷刑在中国历史上永远消失。参见赵尔巽等主编《清史稿》卷一四三《刑法志二》；卷一一八《刑法志二》，第 4199、4199 ~ 4201、4209 页。

⑤ 王强：《清前期女性犯罪研究》，硕士学位论文，暨南大学，2003，第 21 ~ 22 页。

⑥ 赵尔巽等主编《清史稿》卷一四三《刑法志二》，中华书局，2003，第 4199 ~ 4201 页。

⑦ 《刑部都查院会奏议复虚拟死罪改为流徒折 · 光绪三十二年四月二日奏》，《东方杂志》第 3 卷第 7 期，1906 年，第 161 页。

⑧ 夏晓虹：《晚清女性与近代中国》，北京大学出版社，2004，第 289 页。

作为杖刑的一种附加刑，枷号多用于惩罚女性的犯奸行为，在当时，尼僧道姑枷于庵观门前，其他女犯枷于五城之门或闹市区。乾隆元年议准枷于各门示众的女犯必须另设墙垣房屋，“或于门监之旁添造房屋一间，或即于现在门监之内，量拨一二间，另开门户”，专为女犯居住歇宿之所，不许同男犯俱禁一处。[①] 关于女犯的枷号情况，如表 4 所示。

表 4　京畿直省枷号人数（上）——女

单位：人

案由/枷号人数		京畿	直隶	江苏	安徽	山东	山西	河南	陕西	甘肃	新疆	浙江	湖北	四川	云南	总计
各项附加及专条枷号	三个月	4										1				5
	八十日	1														1
	两个月	7														7
	四十日						1									1
	一个月	13	6	3	2	2	2	4	1	2	1		1	3	1	41
	二十五日	1														1
总计		26	6	3	2	2	3	4	1	2	1	1	1	3	1	56

资料来源：整理自“京畿直省枷号人数表”，《法部第二次统计》，京华书局，1908，第 240 ~ 244 页。

清末修律虽然规定枷号刑可以收赎，但就女性而言，比例很小且收赎钱数较多，从中可以看出国家对女性奸情的严格控制。

三　刑罚的具体执行内容

（一）对女性犯罪的援免

在清末司法实践中，为更好地体现矜恤精神，统治者往往通过秋审和朝审来对死刑人犯进行复核。在清朝，一般情况下死刑中的监候即押监缓刑，等候复核，入于秋审。当然，监候秋审的罪犯都是情节较轻者，只有他们才有可能被缓刑免死。[②] “秋审本上，入缓决者，得旨后，刑部将戏杀、误杀、擅杀之犯，奏减杖一百，流三千里，窃贼满贯、三犯窃贼至五十两以上之犯，奏减云、贵、两广极边、烟瘴充军，其余仍旧监固，俟秋审三次后查办。间有初次入缓，后复改实者，权操自一般上，非常例也。入可矜者，或减流，或减徒。留养承祀者，将该犯枷号两月，责四十板释放。案系斗杀，追银二十两给死者家属养赡。”[③] 朝审则主要代复审京城的死刑案件，[④] 一般情况下，对于犯罪的女性，最高统治者往往以“情有可悯”来对其进行宽宥。以对女性犯

① 参见《名例律 · 五刑》，（清）昆冈等修《钦定大清会典事例》卷七二三，《续修四库全书 · 史部 · 政书类》第 809 册，上海古籍出版社，1991，第 4 页。

② 郑秦：《中国法制史》，文津出版社，1997，第 333 ~ 334 页。

③ 赵尔巽等主编《清史稿》卷一四三《刑法志二》，中华书局，2003，第 4209 页。

④ 刘鹏九主编《内乡县衙与衙门文化》，中州古籍出版社，1999，第 175 页。

罪处罚较为严厉的奸情命案为例，在清代，此类命案即使奸妇并未参与其中，也要对之处以死刑。审判官在判定此案时，都会在判案的案卷中夹签声明，由皇帝决定对犯妇的处置。后来变成一种定例，以示对此类犯罪女性的矜恤。“本妇一闻奸夫杀害本夫，即行喊叫，将奸夫指捉拿，尚有不忍致死其夫之心，犹属可悯。嗣后如有此等情事，仍照律定拟，夹签呈览，由皇帝本人裁决。”① 秋朝审时，皇帝一般都会将之减为杖流，多数都以“杖一百，徒三年”作为最后判案的结果。各省秋朝审女犯情况如表 5 所示。

表 5　京畿直省秋朝审人犯（总数）——女

单位：人

省别/类别		朝审	直隶	奉天	吉林	江苏	安徽	山东	陕西	浙江	湖北	四川	广东	云南	总计
情实	服制	1				1									2
	常犯				1		1					1			3
缓　决			1	2		4		2	1	1		2			13
共人数		1	1	2	1	5	1	2	1	1		3			18
上　年		6	1	1		6	1	1	1		1	6	1	1	26
比较	增			1	1			1		1					
	减	5	14			1					1	3	1	1	8

资料来源：整理自“京畿直省秋朝审人犯总表”，《法部第二次统计》，京华书局，1908，第 1 ~ 3 页。

对于非死刑案件，清末司法部门出于对女性的照顾，也会在一定程度上进行减免处理，具体情形如表 6 所示。

表 6　京畿直省援免人数（总数）——女

单位：人，%

直省/援免人数		京畿	吉林	安徽	河南	甘肃	浙江	总计	此类刑罚人数占总人数比例
原犯罪名	贼盗	9	1					10	7，（151）
	人命			1	1			2	2，（96）
	斗殴	1				1	1	3	18，（17）
	犯奸	11		1		1		13	15，（87）
	婚姻	1						1	25，（4）
	总计	22	1	2	1	2	1	29	
原科刑罚	绞			1				1	
	流				1			1	
	徙	16	1				1	18	
	杖	5		1		2		8	
	总计	21	1	2	1	2	1	28	

资料来源：整理自“京畿直省援免人数总表”，《法部第二次统计》，京华书局，1908，第 203 ~ 204 页。

① 《刑律人命 · 杀死奸夫二》，《钦定大清会典事例》卷八〇二，《续修四库全书 · 史部 · 政书类》第 809 册，上海古籍出版社，1991。

就援免的类别看，婚姻案件为最多，这主要是出于维系婚姻家庭稳固的需要，特别是很多官员认为婚姻案件在女性的刑事案件中一般属于“细故”，不应予以深究。而因案不能减免的监候待质及监禁的女犯只有一名，实因以诱拐为常业而被禁。[①]

（二）女犯的罚金

罚金作为一种处罚方式，在清代使用较为普遍。但它本身并不是一种独立的刑种，通常情况下，它只是作为其他正式刑种的替代刑。因此，一般称其为“赎刑”，即以赎金代刑罚。“妇人有犯奸、盗、不孝并审无力者，与乐妇各依律决罚。其余有犯笞、杖并徒、流、杂犯、死罪，该决杖一百者，审有力，与命妇、军职正妻，俱令纳赎。”一般情况下，妇女犯奸，“杖罪的决，枷罪收赎”。（乾隆五年定）[②] 如果承审官在纳赎问题上不认真执行，清代的法律还会给予严惩。“凡律例开明准纳赎不准纳赎者，仍照旧遵行外，其律例内未经开载者，问刑官临时详审情罪应准纳赎者听其纳赎不应准赎者照律的决发落，如承审官滥准约赎并多取肥己者交部议处”，（雍正三年定）[③] 可见其时统治者对女性赎刑情况的重视。详见表 7、表 8。

表 7　京畿直省收赎纳赎罪人数（上）——女

单位：人

京省/人数			京畿	奉天	江苏	山西	河南	陕西	浙江	湖南	贵州	总计
收赎	缘　由	七十岁以上	3						1			4
		十九岁以下	5									5
		妇女犯罪的决	1	1	1	1	1	1	2	1	2	11
		总计	9	1	1	1	1	1	3	1	2	20
	原科刑罚	流	1						1			2
		徒	6	1	1	1	1	1	1	1		13
		杖	2						1		2	5
		总计	9	1	1	1	1	1	3	1	2	20
纳赎	缘　由	妇女						1	1			2
		总计						1	1			2
	原科刑罚	徒						1	1			2
		总计						1	1			2

资料来源：整理自“京畿直省收赎纳赎罪人数表”，《法部第二次统计》，京华书局，1908，第 228～229 页。

① 参见“查办部监监候待质及监禁常犯不准援免表”，《法部第二次统计》，京华书局，1908，第 207～210 页。

② 《雍正三年奉》，《钦定大清会典事例》卷七二，《续修四库全书·史部·政书类》第 809 册，上海古籍出版社，1991。

③ 乾隆三十二年改为“滥准约赎者交部议处，多取肥己者计赃科罪”。（清）昆冈等修《钦定大清会典事例》卷七二，第 13 页。

表8　京畿直省收赎纳赎罪人数（下）——女

单位：人

原犯案由/人数			诱拐被诱之人不知情	和诱	人命	私和人命	斗殴	犯奸	亲属相奸	媒和犯奸	总计
收赎	缘由	七十岁以上	1	1	1	1					4
		十九岁以下		5							5
		妇女犯罪的决		4	1	1	2	1	1	1	11
		总计	1	10	2	2	2	1	1	1	20
	原科刑罚	流	1					1			2
		徒		9	1		2		1		13
		杖		1	1	2				1	5
		总计	1	10	2	2	2	1	1	1	20
纳赎	缘由	妇女			1			1			2
		总计			1			1			2
	原科刑罚	徒			1			1			2
		总计			1			1			2

资料来源：整理自“京畿直省收赎纳赎罪人数表”，《法部第二次统计》，京华书局，1908，第228~229页。

由统计可以看出，女性可以交罚金的罪名主要集中在和诱及奸情上，这可能与其获得减免的机会较少有关。特别是发生婚外情的女性，一般情况下很难得到世人的谅解，便只好通过交罚金来为自己的感情买单。

（三）女犯的自首

一般情况下，女性在犯罪后如能自首，也会被司法官员给予减轻处理，该时期减轻的罪由主要为强盗、贼盗、诱拐、诱拐子女未罪送还、和诱、发冢、共谋为盗、奸夫自杀其夫奸妇不知情事后首告、围杀、铸造假银元、反狱、妇女等。① 然就目前的统计资料来看，女性犯罪后真正自首的并不多，如表9、表10所示。

表9　京畿直省自首减轻酌量减轻情况（上）——女

单位：人

京省/减轻人数			京畿	奉天	江苏	甘肃	江西	总计
自首减轻	缘由	自首	1	2	4	1	1	9
		总计	1	2	4	1	1	9
	减轻	绞候减流三千里		1	3	1		5
		绞候减徒三年		1	1		1	3
		满徒减杖	1					1
		总计	1	2	4	1	1	9

资料来源：整理自“京畿直省自首减轻酌量减轻表”，《法部第二次统计》，京华书局，1908，第232~234页。

① 参见“京畿直省自首减轻酌量减轻表”，《法部第二次统计》，京华书局，1908，第232~234页。

表 10 京畿直省自首减轻酌量减轻情况（下）——女

单位：人

<table>
<tr><td colspan="3">京省/减轻人数</td><td>和诱</td><td>奸夫自杀其夫奸妇不知情事后首告</td><td>总计</td></tr>
<tr><td rowspan="6">自首减轻</td><td rowspan="2">缘由</td><td>自首</td><td>1</td><td>8</td><td>9</td></tr>
<tr><td>总计</td><td>1</td><td>8</td><td>9</td></tr>
<tr><td rowspan="4">减轻</td><td>绞候减流三千里</td><td></td><td>5</td><td>5</td></tr>
<tr><td>绞候减徒三年</td><td></td><td>3</td><td>3</td></tr>
<tr><td>满徒减杖</td><td>1</td><td></td><td>1</td></tr>
<tr><td>总计</td><td>1</td><td>8</td><td>9</td></tr>
</table>

资料来源：整理自“京畿直省自首减轻酌量减轻表”，《法部第二次统计》，京华书局，1908，第 232 ~ 234 页。

就表中所见，女性犯罪后自首的原因多为被动性犯罪，特别是在奸情类犯罪中，因为国家和社会对女性犯奸的惩罚较为严厉，为更好地维系自身的生命安危，部分女性便在命案发生后为自保而选择自首。其实，在大量的女性通奸案中，女性主动犯奸的意愿也并不是很强，多是因为他人的引诱（主要为男性）或经济上的困境才选择这种性越轨行为。而那些没有自首且不知情的，有时也会受到减轻处理，表 11、表 12 是依据此次统计所整理的光绪三十四年（1908）女犯减免刑罚的情况。

表 11 服制情实十次未勾照例拟改缓决人犯——女

单位：人

<table>
<tr><td colspan="2">拟改缓决/省</td><td>江　苏</td><td>河　南</td><td>总　计</td></tr>
<tr><td rowspan="3">原　犯</td><td>奸夫自杀其夫奸妇不知情</td><td>1</td><td></td><td>1</td></tr>
<tr><td>子妇犯奸翁未纵容致被人杀死</td><td></td><td>1</td><td>1</td></tr>
<tr><td>总计</td><td>1</td><td>1</td><td>2</td></tr>
<tr><td rowspan="2">原科刑罚</td><td>绞监候</td><td>1</td><td>1</td><td>2</td></tr>
<tr><td>总计</td><td>1</td><td>1</td><td>2</td></tr>
<tr><td rowspan="2">照例拟改</td><td>缓决</td><td>1</td><td>1</td><td>2</td></tr>
<tr><td>总计</td><td>1</td><td>1</td><td>2</td></tr>
</table>

资料来源：“服制情实十次未勾照例拟改缓决人犯表”，《法部第二次统计》，京华书局，1908，第 299 页。

表 12 服制情实二次未勾照例拟改缓决人犯——女

单位：人

<table>
<tr><td colspan="2">案　由</td><td>子妇犯奸，
姑未纵容致被人谋杀</td><td>本妇犯奸，
其夫羞愤自尽</td><td rowspan="2">总　计</td></tr>
<tr><td colspan="2">二次未勾缘由/
拟改缓决人数</td><td>妇不知情，
无恋奸情事</td><td>因奸致本夫羞愤
自尽尚非意料所及</td></tr>
<tr><td rowspan="3">省份</td><td>山东</td><td>1</td><td></td><td>1</td></tr>
<tr><td>四川</td><td></td><td>1</td><td>1</td></tr>
<tr><td>总计</td><td>1</td><td>1</td><td>2</td></tr>
</table>

续表

案　　由		子妇犯奸，姑未纵容致被人谋杀	本妇犯奸，其夫羞愤自尽	总　　计
二次未勾缘由/拟改缓决人数		妇不知情，无恋奸情事	因奸致本夫羞愤自尽尚非意料所及	
原科	绞决改绞候	1		1
	绞候		1	1
	总计	1	1	2
照例拟改	缓决	1	1	2
	总计	1	1	2

资料来源：整理自“服制情实二次未勾照例拟改缓决人犯表”，《法部第二次统计》，京华书局，1908，第 288 ~ 289 页。

（四）女犯的监毙

在清末，也有一些女性因犯罪情节较为严重或因交不起罚金而被收押在监，于是因监狱环境的恶劣，出现了女犯死亡的事件。详见表 13。

表 13　京畿直省监毙人数（总数）——女

单位：人

监毙人数 \ 京省		京畿	奉天	江苏	山西	河南	湖北	湖南	四川	云南	总计
原犯罪名	贼盗	2		1							3
	人命		1	2	1	2		2	1	2	11
	诉讼						1				1
	总计	2	1	3	1	2	1	2	1	2	15
原科刑罚	斩							2		1	3
	绞		1	2	1	2			1	1	8
	徒	1									1
	监禁	1									1
	未定罪			1			1				2
	总计	2	1	3	1	2	1	2	1	2	15
监毙缘由	自尽			1				1			2
	因病	2	1	2	1	2	1	1	1	2	13
	总计	2	1	3	1	2	1	2	1	2	15
案件新旧	旧事	1		2		1				1	5
	新事	1	1	1	1	1	1	2	1	1	10
	总计	2	1	3	1	2	1	2	1	2	15

资料来源：整理自“京畿直省监毙人数总表”，《法部第二次统计》，京华书局，1908，第 247 ~ 273 页。

清末女性犯罪真正入监的并不多，在当时看来，只有那些犯了极恶罪行的人才会入狱，因此无论是官方还是民间，对入监女性的印象都是非常不好的。于是监狱中的虐待、勒索，再加上监禁环境的极端恶劣，使得她们难以生存。[①] 虽然清末进行了司法改良，在全国范围内建设了一批模范监狱，甚至倡导监狱内的人性化建设及出狱人保护事业，但却因时局的动乱而被搁浅。这种情况下，能坚持到刑满出狱的女犯并不多，就此次统计来看，刑满释放的女犯只有 1 人。[②]

四　结语

清末社会，西风东渐，给中国社会带来了司法改良及男女平等的理念，表现在司法统计中，就是开始出现女性犯罪的资料，并在刑罚执行中去除了肉刑。在原有照顾女性的基础上，增加了女性犯罪处罚的人文关怀，凸显了司法的进步性和现代性。同时，统计资料中女性犯罪的出现，也是官方对当时女性犯罪增多的一种回应。这一时期，女性开始大量地参与到社会生活中来，其犯罪的数量、种类及地域范围均呈攀升和扩大的趋势，这种情况引起了统治者的重视，于是便以清末修律为契机，强化对女性犯罪的司法控制，以强化国家法律的惩罚力度。特别是对于女性自身而言，这种犯罪统计也是她们自身争取生存权益的一种表征，这不断的奋争，体现了她们的决心和努力。

就法部第二次司法统计本身而言，虽然对女性犯罪的统计还不是很详尽，有些甚至出现了一些偏差，但这些统计数据确是在当时战乱纷争、政局动荡的情况下完成的。特别是在当时统计的技术和手段还不是很先进，基层司法人员的素质参差不齐，新旧法律重叠交叉的情况下法部仍然能顶住压力完成这样一份工程浩大的犯罪统计，展示了当时先进的中国人力图变革的毅力。特别是对女性犯罪的关注，在中国司法统计中完成了一项重大的使命，为女性的发声提供了一种支撑和可能。

① 参见拙作《清末女犯监禁情况考述》，《清史研究》2011 年第 4 期。

② 参见“京畿直省监候待质及监禁人犯期满释放人数表”，《法部第二次统计》，京华书局，1908，第 278 页。

安徽高等法学教育之源头*

——以民国时期省立安徽大学为考察视角

李晓婧**

摘　要：安徽师范大学是安徽省历史最悠久的高等学府，学校前身是1928年创建于安庆的省立安徽大学，它开创了安徽省高等教育的先河，其法学院之法律系更是开创了安徽高等法学教育的先河。省立安徽大学法学院法律系从1929年开始招生到1934年停招，共完整培养了三届法律专业本科生。虽然持续时间较短，但在这短短的六年间，省立安徽大学对法学教育进行了有益的探索，这些探索为后来的国立安徽大学法学教育奠定了基础，也为整个中国法学教育的演进积累了经验。

关键词：省立安徽大学　法学教育　安徽师范大学

一　省立安徽大学法学院之概况

安徽师范大学是安徽省历史最悠久的高等学府，学校前身是20世纪20年代创建于安庆的省立安徽大学，它开创了安徽省高等教育的先河。1929年1月29日，安徽省政府主席陈调元在省政府第76次会议上做出决议：撤销安徽大学筹备委员会，“由省政府推定委员三人接收安大筹备委员会暨文学院及预科事宜；由省政府订立安徽大学组织大纲，根据组织大纲产生校长”。① 会议推举三位省府委员吴醒亚、李范之、程天放为接收委员，定校名为“安徽省立大学”。省政府接管安徽大学后，改组校政，并在2月1日第77次省府会议上通过安徽大学组织大纲，随后于15日任命省教育厅厅长程天放为校长。在他上任后，以前的文法学院②分为文学院和法学院，其中法学院设法律、政治、经济三系。1930年，遵照南京国民政府教育部令，将学校正式定名为“省立安徽大学。”在1932年12月国民党召开四届三中全会上，程天放提出议案：国立大学可

---

* 本文系安徽师范大学2018年校史研究专项一般课题“安徽师范大学法学教育发展研究”（批准号：2018XJJ133）的阶段性研究成果。

** 李晓婧，法学博士，安徽师范大学法学院副教授，安徽师范大学法治中国建设研究院研究员。

① 《安徽教育行政周刊》第2卷第5期，1925年。

② 省立安徽大学成立之际，省政府并未任命校长，之前的筹委会继续存在并行使管理职权，但具体校务工作由预科主任刘文典主持，代行校长之权。在刘文典的主持下省立安徽大学各项工作很快步入正轨。1928年8月，省立安徽大学文法学院成立，院内设立四系：中国文学系、教育学系、政治经济学系、法律系。参见安徽师范大学校史编写组编《安徽师范大学校史》，安徽人民出版社，2008，第15～16页。

设文、理、法、农、工、商、医诸学院；省立、市立、私立大学只设农、工、商、医、理学院，不得设文、法学院。这个议案被教育部接受，决定首先撤并地方大学的法学院。1933 年 7 月初，省立安徽大学接到教育部函件："将法学院停办，并入文学院，另增农学院，原有法学院经费，移作农学院用。"不久，教育部又发来改进院系设置和管理的训令："……二，法学院即行将结束，原有学生或令转学，或酌令转系，由学校酌订办法办理；……"与此同时，省政府也下达了停办法学院、添设农学院的指示。省立安徽大学第六任校长傅铜在任职期间，根据教育部和省政府指示进行了院系调整，于 1934 年 7 月按省府教字第 5703 号训令停办了法学院。1937 年"七七事变"后，抗日战争全面爆发，省立安徽大学的办学和发展陷入困境。1939 年 8 月，省立安徽大学宣告停办。在省立安徽大学办学期间，各任校长积极聘请国内知名教授及学者担任法学院院长一职（见表 1）。

表 1　省立安徽大学历任法学院院长简历一览

任职时间	法学院院长	个人简介
1929. 2 ~ 1929. 6	端木恺	端木恺（1903 ~ 1987），别号铸秋，安徽当涂人。1919 年参加五四运动，旋被迫退学，转入复旦中学，后入私立复旦大学，学习文学，同时又在私立东京大学攻读法律，加入基督教，毕业后赴美国留学。先入哥伦比亚大学，后入纽约大学，获法学博士学位。曾被推为留美学生国事委员会主席。1927 年 11 月回国，应邀任国民革命军军官团政治教官。1929 年应邀任省立安徽大学法学院院长，其间曾转任农矿部秘书、专门委员，国立中央大学教授等职。1931 年在南京执律师业。1934 年以后在国民政府多部门任职。1949 年后去台湾，任"总统府"顾问并执行律师业务。1969 年起任东吴大学校长。为国民党第十一届、十二届中央评议委员。著有《社会科学大纲》
1929. 6 ~ 1930. 6	陶　因	陶因（1894 ~ 1952），字寰中，安徽舒城县阙店乡人。17 岁赴日本留学，毕业于日本帝国大学。随后，他又前往欧洲，在德国获得法兰克福大学经济学博士学位，1924 年从欧洲学成归国。系经济学泰斗之一，有"南陶（陶因）北马（马寅初）"之称。历任国立中山第二大学教授，省立安徽大学法学院院长兼教务长，国立武汉大学经济系主任兼教务长，国立中央大学、私立南开大学经济学教授，国立安徽大学筹委会主任和校长等职。1949 年后，先后任教于广西大学、南京大学
1930. 8 ~ 1931. 6	刘英士*	刘英士（1899 ~ 1985），原名善乡，字英士，江苏海门人。1917 年 9 月考入南京河海工程专门学校预科。1918 年 9 月升入本科一年级。1922 年 2 月入哥伦比亚大学，习政治经济。1924 年 10 月获哥伦比亚大学文学学士学位，继入研究院。1925 年 7 月毕业，获硕士学位。回国后于 8 月在上海国立自治学院讲授政治学及社会学。1930 年 8 月任省立安徽大学法学院院长。1949 年 6 月奉派去台湾筹设"国立"编译馆。著有《欧洲的向外发展》、《最近世界各国政党》、《社会主义》、《西洋史 ABC》等。译有《世界产业工人总会宣言》

续表

任职时间	法学院院长	个人简介
1931.7~1932.3	童冠贤	童冠贤（1894~1981），原名启颜，字冠贤，察哈尔宣化（今属河北）人。私立南开大学专科毕业后赴日本留学，入早稻田大学，获法学士学位。后赴美国留学，入哥伦比亚大学，获经济学硕士学位。又赴德国留学，入柏林大学研究院为研究员。再赴英国留学，入伦敦经济学院为研究员。1925 年归国，任北京大学教授，旋随顾孟余赴广州参与中国国民党中央工作。后历任国立中山大学教授、省立安徽大学法学院院长、国立编译馆人文组主任、国立中央大学法学院院长。1950 年去香港，任教于崇基学院。著有《英国劳动运动史》（英文）
1932.3~1934.7	胡恭先**	胡恭先（1899~1986），四川西昌人。毕业于日本东京成城学校、大阪高等学校。曾任中山大学法学院教授、系主任、院长，省立安徽大学法学院院长，西康省参议会议长，立法委员。1956 年，入四川省文史研究馆

* 在刘英士院长及之后的童冠贤院长、胡恭先院长任职期间，聘请了我国著名的法学家陈顾远先生担任法律系主任一职。有关陈顾远先生的简介，见表 2。

** 当时的程演生校长本来打算任命法学家陶因先生为法学院院长，在陶先生未到校前，由李景泌先生代理。1932 年 8 月，因陶因无法到任，改为胡恭先为代理法学院院长。参见《安徽大学周刊》第 83 期。

资料来源：徐友春主编《民国人物大辞典（增订版）》（下），河北人民出版社，2007，第 2312、2467~2468、2036 页；安徽师范大学校史研究中心编《安徽师范大学校史校情简明读本》，安徽师范大学出版社，2017，第 19 页。

省立安徽大学法学院不是以法学专业为唯一学科的学院，而是包括法律系、政治系、经济系等学科的综合性学院。本文的考察对象是省立安徽大学的法学教育，因此，接下来主要围绕法学院法律系的相关情况展开论述。

二　省立安徽大学法律系师资队伍之建设

大学之大，在于大师。民国时期，清华大学校长梅贻琦先生非常重视师资队伍建设，正如史学家何炳棣先生所说，“梅师长校之初即提出含有至理的名言：‘所谓大学者，非谓有大楼之谓也，有大师之谓也。’唯大师始克通专备具，唯大师始能启沃未来之大师，此清华精神之所以为‘大’也”。① 教师是大学的灵魂和核心，教师队伍建设关系到一所大学的长远发展。师资队伍质量，是高等教育教学质量的根本保证；师资队伍建设，是学生培养质量的决定性因素。因此，省立安徽大学法学院在建院之初，即非常重视师资队伍建设，其法律系积极聘请当时在国内具有较大影响力的学者任教于省立安徽大学（见表 2）。

① 何炳棣：《读史阅世六十年》，中华书局，2014，第 100 页。

表2 1930年省立安徽大学法学院法律学系授课教师一览

授课教师	职称	所授课程	教师简历
许学源	教授	法学通论、中国法制史	许学源（1885～1972），号觉园，湖北随县三里岗文家湾人。名医，教育家，书法家。曾在随县高等学堂、省立两湖总师范学堂读书肄业。武昌起义后参加革命军，任民国军政府军令部第三接济处协理，后由黎元洪命令代理湖北教育司司长。1912年后任北京《中央新闻》报编辑记者、《忠言报》社长，为北洋军阀所忌，自行停办。1918年后在清华大学、国立北洋大学任教。1932年后任省立安徽大学教授、省教育厅秘书长，因对当局不重视教育事业十分不满，便专心医药，任武汉苏生团医院院长。1938年日寇进逼汉口后举家迁往重庆，任重庆市政府设计委员、大华大学教授。1949年后，辛亥革命老友董必武曾派人请其出山，以年老婉辞，仅担任重庆中医院顾问，在西南医学研究所主编医药书刊。1956年任重庆文史研究馆研究员。1963年任中央美术学院教授。1965年任神农医学社社长。1972年3月病逝
陈顾远	教授	物权、行政法、物权各论、战时国际公法	陈顾远（1896～1981），字晴皋，陕西三原人。1912年，考入陕西省第一中学；同年，加入中国同盟会三原支部。1922年加入中国国民党。1923年毕业于北京大学政治系。1926年在上海法学院任教。1928年后在国民政府多部门任职。1949年后去台湾，任“立法委员”，并先后在台湾大学、台湾政治大学和中国文化大学任教。嗣当选为国民党第十一届代表大会代表，并被聘为国民党中央评议委员。著有《中国法制史》、《中国国际法溯源》、《中国古代婚姻史》、《土地法》等
刘梯崖	教授	商法、债权、法院编制法、债权各论	刘梯崖（1896～），湖南邵阳人。毕业于比利时国立大学，获政治学硕士学位、法学博士学位。曾任上海法政大学、上海法科大学、湖南省立大学等校教授及讲师
张庆桢	教授	刑法总则、亲属法、刑事诉讼法、公司法	张庆桢（1904～），字济周，安徽滁县人。毕业于私立吴淞中国公学大学部，获文学学士学位，旋入东吴大学法学院，获法学学士学位。后赴美国留学，入芝加哥西北大学，获法学博士学位。回国后任国立中央大学训导长及中央大学法学院教授兼司法组主任、国立中央政治学校教授、国立政治大学教授、东吴大学法学院教授、台湾大学兼任教授、上海私立中国公学大学部董事会董事兼执行秘书、私立中国文化学院法律研究部主任、国民政府监察院法规整理委员会主任委员。1949年后去台湾。编有《中国与世界》、《阳明山庄讲研总集国际形势编》等。著有《中国法制史》（英文）、《海商法论》、《中国历代法律思想》、《儒法合流论》、《美国对华政策的演变和展望》等
曾友豪	兼职教授	国际法	曾友豪（1900～），字庚元，广东梅县人。毕业于清华大学。后赴美国留学，入约翰霍普金斯大学，获文学博士学位，又入哥伦比亚大学，获哲学博士学位。回国后，于1929年4月任安徽省高等法院院长。1932年9月任甘肃省高等法院院长。1937年3月被免职。著有《近代中国法政哲学》（英文）、《国际上不平等条约之废止》、《婚姻法》、《英国宪法政治小史》、《中华民国政府大纲》、《中国外交史》、《国际公法例案》

续表

授课教师	职称	所授课程	教师简历
李仑高	兼任讲师	民事诉讼法	李仑高（1900～），别号核初，湖北广济人。曾任广西桂林地方检察院总检察官、江苏江宁地方法院推事、代理安徽怀宁地方法院推事
黄秩庸	兼任讲师	刑法各论	黄秩庸（1902～），广东人。毕业于上海东吴大学法律学院，获法学学士学位。曾任广州中山中学教务主任、安徽高等法院推事、安徽中央临时特种法庭推事。编有《领事裁判权讨论大纲》
张碌厂	助　　教	不详	张碌厂（1901～），安徽舒城人。毕业于北京大学，获法学学士学位，曾充安徽公立法专、省立安徽大学、上海法科大学、法政大学等校教员

资料来源：“省立安徽大学职教员一览表”，安徽师范大学档案馆馆藏，目录号：1930 - xz. 001；http：//www. wendangku. net/MzA5MjU5MjcxMA/1200216971_ ab6aa6ffe7fb93759ecc406a9027f1c8. html；徐友春主编《民国人物大辞典（增订版）（上）》，河北人民出版社，2007，第 1504、1883、2080 页。

从表 2 中可以发现以下几点：（1）师资结构方面，法律系专任教师比例为 62.5%，占教师总数的大部分，同时法律系通过引进实务部门的法官或者检察官兼任教师，这不仅弥补了师资队伍量的相对不足，而且缓解了师资队伍结构不合理的矛盾。因为作为实践性较强的专业，外聘教师可以更好地为学生讲解现实中遇到的案例，将法学理论与实践相结合。（2）学历层次方面，法律系教师中具有博士学位的有 3 人，占教师总数的 37.5%，而且这三位教师的博士学位都是在国外获得的。一方面，这说明当时法律系在师资建设方面比较具有国际视野，这样的比例在今天大学的法学院都算比较高的；另一方面，这与当时大的历史背景不无关系。和中国传统社会不同，民国时期建立的一整套法律体系与制度几乎都来源于西方，因此，不仅是省立安徽大学，而且当时很多大学法律系的教师多多少少地都具有留洋背景。（3）教师籍贯方面，法律系 8 位教师中只有 1 位是安徽人，其他 7 位都来自省外，这和较高的教师待遇有很大关系。省立安徽大学时期，其管理体制为校长负责制，对教师实行聘任制。当时，省立安徽大学专任教授月薪为 260～340 元（大洋，后同），讲师为 200～240 元，助教为 50～150 元，一般职员为50～60 元，校医、护士为 25 元，① 而省立安徽大学学生半年的伙食费平均为 30 元，这样一来，就吸引了不少名流来学校执教、讲学。（4）大部分教师所教课程与平时的研究方向一致，但也有个别教师例外，如张庆桢，他的主要研究方向集中在中国法律史、中外政治等方面，而他平时所教授的课程却是部门法（刑法总则、刑事诉讼法、亲属法）。

① 与国内同期的其他著名院校的教职工待遇相比，省立安徽大学教授的月薪是不低的。例如，陈独秀任北京大学文科学长（相当于系主任）时月薪是 300 元；清华大学教授的月薪在 160～320 元；南京中央大学教授的月薪是 260 元（参见何炳棣《读史阅世六十年》，中华书局，2014，第 109 页）。

三 省立安徽大学法律系之人才培养

（一）招生及生源基本情况

省立安徽大学的招生工作，由校招生委员会负责。招生委员会由秘书长、教务长、各学院院长、军训部主任、注册科主任和六名教授代表组成。招生计划名额视每年学校教学实际能力确定，招生简章每年六七月会在《中央日报》、《申报》和《皖报》上登出，内容包括“学额、报考资格、考试科目、报名日期及地点、考试地点及日期、报名手续、入学须知、附则”等八个方面。如报名日期及地点为“7月25日至8月25日在安庆百花亭本大学，7月25日至8月30日在南京中央大学”。考点设在安庆校本部，或根据需要分设在上海、南京、武汉、蚌埠等地，考生可就近报名。报名手续为“报考学生须先到本大学招生委员会报名处填写报名单随缴毕业证书、成绩单及最近四寸半身照片一张，报名费二元（录取与否概不退还），经审查合格后发给准考证，无此证者不得与考”。考试试题由学校自主命题，8月进行考试，考试科目为南京国民政府教育部规定的高中课程，主要分为两部分：“第一试应考之科目为党义、国文、英文、算学，第一试考毕后，并须接受口试。第二试应考之科目为史地、理化、生物。各门学科均准据高中毕业程度。”试卷由本校教授评阅。录取率因每年报考人数多寡而不同，如1933年报考246人，录取74人，录取率为30%；1936年报考731人，录取153人，录取率为20.9%。新生录取结束后，学校于每年8月中旬在考点城市的报刊上刊登录取名单和报到须知，被录取考生须在开学前到省立安徽大学提交规定的学历证明和接受体检，不合格者取消入学资格。① 1929年，省立安徽大学开始正式招生。

从学生籍贯来源来看，省立安徽大学法学院法律系学生主要来自安徽本省（见表3、表4、表5），这说明省立安徽大学法学院主要还是为安徽本省培养相关法律人才，其辐射面和影响力还是局限在安徽省内。从学生来源来看，法律系学生主要为本校预科毕业（见表6、表7），由于当时很多中学教育水平参差不齐，因此省立安徽大学规定入学须修一年预科，学习基本课程（主要为高中课程），成绩合格者才能开始大学的专业学习。从学生性别来看，第一届法律系学生全部为男生；第二届法律系学生中2人为女生，其余全为男生；第三届法律系学生中1人为女生，其余全为男生。② 女生在学生总数中比例如此之低，并不只是法律系的特有现象，省立安徽大学的其他专业也是如此。这说明虽然当时已是近代社会，但仍受传统文化影响至深，女性在社会上的

① 《安大周刊》第91期，1932年。
② “省立安徽大学法学院学生一览表”，安徽师范大学档案馆馆藏，目录号：1930－xz.001。

地位并不高，其活动基本上还是局限在家庭之中，除非家境较为富裕或家庭较为开明，一般情况下，只有男性才可以上学读书。

表 3　省立安徽大学 1932 届法律系学生籍贯

省　份	安　徽	湖　北	江　苏	山　东	云　南
人　数	27	2	1	1	1

注：也有资料显示，省立安徽大学法学院法律系第一届学生的籍贯来源为：安徽 31 人，湖北 1 人，江苏 1 人，云南 1 人，参见“省立安徽大学法学院学生一览表”，安徽师范大学档案馆馆藏，目录号：1930 - xz. 001。

资料来源：陈孔祥、彭劲主编《安徽师范大学学生名录：1928 ~ 1949》，安徽师范大学出版社，2018。

表 4　省立安徽大学 1933 届法律系学生籍贯

省　份	安　徽	江　苏
人　数	43	3

注：也有资料显示，省立安徽大学法学院第二届学生的籍贯来源为：安徽 41 人，江苏 2 人，参见“省立安徽大学法学院学生一览表”，安徽师范大学档案馆馆藏，目录号：1930 - xz. 001。

资料来源：陈孔祥、彭劲主编《安徽师范大学学生名录：1928 ~ 1949》，安徽师范大学出版社，2018。

表 5　省立安徽大学 1934 届法律系学生籍贯

省　份	安　徽	江　苏	江　西	四　川
人　数	23	3	2	1

表 6　省立安徽大学法学院第一届法律系学生来源

学生来源	学生数	学生来源	学生数
本校预科毕业	26	安徽省立第四师范后期毕业	1
安徽省立第一师范后期毕业	2	安徽省立第一高中毕业	1
安庆六邑中学高中部毕业	2	上海吴淞中国公学大学部预科毕业	1

资料来源：“省立安徽大学法学院学生一览表”，安徽师范大学档案馆馆藏，目录号：1930 - xz. 001。

表 7　省立安徽大学法学院第二届法律系学生来源

学生来源	学生数	学生来源	学生数
本校预科毕业	34	南京五卅公学毕业	1
安庆圣保罗中学毕业	1	江苏省立第十中学毕业	1
皖南中学毕业	1	上海法政大学肄业	1
安徽省立第五师范后期毕业	1	上海持志大学肄业	1
安徽省立第一中学毕业	1	河南公立法政专门学校肄业	1

资料来源：“省立安徽大学法学院学生一览表”，安徽师范大学档案馆馆藏，目录号：1930 - xz. 001。

（二）课程设置

省立安徽大学时期，学制为本科四年学分制。每个学生四年内必须修满 132 ~ 152

个学分。“凡补习性质之学程（例如理、法两院之国文，等等）均不给学分。”① 也就是说，军训、体育、中等英文、数学补习及党义课不计在总学分之内。法学院的课程设置分为全校共同必修课、全院必修课和选修课。必修课注重对学生基础知识的讲授，选修课注重适应不同学生的兴趣专长。党义、军训、体育、国文、英语为全校共同必修课。法学院根据专业特点和需要分设全院必修课和选修课，按照规定全院必修课“应占总分至三分之一，至多二分之一，所开学（课）程尽力切合本省之需要”。② 每学期开学时均安排两天时间让学生按照法学院提供的课程表进行选课，当年开设的各类课程及学分值在选课表上均有标注。一年级新生一般不开选修课，首先要完成全校共同必修课，二三年级以后才进入选课阶段（见表 8）。所修课程不及格者不给学分，必修课程不及格必须重修，选修课程不及格可改选其他课程。学生所选课程表须经系主任签批确认。学生如遇到院系必修课学分不足以完成学年学分，可选修其他院系的课程。

表 8　1930 年省立安徽大学法学院法律系课程标准

单位：个

学　　年	学科名称	学分要求	学　　年	学科名称	学分要求
第一学年	共同必修	42		必　　修	34
	分组必修	0	第三学年		
	选　　修	6		选　　修	4
第二学年	必　　修	37	第四学年	选　　修	19.5
	选　　修	3		必　　修	14.5

资料来源：安徽师范大学校史编写组编《安徽师范大学校史》，安徽人民出版社，2008，第 40 页。

省立安徽大学法学院法律系的课程设置基本上遵循了 1929 年国民政府教育部颁布的《大学规程》（见表 9、表 10）。其课程涵盖了通识课程（如混合数学、哲学、西洋通史、政治学、经济学、心理学、社会学、伦理学等）与专业课程。作为一门实践性较强的学科，其专业课程的设置不仅重视对学生法律实践操作的教学，而且注重对学生法学理论素质的培养（如比较宪法、罗马法、法理学、中国法制史、法律思想史等）。

表 9　1930 年省立安徽大学法学院法律系课程标准

单位：小时，个

	共同必修科目名称	每周上课时数	学分	选修科目名称	每周上课时数	学分
第一学年	党义	1	2	第二外国语	3	6
	国文	3	0	生物学	2	4
	普通英文	3	4	演说学	2	2

① 《各学院课程标准（1930 年）》，安徽师范大学档案馆馆藏，目录号：1930 - xz. 001。

② 《安大周刊》第 129 期，1933 年。

续表

第一学年	混合数学	3	6	哲学概论	2	4
	西洋通史	3	6	伦理学	2	4
	心理学	2	4			
	政治学概论	3	6			
	经济学概论	3	6			
	民法总则	3	6			
	军事训练	3	2			
第二学年	比较宪法	3	4	第二外国语	3	6
	平时国际法	2	4	英文	3	4
	法院组织法	2	1.5	国民政府组织法	2	1.5
	刑法总论	3	4	中国法制史	2	3
	罗马法	2	3	近代政治制度大纲	3	4
	物权	3	4			
	债编总论	2	3			
	公司法	2	1.5			
	西洋哲学史	3	4			
	伦理学	4	3			
	社会学	4	3			
	军事训练	3	2			
第三学年	行政法	4	6	第二外国语	3	6
	战时国际法	2	3	刑事政策	3	2
	刑法各论	2	3	审判心理学	3	2
	刑事诉讼法	3	4	地方自治	2	3
	民事诉讼法	4	5	政治思想史	3	6
	债编各论	3	4			
	亲属	2	1.5			
	继承	2	1.5			
	票据法	2	1.5			
	保险法	2	1.5			
	法理学	2	3			
第四学年	国际私法	3	4	第二外国语	3	6
	海商法	2	1.5	比较州法	2	3
	民事执行法	2	1.5	证据法	3	1.5
	破产法	2	1.5	法医学	3	1.5
	劳动法	3	2	判例研究	2	3
	犯罪论	2	3	公文程式	2	1.5
	法律思想史	3	4			
	诉讼实习		2			

资料来源：《法学院课程标准（1930 年）》，安徽师范大学档案馆馆藏，目录号：1930 - xz. 001。

表 10　1932 年省立安徽大学法学院法律系课程标准

<table>
<tr><th></th><th>必修科目</th><th>每周时数</th><th>选修科目</th><th>每周时数</th></tr>
<tr><td rowspan="7">第一学年</td><td>哲学概论</td><td>2</td><td>西洋通史</td><td>3</td></tr>
<tr><td>政治学</td><td>3</td><td>伦理学</td><td>2</td></tr>
<tr><td>经济学</td><td>2</td><td>心理学</td><td>2</td></tr>
<tr><td>社会学</td><td>2</td><td>混合数学</td><td>3</td></tr>
<tr><td>民法总则</td><td>3</td><td>第二外国语</td><td>3</td></tr>
<tr><td>英文</td><td>3</td><td colspan="2" rowspan="2">备注：选修课可任选一门</td></tr>
<tr><td>国文</td><td>3</td></tr>
<tr><td rowspan="6">第二学年</td><td>宪法</td><td>3</td><td>各国司法制度</td><td>2</td></tr>
<tr><td>民法债编（一）</td><td>3</td><td>伦理学</td><td>2</td></tr>
<tr><td>刑法总则</td><td>3</td><td>财政学</td><td>2</td></tr>
<tr><td>民法物权</td><td>3</td><td>外国法</td><td>3</td></tr>
<tr><td>法院组织法</td><td>1</td><td>第二外国语</td><td>3</td></tr>
<tr><td>刑事诉讼法</td><td>4</td><td colspan="2">备注：选修课可任选两门</td></tr>
<tr><td rowspan="6">第三学年</td><td>民法债编（二）</td><td>2</td><td>罗马法</td><td>2</td></tr>
<tr><td>民法亲属</td><td>3</td><td>法律思想史</td><td>2</td></tr>
<tr><td>民事诉讼法</td><td>4</td><td>犯罪论</td><td>2</td></tr>
<tr><td>刑法分则</td><td>3</td><td>第二外国语</td><td>3</td></tr>
<tr><td>国际公法</td><td>4</td><td colspan="2" rowspan="2">备注：选修课可任选一门</td></tr>
<tr><td>商事法（一）公司票据</td><td>2</td></tr>
<tr><td rowspan="7">第四学年</td><td>行政法</td><td>4</td><td>诉讼实习</td><td>2</td></tr>
<tr><td>民法继承</td><td>2</td><td>法理学</td><td>2</td></tr>
<tr><td>中国法制史</td><td>2</td><td>破产法</td><td>2</td></tr>
<tr><td>劳工法</td><td>2</td><td>第二外国语</td><td>3</td></tr>
<tr><td>监狱学</td><td>2</td><td colspan="2" rowspan="3">备注：选修课可任选两门</td></tr>
<tr><td>商事法（二）海商保险</td><td>2</td></tr>
<tr><td>毕业论文</td><td></td></tr>
</table>

资料来源：《安大周刊第一届毕业纪念特刊》第 92 期，1932 年。

（三）教学过程管理

省立安徽大学法学院对学生实行严格、规范、制度化的管理。每学期开学须进行报到注册，并将注册证及选课表交任课教师、系主任、教务长签字后送校注册课（科）确认，而后才可正式上课。上课时任课教师须点名，注册课及教务长不定期抽查上课人数。学生缺课达学期总学时四分之一者即令休学。[①] 学生每周课时一般为 32 ~ 36 课

① 《安大周刊》第 134 期，1933 年。

时。学生学完每门课程后须通过考试获得学分。考试有四种形式：临时考试、月考、期末考试和毕业考试。临时考试由授课教师随堂进行，主要考查学生对课堂知识的掌握和消化情况，此种考试形式占最终成绩的比重较大。① 月考原则上平均每月一次，由教师根据每周授课时数多少而定。期末考试为全校性的集中大考，按学生的学号排定座次，由授课教师主考，校长、院长、教务长、系主任等轮流监考，学生考前一般停课复习两天。临时考试、月考、期末考试三项成绩平均在 60 分以上者为及格，可给予学分；50 分以上者给予一次补考机会，仍不及格者重修该门课程。每学期开学时，教务处将重修学生名单及课程公布。考试作弊者成绩为 0 分，并记大过一次。未经允许无故不参加期末考试者劝令退学。② 毕业考试在每年 6 月中旬进行，一般为期 5 天。考试由校考试委员会监考，其成员既有校内主管人员，也有省党部特派员、教育厅厅长、民政厅厅长、高等法院院长等政府官员，有时南京国民政府教育部也派员巡考。学生毕业考试及格后，还要经过审查委员会的成绩审查，审查合格后才发给毕业证书。

（四）毕业论文情况

法学本科毕业论文的撰写是四年本科学习的最后也是极其重要的一个环节，从现实角度而言，这是能否取得法学学士学位的前提，从学术角度而言，这是检验一名法科生法学理论水平高低的重要依据。关于学位论文写作的重要性，许章润教授曾说过：“攻读学位、撰写学位论文是一个学徒过程，也是一个学者出炉前的锻造工艺。经此历练，学徒们渐渐懂得并习得了学术之为一业的行规，而正是经由研究及其表述，特定门类的人类知识得以传承和流布，对于未知世界的探索由此登堂入室。每一个体的研究，都是在积累思想资料；每一个论点的成型，无异于垒砌攀升的阶梯。其间，激发问题意识，探索解决问题的进路，掌握对于研究结果的表述及其技术要素，习得学术规范，均为学徒过程的必修课业。”③ 表 11 和表 12 即为省立安徽大学法学院法律系第一届和第二届毕业生的毕业论文选题。

表 11　省立安徽大学法学院法律系第一届毕业生及其毕业论文题目一览

学生姓名	毕业论文题目	学生姓名	毕业论文题目
彭之屏	犯罪之原因	韩文甫	我国女子在法律上之地位
陈　曜	刑法学派及其沿革	程华阊	夫妻财产制之分析
徐克仁	吾国新旧刑法之研究	吴祖述	现代刑法之趋势
佘世荣	犯罪之原因与预防	张新化	诉法与无产阶级

① 《安大周刊》第 78 期，1931 年。
② 《安大周刊》第 111 期，1933 年。
③ 许章润：《学位论文的人身专属性——祝贺学术批评网创办五周年》，《社会科学论坛》2006 年第 5 期。

续表

学生姓名	毕业论文题目	学生姓名	毕业论文题目
胡光合	中国婚姻财产制论	何　匡	平均地权与土地法
张智僧	晚近中国司法改进论	奚中情	劳动法制史略
朱尚德	法律与民族性	赵健吾	刑法因果关系论
刘钲铃	平均地权与土地法	金永昌	苏俄刑法论
王瑞芝	契约论	赵执中 *	新民法之社会福利化
张福生	侵权行为之研究	张铸辅	结婚离婚之法律观念
张子愚	犯罪之成立与预防	徐灿中	中国刑法沿革考
宋肇殷	所有权之研究	陈　芬	三民主义与法律观
张友谅	检察制度存废问题之商榷	吴　双	中国宪政之沿革
李绪增	刑罚中死刑研究	查奉璋	土地所有权之研究
王潍洲	刑法上之因果关系	刘先忠	刑法改革论
姚宗权	公私法之现在与将来	成善吉	民法婚姻章之研究

注：＊赵执中（1904～），字叔庸，安徽贵池人。毕业于省立安徽大学法学院法律系。曾任安徽省高等法院视察、推事，省立安徽大学教授，安徽舒城、合肥等地地方法院院长，“行宪”国民大会代表。1949 年前去台湾，续任“国大代表”，并历任台北地方法院首席检察官、台北地方法院院长、中兴大学法商学院教授、台湾基隆地方法院院长、台湾高雄地方法院院长、台湾彰化地方法院院长、“公务员惩戒委员会”委员，兼任“司法院”法规研究委员会委员。参见徐友春主编《民国人物大辞典（增订版）》（下），河北人民出版社，2007，第 2285 页。

资料来源：《安大周刊》第 91 期，1932 年。

表 12　省立安徽大学法学院法律系第二届毕业生及其毕业论文题目一览

学生姓名	毕业论文题目	学生姓名	毕业论文题目
焦　骏	中国古代国际法探讨	俞翰儒	典权研究
殷联奎	中国刑法之变迁及死刑存废之问题	程利生	中国妇女在法律上之地位
李以达	强制执行之研究	许懿德	婚姻法概论
吴绍书	所有权之近代化	张　骏	中国近代婚姻问题与婚姻立法
许孝权	论亲子	王志导	中国婚姻法之研究
徐镇南	论婚姻问题与婚姻法	杨　强	中国继承变迁之趋势
凌　权	介绍“中国劳工问题与劳工立法”	吴尚壬	古代罗马法婚姻制概述
任福忠	犯罪发生之原因及其救济之方法	鲁植根	犯罪之研究
胡超群	先秦国际法之遗迹	张志道	土地所有权论
石肇荣	中国劳工问题之研究	何　同	中国之法律思想
张含精	中国婚姻之制度沿革	方大谋	缓刑在刑法上之地位
金成容	婚姻制度之研究	潘德聚	我国夫妻财产制度
孙　惠	近亲婚之限制论	王昌瑞	中国现行婚姻法
汪　辅	抵押权	葛盛德	我国婚姻制度
郑子勤	民法亲属编婚姻章之研究	胡昌培	刑法各论之浅说

续表

学生姓名	毕业论文题目	学生姓名	毕业论文题目
徐雪如	买权与典权	汪霭唐	婚姻问题的研究
汪国桢	犯罪之发生与防止	李大咏	五权宪法之研究
杨光槐	土地所有权之研究	刘德功	我国继承法之回顾与将来
许　兰	所有权之研究	韩家政	中国女子遗产继承问题
李荫华	中俄劳动立法之比较观	吕若枋	劳动法的回顾与展望
王宣治	苏俄民法物权概论	萧国珍	不平等条约之研究
宋晓微	土地登记法简论	陈云溪	中国土地税制法之沿革及其批评
郝素之	因果关系在刑法上所居之地位如何	徐元裕	法国加皮□博士著、日本杉山直次郎译之法兰西民法之变迁译文

资料来源："安大第二届毕业纪念刊"，安徽师范大学档案馆馆藏，目录号：1935 - xz. 001。

从表 11、表 12 中可以看出，省立安徽大学法学院法律系第一届毕业生的毕业论文选题主要集中在刑法学和民法学两大领域，分别约占论文总数的 34% 和 25%，第二届毕业生的论文选题和第一届一样，仍然集中在刑法学和民法学两大领域，只不过民法学选题多于刑法学，约占论文总数的 48%，而刑法学只占 15%。这和当时大的历史背景不无关系。南京国民政府时期的民法典，是由国民党中央政治会议分别制定立法原则，分编草拟，分期公布的。1928 年，法制局曾拟出亲属法、继承法草案，未经审议该局即告取消。1929 年 1 月，立法院设立民法起草委员会，由王宠惠、戴传贤及法国人宝道为顾问，负责草拟。拟成后经国民党中央审议，以国民政府名义公布。其民法典的"总则"公布于 1929 年 5 月，"债及物权"公布于同年 11 月，"亲属和继承"公布于 1930 年 12 月。这些都掀起了法律界学习和研究民法典的热潮，因此学生的论文选题也越来越多地趋向于民法学领域。而在所有的民法学选题中，有关"亲属和继承"的选题最多。究其原因，与该时期民法典"亲属和继承"篇浓厚的传统色彩有关。譬如，维护夫妻间的不平等关系，表现在姓名权上，规定"妻以其本姓冠以夫姓"；在住所权上，规定"妻以夫之住所为住所"；在财产权上，以联合财产制为法定财产制，即夫妻的财产由夫管理，夫对妻之原有财产有使用、收益权及孳息的所有权，妻仅保留原有财产的返还请求权；在父母子女关系上，规定"子女从父姓"，"父母对于权利之行使意思不一致时，由父行使之"。鉴于此，传统法文化和近代法律制度的冲突与融合则成为当时的学术前沿，学生们也纷纷将研究目光转向于此。当然，以我们当代法律人的视角来看，这两届毕业论文的选题都不免有些简单，多数停留在对制度进行介绍这一层面，而且作为本科毕业论文的选题，这些题目也过于宏观庞大。那么所有这些都和当时的法治环境密切相关，该时期乃民国法制初创阶段，无论从法学理论、法律体系还是法律制度等方面来看，都在大规模地进行移植，因此对制度的介绍和学习也就成为法律界的研究重点。

（五）毕业生情况

省立安徽大学法学院第一届毕业生（学习年限为1929～1932年）人数为55人，其中法律系32人；第二届毕业生（学习年限为1930～1933年）人数为77人，其中法律系46人；第三届毕业生（学习年限为1931～1934年）人数为51人，其中法律系29人，这也是省立安徽大学最后一届法律专业毕业生，因为早在1932年，就有人提出议案，即省立大学只设农、工、商、医、理学院，不得设文、法学院，而国立大学则可设立文、法学院，在后来的1934年7月，省立安徽大学按照安徽省政府第5703号训令停办了法学院。1932级法律系未毕业学生（21人）和1933级未毕业学生（25人）共46人，被学校送往北平朝阳学院借读。[①] 也就是说，省立安徽大学法律系自1929年招生至1934年停招，共招收了5届学生，仅3届学生完整毕业（共计107人）。

四　省立安徽大学法律系之学生活动

省立安徽大学时期，法学院的学生活动尤其是学术活动非常活跃。比如学会组织有民众法律协助学会，社团组织有现代法政研究社安大分社、法律学社、法学周刊社。这些学会组织或社团组织机构健全，分工细密，定期开会交流，其会员或社员大多是法学院的学生，他们互相切磋，钻研学术，且都有刊物出版，如现代法政研究社安大分社出版了《政法研究》，法律学社有《法学季刊》，法学周刊社出版了《法学周刊》。这一系列学生活动对于促进当时的教学科研和丰富学生生活起了重要作用。

1932年成立的民众法律协助学会是基于“我国一般民众法律智识浅薄，遇有诉讼，易受人愚，为解答民众法律疑难，增加民众法律常识起见”这样一个出发点而设立的，免费解答民众法律疑问，“誓以一片热诚，为全国同胞尽法律协助之义务，……如有以诉讼事件，及非讼事件相质询者，……本会当即详为答复，不取分毫报酬。”[②] 该学会组织暑假照常工作，“自开始工作以来，各界面询及函询法律问题者，日必数起，均由该会各股负责人群为解答，截至六月二十一日止统计解答事件，已达八十余起之多，闻该会各股负责人，为便利一般民众，贯彻服务精神起见，在暑假期间，仍照常工作云”。[③] 可以看出，民众法律协助学会类似于我们今天大学里法律援助中心这样的社团

① 安徽师范大学校史研究中心编《安徽师范大学校史校情简明读本》，安徽师范大学出版社，2017。

② 《安大周刊》第89期，1932年。

③ 《安大周刊》第91期，1932年。

组织，它通过为社会普通民众提供无偿的法律服务，尽可能地帮助民众克服因法律专业知识欠缺在各种法律活动中的劣势，平等地享有法律赋予的权利，从而有效维护自身的合法权益等方面，提供了一个良好的渠道。现代政法研究社安大分社“缘为上海法政、中公、大夏、持志，及本校同学所发起，现除本分社外，尚有北平中国，国民，武昌中华，等大学分社”。[①] 法律学社则经常组织假法庭定期实习审查案件。[②] 这些学会组织或者社团组织，一方面使学生加深了对书本知识的理解，提高了如何运用法学理论解决现实案件的能力；另一方面还为民众普及了基本的法律常识，为社会传播了公平正义的理念。

这些学会组织或社团组织为了提高其理论水平，还特地聘请一些知名教授或学者作为社团组织的学术顾问。如民众法律协助学会聘请了省立安徽大学教授陈顾远、吴浴文、李仑高、黄秩庸、张庆桢五位先生为指导员；[③] 现代法政研究社安大分社聘请了当时著名的法学家如高一涵[④]、戴修瓒[⑤]、汪馥炎[⑥]、郭元觉[⑦]等先生作为组织的学术顾

① 《安大周刊》第 76 期，1931 年。

② 《安大周刊》第 78 期，1931 年。

③ 《安大周刊》第 88 期，1932 年。

④ 高一涵（1884～1968），安徽六安人，民国初年留学日本，毕业于明治大学政治科。1916 年 7 月回国，担任《晨钟报》编辑，后辞职。先后任北京大学教授、国立第二中山大学政治学教授、私立北平中国大学政治系主任、私立上海中国公学社会科学院院长。1949 年后任中国民主同盟中央委员、南京大学法学院院长兼政治系主任。1959 年被推选为中国人民政治协商会议第三届全国委员会委员。著有《欧洲政治思想史》、《政治学纲要》、《中国内阁制度的沿革》和《中国御史制度的沿革》等。参见徐友春主编《民国人物大辞典（增订版）》（上），河北人民出版社，2007，第 1286 页。

⑤ 戴修瓒（1887～1957），字君亮，湖南常德人。早年留学日本中央大学法律系。历任公立北京法政大学教务长、北京大学法律系讲师、京师地方检察厅检察长、河南省政府委员兼司法厅厅长、国民政府最高法院首席检察官、私立中国公学法律系主任等职。1949 年后，历任中央人民政府法制委员会委员、国务院参事、中国国际贸易促进委员会对外贸易仲裁委员会副主席、九三学社中央委员。著有《民法债编总论》、《民法债编各论》、《票据法》、《刑事诉讼法释义》等。参见徐友春主编《民国人物大辞典（增订版）》（下），河北人民出版社，2007，第 2676～2677 页。

⑥ 汪馥炎（1891～1940），江苏武进人。毕业于日本东京政法大学。归国后，历任北京政府国务院法政局参事，湖南、湖北省政府秘书，安徽法政专门学校教务主任，私立北平中国大学教授，上海政法学院教授，上海法学院、私立复旦大学、私立新中国学院教授等。译著有《比较宪法纲要》、《国际公法论》、《欧洲近代文学思潮》、《中国文学研究译丛》、《中国文学论集》、《中国农业经济研究》、《中国农业经济资料》、《史的唯物概说》、《近代文学》、《新文学概论》、《伦理学》等。参见徐友春主编《民国人物大辞典（增订版）》（上），河北人民出版社，2007，第 730 页。

⑦ 郭元觉（1892～1958），又名郭卫，湖南常宁人，民国时期著名法学家、出版家。毕业于北洋大学法科，获哥伦比亚大学法学博士学位。曾任大理院推事，位及司法部秘书长。1925 年与友人共创上海政法学院，并兼任多所大学教授。与友人创办上海法学编译社，出任社长，编译了许多外国法学著作，并于 1931 年在上海创办《现代法学》期刊。民国中后期极为活跃，著述颇多，律师算是其终生职业，为民国法律做了不少奠基工作。主要著作有《大理院解释例全文》、《大理院判决例全文》、《中华民国立法理由判解汇编》、《立法理由判解汇编一至六》、《民国立法理由判解汇编》。参见 http：//news. ifeng. com/a/20160705/49295470_ 0. shtml 和 https：//baike. baidu. com/item/% E9% 83% AD% E5% 8D% AB/2622033#viewPageContent。

问；法律学社除了原有顾问外，还聘请了国内著名教授担任社团顾问，如查良鉴[①]、李仑高、赵文炳[②]三位教授，[③] 1931 年 10 月 30 日，查良鉴教授为学生做了一场讲座，其讲座内容则刊登在该社的出版刊物《法学季刊》上。[④]

五 结语

省立安徽大学是安徽省历史上第一所综合性大学，其法学院之法律系更是开创了安徽高等法学教育的先河。省立安徽大学的法学教育从 1929 年开始，到 1934 年结束，共持续了六年。在这六年里，省立安徽大学对法学教育进行了有益的探索。在人员组成方面，积极聘请国内知名教授担任法学院院长、法律系主任等职，并聘任当时在国内具有较大影响力的学者任教于法学院。师资队伍比较丰富和多元化，在国外获得博士学位的教师和具有实践经验的教师是师资队伍的重要组成部分。在人才培养方面，课程设置包括全校共同必修课、全院必修课和选修课，通识教育与专业教育相结合，实践性课程与理论性课程相结合，这值得我们借鉴学习。目前我国很多高校的法学院在本科阶段越来越倾向于开设更多实践性较强的课程，而忽略了理论课的重要性。如本科阶段几乎很少有学校开设“罗马法”课程，而“罗马法对于法律制度结构的影响时整体性的，一方面影响了法律家研究法律的方法，另一方面影响了私法规范，这种影响是决定性的”。[⑤] 笔者认为罗马法在世界法制史上的重要地位值得今天我们每一位法律人去研习。同时，通识教育对法科生也至关重要，如果只就法律学习法律，那么对法学知识的理解也不可能达到更深的层次。只有全方位地了解人文社会科学各方面的知识，甚至某些理科知识，才能很好地把握法律这门学科的精髓。安徽师范大学从 2014 年开设卓越司法人才培养班伊始，就将“高等数学”列为必修课之一，即考虑到法科生学习高数并非以后就从事和数学相关的职业，而是想通过这门课的学习来达到锻炼学生逻辑思维能力的目的。除此之外，省立安徽大学非常重视平时的教学过程，

① 查良鉴（1905～1994），别号方季，浙江海宁人，1905 年生于天津。毕业于私立南开大学政治系。后入东吴大学法学院。嗣后赴美国留学，入密歇根大学深造，获法理学博士学位。回国后任上海特区地方法院推事，继任江苏高等法院第二分院推事。曾任省立安徽大学及国立中央大学教授，在国立中央政治学校、上海法政学院、东吴大学等校兼任教授或系主任。1949 年后去台湾。著有《犯罪学》、《刑罚学》、《强制执行实务》、《证据法则要以》等。参见徐友春主编《民国人物大辞典（增订版）》（上），河北人民出版社，2007，第 1011～1012 页。

② 赵文炳（1897～1954），字焕卿，浙江慈溪人。曾留学莫斯科中山大学，回国后任省立安徽大学教授、中央政府立法院立法委员、国立英士大学教授兼法学院院长。1949 年后任浙江农学院教授。参见 http://blog.sina.com.cn/s/blog_7269f6780102xfmc.html。

③ 《安大周刊》第 75 期，1931 年。

④ 《安大周刊》第 76 期，1931 年。

⑤ 〔美〕艾伦·沃森：《民法法系的演变及形成》，李静冰、姚新华译，中国政法大学出版社，1997，第 252 页。

临时考试和月考成绩在课程成绩中占有较大比重，这值得我们借鉴。在学生课余活动方面，学术活动较为活跃，民众法律协助学会、现代法政研究社安大分社、法律学社、法学周刊社等学会组织或社团组织的成立，极大地促进了当时的教学科研，对丰富学生生活起了重要作用。虽然省立安徽大学的法学教育持续时间较短，只完整培养了三届法律专业本科生，但是这些有益探索为后来的国立安徽大学法学教育奠定了基础，也为整个中国法学教育的演进积累了经验。

人　物

沈家本在清末预备立宪中的作用与影响
——以官制改革为中心的考察

柴松霞 *

摘　要： 清末预备立宪是从改革官制入手的，沈家本作为变法修律的重臣，在官制改革中力主平“满汉畛域”；在部院之争中主张审、检分立，实现司法独立。这些都有力地推动了立宪改革走向深入，他的不少建议得到清廷的采纳，比如民族平等、清末检察制度的建立等，从而使预备立宪产生了深远的影响。然而，由于时代的局限和各方利益的争斗，并不是所有沈家本的思想和意见都得到实践或采纳，这也使得预备立宪经历了曲折和反复的过程，从中可以看出社会精英在社会转型过程中进行改革的艰辛和不易。

关键词： 沈家本　清末　预备立宪　官制改革

中国传统的官制体系是一个以皇帝为中心的金字塔体系，官僚机构的设置着眼于皇权的巩固，其面向社会的职能极不发达。官府对于人民意味着收取赋税和以军队、刑狱镇压反抗。并且，清末官场弊病丛生，机构冗杂，官不举职，吏治腐败。在议论官场弊病何以产生时，不少人员将目光投向制度本身，因此，官制改革对于“预备立宪”来讲，其重要性不言而喻。尤其此时出洋考察政治大臣归国后极力主张实行立宪，应该先从改定全国官制入手。沈家本在官制改革过程中，在如何平“满汉畛域”、实现司法独立等方面都发表了自己的真知灼见，有力地推动和影响了清末预备立宪的实践。

一　改革官制中的平“满汉畛域”思想

五大臣出洋拉开了清末预备立宪活动的序幕，而一向以“顽固”、保守著称的清廷为何做出这样一个决定，除了内忧外患的大背景、大环境，沈家本 1902 年主持的修律活动已经为出洋考察和预备立宪提供了前提条件和思想准备。清廷下诏修律，标志着官方开始主动变法改革。光绪二十八年（1902）二月，清廷下诏进行变法修律的同时，派使臣考察各国法律，这就开启了官方大规模的主动学习他国法律的进程；同时，令袁世凯、刘坤一、张之洞选派熟悉律令者开馆纂修法律。① 而沈家本作为修律大臣，在

＊ 柴松霞，女，法学博士，天津财经大学法学院副教授。

① （清）世续、陆润庠等纂修《大清德宗景皇帝实录》（光绪朝）卷四九五，清抄本，国家图书馆藏。

"会通中西"思想的指导下，开始主持清末十年修律活动。会通中西思想本身包含向国外学习优秀法律文明成果的要求，这也为清末为进行预备立宪两次派员出洋考察宪制提供了思想动力。

预备立宪首先从改革官制开始，因为官制改革涉及权力和利益的重新分配，引发了满汉官僚之间的严重冲突，甚至导致汉人民族主义情绪的爆发。为消弭民族冲突，清廷 1907 年下诏："令礼部暨修订法律大臣，议定满汉通行礼制刑律，请旨颁行。"① 而沈家本所上奏折无不体现出他的"法制统一"、"法律平等观"的思想，具体体现在要求"立法宗旨必须统一"、"新旧律须统一"、"适用法律须统一"② 几方面。其中就涉及预备立宪活动当中的一个重要议题，即关于如何填"满汉畛域"的讨论。沈家本说："法不一则民志疑，斯索一切索引行怪之徒，皆得趁暇而蹈隙，故欲安民合众，必立法先统于一……现既钦奉明诏，化除满汉畛域。若旧日两歧之法仍因循不改，何以诏大信而释群疑？"③

沈家本这一铿锵有力的奏折直接引发了朝廷大员的热议，也呼应了出洋考察大臣端方、皇室贵胄载泽等更是以考察各国的经历，主张进行预备立宪，必须消除满汉民族不平等的问题。这个奏折也引起朝廷的极大关注，清廷在光绪三十三年（1907）九月初三日的上谕中强调："礼教为风化所关，刑律为纪纲所系，满汉沿袭旧俗，如服官守制，以及刑罚轻重，间有参差，殊不足以昭画一。除宗室本有定制外，著礼部暨修订法律大臣定满汉通行礼制刑律，请旨施行。俾率士臣民咸知遵守。用彰化一同风之制。"④ 得到朝廷的肯定后，沈家本又上奏，提出满汉一法的具体举措："臣等共同商酌，凡律例之有关罪名者，固因改规一律，即无关罪名而办法不同者，亦应量为变通。"⑤ 这个奏折被朝廷采纳，具体是指："除笞杖已改罚金，旗人鞭责业经一体办理外，拟请嗣后旗人犯罪，俱照民人各本律本例科断，概归各级审判厅审理，所有现行律例中旗人折枷各制，并满汉罪名畸轻畸重及办法殊异之处，应删除者删除，应移改者移改，应修改者修改，应修并者修并，共计五十条，开列清单，恭请御览。"⑥

可见，沈家本所主张的法制统一的改革内容还是非常详细的，包括删除、移改、修改、修并等办法，因为他时任修订法律大臣，这就从制度设计上推动了预备立宪运

① （清）世续、陆润庠等纂修《大清德宗景皇帝实录》（光绪朝）卷五七九，清抄本，国家图书馆藏。
② 张晋藩：《论沈家本的法律思想》，《西南政法学院学报》1981 年第 4 期。
③ 沈家本：《旗人遣军流徒各罪照民人实行发配折》，《历代刑法考》（四），中华书局，1985，第 2031 页。
④ （清）朱寿朋编，张静庐等校点《光绪朝东华录》（五），中华书局，1958，总第 5812 页。
⑤ （清）朱寿朋编，张静庐等校点《光绪朝东华录》（五），中华书局，1958，总第 5812 页。
⑥ （清）朱寿朋编，张静庐等校点《光绪朝东华录》（五），中华书局，1958，总第 5813 页。

动的开展。为切实保障“法律平等观”思想的贯彻执行，沈家本还上一奏折，建议改变旗人不准自由买卖其产业的法律规定，他说：“旗民不准交产，亦显分畛域之一端，自应及时变通，未可拘牵旧制”，“拟请嗣后旗人房地，准与民人互相买卖。”① 房地作为重要的不动产，在任何社会都有着重要的意义和作用，作为农业社会的支柱，房地可以买卖之后，才意味着从根本上平“满汉畛域”。因此，沈家本在预备立宪过程中关于消弭满汉畛域的一系列主张，很快影响到一批朝廷重臣，他们也认识到民族平等应是立宪改革中的一项重点内容。

暂署黑龙江巡抚程德全就预备立宪问题上了三个奏折，其中一个谈道：“请实行宪政以化满汉界限也……盖立宪政体，向无种族之别，拟请明昭海内，自今后无论满人、汉人，皆一律称为国民，不得仍存满汉名目，先化畛域之名，自足渐消相斫之祸。”② 因此，沈家本与程德全等人从不同的角度阐述了消弭满汉畛域在预备立宪中的作用。沈家本认为，在法律制度上实现满汉一体有助于预备立宪运动的开展；程德全则认为推行立宪政体必须消弭满汉界限，这是立宪的根本要求和前提条件，而且他还强调这是“尤立宪政体亟当视为先务者也”。

其实，有这样一个认识，是出洋考察大臣根据在国外的所见所闻早就力主的，比如端方在光绪三十三年（1907）六月二十二日代奏安徽旌德县廪贡生李鸿才条陈时，就提出平满汉畛域的八条建议，且一再强调：“以上数则，皆为满汉大同起见，虽云补苴之术，实与宪政攸关。”③ 接着，端方也根据他出洋考察欧美的经历，指出实现民族平等的好处，不但不会产生隐患，反而有助于消弭内乱纷争和增强国力：“若英国本为盎格鲁、撒克逊两族所共建，而今已合同而化，绝无内讧。美国为欧洲各国殖民尾闾，各种之人麇至杂居，从未闻区种族、分党派、怀私念、忘大计者。盖其立国无论何族人民，皆受制于同一法制之下，权利义务均平齐一，种族虽异，利害不殊。人人乐于趋公，而以阋墙为大耻，其国力因而安全发达，莫之能御。”④ 因此，沈家本的奏折也是对出洋考察大臣建议的支持与呼应，从而实现国外考察与国内改革的互动，且从论述当中可以看出，沈家本等人已经超越就事论事的层面来条陈化除满汉畛域，而是站在立宪的高度来推进民族平等在立法上的实现。

① 《变通旗民交产旧制折》，《历代刑法考》（四），中华书局，1985，第 2033 页。

② 《暂署黑龙江巡抚程德全奏陈预备立宪之方及施行宪政之序办法八条折》，《清末筹备立宪档案史料》（上），文海出版社，1981，第 257 页。

③ 《两江总督端方代奏李鸿才条陈化除满汉畛域办法八条折》，《清末筹备立宪档案史料》（下），文海出版社，1981，第 915 页。

④ 《两江总督端方奏均满汉以策治安拟办法四条折》，《清末筹备立宪档案史料》（下），文海出版社，1981，第 928 页。

二 部院之争中的司法独立思想

在官制改革过程中，大理寺改为大理院，沈家本被任命为正卿，秩正二品；刑部则改为法部，另一出洋考察大臣戴鸿慈为尚书。按照官制改革的规定，大理院为最高审判机关，法部为最高司法行政机关。审判权按照现在的标准看，或称为司法管辖权，是指法院或司法机构对诉讼进行聆讯和审判的权力；司法权应是指特定的国家机关通过开展依其法定职权和一定程序，由审判的形式将相关法律适用于具体案件的专门化活动而享有的权力，甚至狭义的司法权就是指审判权。在法制较为发达的今天，审判权和司法权之间也没有明确的界定，有时经常互用，何况当时的清廷，对审判权与司法权更是缺乏明确的规定，因而大理院与法部之间矛盾重重。戴鸿慈、右侍郎张仁黼与沈家本就诸如死刑复核等审判权、官员选任等行政权的划分等方面产生严重争执，从而引发了部院之争。[①]

光绪三十二年（1906）九月，清政府决定把“刑部着改为法部，专任司法；大理寺著改为大理院，专掌审判”。[②] 这是一个部院分工协作、共掌司法权的方案。根据这个方案，法部与大理院分别成立。同年十月二十七日，清政府颁行的《大理院审判编制法》规定：“自大理院以下，本院直属各审判厅局。关于司法裁判，全然不受行政衙门干涉，以重国家司法独立大权，而保人民身体财产。”[③] 旧有刑部以司法审判为主，同时兼理部分司法行政，如管理狱改、考核司法官吏等。而新设立的法部没有审判权，却有权对专司审判的大理院进行监督。奕劻等在奏官制时，强调“司法之权则专属之法部，以大理院任审判，而法部监督之。均与行政官相对峙，而不为所节制”。[④] 这就确立了法部的监督权，其监督对象是大理院以及大理院以下的各级审判厅。因其权力过大，造成了对审判权的压制，也成为部院之争的源头所在。

在最初的官制改革方案中，清廷原本是想按照出洋考察大臣带回来的信息，仿行立宪国之模式，使“立法、行政、司法三权并峙，各有专属，相辅而行”，试图使司法走向独立。但由于改革的重要目的是强化中央集权，故清廷在其议制之初，就有意无

① 关于部院之争问题，暨南大学张从容教授有系列论著，较为系统和详细地探讨了相关问题。比较典型性的代表作为：张从容：《晚清中央司法机关的近代转型》，《政法论坛》2004 年第 1 期；张从容：《部院之争：晚清司法改革的交叉路口》，北京大学出版社，2007。

② 参见朱寿朋编《光绪朝东华录》（五），张静庐等校点，中华书局，1958。

③ （清）刘锦藻撰《清朝续文献通考》第二册，卷一二五《职官考》，商务印书馆，1936，第 8850 页。

④ 其实法部的职权极大，参看《出使各国考察政治大臣戴鸿慈等奏请改定全国官制以为立宪预备折》，《军机大臣奕等复奏核议法部官制并陈明办法大要折》和《法部奏核拟法部官制并陈明办法折》所附清单等材料，参见故宫博物院明清档案部《清末筹备立宪档案史料》，中华书局，1979，第 367、491 页；《大清法规大全・吏政部》。

意地使新设立的两个行使司法权的部门——大理院和法部权限不明确，甚至互相交叉。因为法部“专任司法”与大理院“专掌审判”在概念上的模糊不清，以戴鸿慈为尚书、张仁黼为右侍郎的法部，在与以沈家本为正卿的大理院协商划分权限时，基于司法独立原则与权限划分方案的悖异，以及戴、张与沈家本在对待立宪的真诚程度及对西方法律原则的理解与认同方面存在较大歧见，部、院之间出现矛盾乃至对立，部院之争由此爆发。

首先体现在部、院对审判权的争夺，大理寺改为大理院后，既要与原先承担审判职能的法部、民政部、步军统领衙门等机关进行案件交接，又试图施展其作为最高审判机关的影响力，将筹建京师各级审判机关事务纳入自身职责范围。而法部作为全国司法行政机关，对整个司法改革负有领导责任，它既参与案件交接工作，也参与筹建各级审判机关的工作。法部官制清单的第一条具体规定了其职权范围：法部管理民刑事、牢狱并一切司法上行政事务，监督大理院、直省执法司、高等审判厅、地方审判厅、乡潄局及各厅局附设之司直局，调查检察司务等。

根据官制改革方案，审判机关受制于司法行政机关。为占据主动，大理院不仅积极着手拟定大理院官制，而且以极快的速度制定了《大理院审判编制法》，并于当年十月底颁行。内容主要包括三点：一是确定了大理院的两项主要职权——最高审判权和司法解释权，其权限应包括“凡宗室官犯及抗拒官府并特交案件应归其专管，高等审判厅以下不得审理。其地方审判厅初审之案，又不服高等审判厅判断者，亦准上控至院为终审，即由院审结。”[①] 二是规定了四级审判机构内部机构和级别管辖，以及各级审判机关将案件报司法行政机关覆核及备案的程序。三是将筹建京师各级审判厅纳入大理院职责范围之内。

在大理院奏定《大理院审判编制法》不久，法部亦于同年十二月二十八日奏准了法部官制。[②] 在奏折中，法部认为作为“司法衙门”，其职权并非“管理刑名，稽核案件”，而是“综理各部省之法制”，监督大审院、控诉院、地方裁判所和区裁判所。就具体权限而言，“司法官吏之进退，刑杀判决之执行，厅局辖地之区分，司直警察之调度，皆系法部专政之事”。另外，对于“各直省刑事案件”，法部则有复核权。在该折中，法部还沿袭以前刑部审定律例的做法，要求各部院衙门将现行则例全咨法部，由其汇订，“以归统一”。[③]

① 《大清法规大全·法律部》卷四《司法权限》，宣统元年（己酉年，1909年）石印本，中国政法大学图书馆藏。

② 《法部奏核议法部官制并陈明办法折》，《大清法规大全·吏政部》卷二六《内官制二》，宣统元年（己酉年，1909年）石印本，中国政法大学图书馆藏。

③ 参见《法部奏核议法部官制并陈明办法折》，《大清法规大全·吏政部》卷二六《内官制二》，宣统元年（己酉年，1909年）石印本，中国政法大学图书馆藏。

所以，《大理院审判编制法》与《法部官制》在大理院与法部的权限规定上存在交叉，又缺乏统一的立法机关加以协调，成为以后部、院在审判方面各执一词的依据，审判权在逐步走向独立的过程中，始终受到行政权的牵制。

其次，部、院对检察权也进行争夺。光绪三十二年十月二十七日，《大理院审判编制法》规定，大理院以下审判厅局均须设有检察官，于刑事有提起之责，可请求用正当之法律，监视判决后正常施行等。该法第 22 条规定：大理院的审判责任除终审案件、官犯、国事犯、会同宗人府审判重罪案件外，还包括各直省之京控及京师高等审判厅不服之上控。但大理院独自占有审、检两权，自然引起法部的不满，认为这样势必造成大理院的专断擅权。光绪三十三年（1907）四月初三日，法部上奏《法部奏酌拟司法权限折（并清单）》，其中以检察权为核心问题。清单第九条规定：大理院官制，因总检察厅隶于法部，及请简请补员缺，皆须会商，即应会同法部具奏，其推承及总检察由法部会商大理院请简，推事及检察官由法部会同大理院奏补。第十条规定：各级审判厅官制、员缺及分辖区域、设立处所，由法部主稿，会同大理院具奏。第十一条规定：法部监督各级审判厅、检察厅，由法部议定处分。第十二条规定：死刑由法部宣告行令，该管检察官监视行刑，其监察厅未成立以前，暂由法部派员会同原审官监视行刑。①

针对法部的做法与提法，大理院也于四月二十日提出相应的厘定权限清单之专折。它认为法部清单第九条要求，与法部会商奏补推承、检察各官，与原旨要求各部院"贵司各缺仍着各该堂官自行核议，会同军机大臣奏明办理"之规定不符，应遵原旨办。② 对于上述争执，光绪三十三年四月二十日钦批，"着与法部会同妥议，和衷商办，不准各执意见"。根据这一朱批，法部与大理院再行会商，并于四月二十日共同提出"遵旨和衷妥议部院权限折"，把第九条改为"大理院官制，拟会同法部具奏后，所有附设之总检察、厅承及检察官，由法部会同大理院分别开单请简请补。其刑科、民科推承应由部院会同妥商，将大理院审判得力人员，开列清单，由部院请简"。这样，部院关于检察权的争夺问题暂告一段落。

由上可知，部院之间的争执，实则也暴露出预备立宪的各种矛盾和问题，就是在争执中，才能探求治病求药的"良方"，这实则有利于推动预备立宪向深入发展。只有

① 详情可参看载泽等《出使各国大臣奏请宣布立宪折》、《出使各国考察政治大臣戴鸿慈等奏请改定全国官制以为立宪预备折》、《军机大臣奕劻等复奏核议法部官制并陈明办法大要折》和《法部奏核拟法部官制并陈明办法折》所附清单等材料，参见故宫博物院明清档案部《清末筹备立宪档案史料》，中华书局，1979，第 367、491 页；《大清法规大全·吏政部》等。

② 《军机处、法部、大理院会奏核议大理院官制折》，转引自闵钐《中国检察史资料选编》，中国检察出版社，2008，第 27 页；《法官须知》，上海政学社，民国元年（1912）印行，国家图书馆藏。

进行思想交锋和争鸣，才能在各种策略中对“立宪”制度这种外来新事物，进行本土化改造。

另外，部、院对覆核、监督权也进行了激烈争夺。而最能体现沈家本对推动司法独立尤其是审、检分离影响的是部、院关于用人权的争夺。法部认为，大理院开缺冗员、奏留干才、调取外部人员尚属它职权范围内的事，但接下来它对审判官与检察官的任命，则是侵犯了法部的权力。法部的依据有两个：第一，按照日本的做法，法官（包括审判官与检察官）的人事权掌握在司法省手中；第二，早先拟定的大理院官制草案对法官的任命也是这样规定的：“刑科、民科推承、总司直俱由法部尚书会商大理卿开单请简；推官及司直，一、二、三等书记官由法部尚书会同大理卿奏补，录事由大理卿委用。”① 法部认为大理院的审判长、审判员和三等书记官及总检察厅的检察长、检察官均由部、院会商人选，但以法部的意见为准，大理院只对录事有全权任命权。光绪三十二年十二月十八日，法部就曾提出：“凡司法官吏之进退，刑杀判决之执行，厅局辖地之区分，司直警察之调度，皆系法部专政之事，应由臣衙门随时奏明办理。”②

对此，沈家本于光绪三十三年四月九日针锋相对地指出，用人权固然是法部行政权的内容之一，但审判机关并非与任用审判官之事毫无关系，也应有参与决定之权。“试验之法虽由司法省主持，而大审院及控诉院判事实兼充试验委员，非谓裁判人员遂不预闻用人之事也。”审判人员的选用，专业性很强，“刑名判决关系至重，若不亲加试验，难期得力，设有贻误，咎将谁归?”从长远来看，由法部行使用人权，则“应俟各学堂法律人才造就卓有成效，各省审判官俱由法部任用之后，臣院用人之事亦同归法部”，而现在则“尚非其时”。所以，沈家本所陈述不无道理，对于审判人员这种专业性极强的人才，不加考核很难实现司法公正，而要实现司法逐渐独立，没有专业人才也是空谈。

沈家本还认为，大理院从各部院调用人员是以中央改革官制谕旨为根据的。当时谕旨规定：“原拟各部院等衙门职掌事宜及员司名缺，仍着各堂官自行核议，悉心妥筹，会同军机大臣奏明办理。”③ 沈家本的逻辑是立宪改革之初，由大理院任命审判官的办法是合适的，“以一事权而免贻误”。加之总检察厅职司调查罪证、搜索证据和监督裁判等行政事务，职责与审判相关，而且附设于大理院内，因此，在大理院官制草案中列

① 《大理院官制》，宪政编查馆辑《厘订官制参考折件汇存》，宣统二年（1910）铅印本。

② 参见《军机大臣奕劻等覆奏核议法部官制并陈明办法大要折》，故宫博物院明清档案部《清末筹备立宪档案史料》，中华书局，1979，第 491 页。

③ 故宫博物院明清档案部：《清末筹备立宪档案史料》，中华书局，1979，第 472 页。

入了检察各官。他们的任用，应在大理院官制奏定后，由大理院会同法部请简奏补。

固然，部院之争使行政干预司法的阴影始终贯穿于审判逐渐走向独立和审、检逐渐分离的过程，但起码在形式上让清政府采纳了司法独立的机构设置，最后以大理院正卿沈家本与法部右侍郎张仁黼对调任职的办法，让争执暂告一段落。但部、院由此达成了一个妥协方案：大理院官制拟会同法部具奏后，所有附设之总检察厅丞及检察官由法部会同大理院公同妥商，其刑科民科推丞应由部、院会同妥商，将大理院审判得力人员开列清单，由部会院请简，推事以下各官即由院会部奏补，以收得人之效。[①] 通过部院之争，也可窥探出清末预备立宪在曲折中有反复和妥协的因素，而以沈家本为代表的有志之士力图改变旧制度的努力还是值得肯定的。

三　沈家本在预备立宪中的角色定位及评价

在“救国图存”和中西法文化冲突的大背景下，作为法文化载体的阶级或阶层乃至个人，无一能置身于这种气候环境之外而不受影响。但是，由文化载体中单个分子间的素质差异性决定，介入近代中西法文化冲突的每一个人并不是都必然对此做出一致或同样的反应。沈家本兼学中西的优良素质和担任修订法律大臣的机遇，使他在近代中西法文化冲突中发挥着促进历史进步的作用。

沈家本作为法制近代化变革的急先锋，是时代赋予他的使命，本文仅以他关于平“满汉畛域”思想和在部院之争中的思想为例，从侧面窥探预备立宪过程中的种种矛盾纠葛与问题，也对沈家本在立宪中的作用进行评价。清廷宣布预备立宪，标志着官方主动要从制度上改变“祖宗之法”，全面学习西方，进行系统、深入的变革。而法制变革的最大阻力来自利益相关者对自身利益的维护，如何协调与平衡法制变革相关者之间的利益关系是决定法制变革成败的关键，清末官制改革尤其体现出这一点。

预备立宪是“内忧外患”之下的被动之举，不仅缺乏立宪改革的条件，而且这种被动改革缺乏持续的动力。而官制改革是一次权力的再分配，涉及各方利益的争斗和较量。而沈家本主张要进行真“立宪”，必先实现民族平等，因此，他关于化除“满汉畛域”的主张，是立宪进行的前提和基础，更是用行动呼应和支持了出洋考察大臣的建议和主张，也是促进群臣法律观念转变的“利药”，有利于减少立宪改革的阻力，也是他种族平等法律观的体现。

部院之争中的沈家本，提出了不少合理的改革方案和改革思路，力主审、检分立，这显然有助于司法独立的实现，极大地冲击了传统中国司法、行政不分的状况，有利

① 《大清法规大全·法律部》卷四《司法权限》。

于法律近代化的实现。而争论的过程，更是带来这样一个经验教训：法制变革的顶层设计者必须警惕利益相关者之间的利益纷争对法制变革的阻力，设计者对自身利益与改革目标两者之间得失权衡所表现出的态度是至关重要的。通过部院之争，检察制度在清末顺利创立，以沈家本为代表的各方在争论时，都是就事论事，并不涉及权力争夺的重心，也不触及传统的伦常纲教，同时还有利于君主利用司法权的分散来操控司法，从而使预备立宪产生了影响深远的成果，其中之一就是审、检分立，使司法逐渐走向独立。

总之，沈家本在清末立宪中扮演了重要的角色，他在官制改革中的表现，并不能否认他的法律思想与其行动效用之间有一定的联系，从而在某种程度上实现了以一己之力推动立宪改革取得一些成果并对后世产生深远影响。当然，他也不能挣脱时代的束缚，不能避免时代的悲剧，也不是所有的人包括清廷最高统治者都能接受他的主张和建议。比如，在部院之争过程中，法部尚书戴鸿慈就给置身事外的梁启超写信抱怨，说他“以阴柔手段，攘窃法权”,[①] 使梁启超也认为此次争端“曲在大理院”[②]。

对沈家本在预备立宪过程中作用的分析给我们的启示是：不可寄希望于以一己之力或通过某个方面的革新，去撼动整个传承数千年的文化机制。尤其是在中国封建社会步入晚期，为维护皇权旁落，自明朝废除丞相、权分六部之后，专制主义集权更加集中的情况下。但这种积极进取、勇于向旧文化挑战、努力学习新生事物的胆识和魄力，担当作为、不怕挫折的勇气仍值得今人学习。对于沈家本，近代法学家杨鸿烈先生的评价颇为中肯：“沈氏是深入了解中华法系且明白欧美日本法律的一个近代大法家。中国法系全在他手里承前启后，并且又是媒介东西方几大法系成为眷属的一个冰人。”[③]

① 丁文江、赵本田编《梁启超年谱长编》，上海人民出版社，1983，第 379 页。

② 丁文江、赵本田编《梁启超年谱长编》，上海人民出版社，1983，第 381 页。

③ 杨鸿烈：《中国法律发达史》（下），商务印书馆，1930，第 872 页。

史　料

民国荣县临时参议会会议记录选校*

杨　晖**

（荣县临时参议会第一届驻会委员会）第一次会议记录

时间：卅一年九月四日上午十时

地点：本会

出席委员：议长吴晦西　委员吴伯修、梁纯嘏

出席行政长官：黄县长（黄秘书秉盈代）　财政科陈科长

列席秘书：刘光裕

缺席委员：辜北沅（因公）　尹亮易（请假）

主席：吴议长

记录：刘永昭

主席恭读：国父遗嘱——全体肃立

甲、报告事项

一、县长报告（秘书黄秉盈代表）：

1. 乡镇保干部及国民教师两讲习会已结束。

2. 已收到参议会函送各案，本日已分发有关科室，办理情形俟下次报告。

3. 辜副议长赴省报灾，结果省府已将本县列为重灾区域，尅日派员复查。

4. 省府对参议会地址昨电饬，不必令民教馆迁让，已回电觅定唐池作该馆馆址矣。

5. 小学教师□□讲习结束，业已分发完竣，民教师已分别核委保校校长或教员。

6. 县农会已于八月卅一日改组，原有干事一律□□改为理事，设理事长一人，并设监事会，其他人民团体不日继续改组。

二、财政科陈科长磊夫报告：

1. 参议会函送各案本科尚未收到。

* 会议记录选校内容均出自全宗号 002，目录号 01，案卷号 009。

** 杨晖，四川大学法学院博士研究生。

2. 本年公学租谷调查工作，现正令由各乡会同本科派员进行中。

乙、讨论事项

一、本会开办费及第一次大会经费不敷数应如何弥补案。

决议：1. 大会不敷经费由会函县府设法弥补；

2. 开办费不敷数由会造具预算，函县府拨付。

二、印制第一次大会记录案。

决议：印制二百，份约需洋十元，计约需二千元，并入大会经费不敷数内，函县府拨付。

三、尹议员亮易函请辞去驻会委员案。

决议：由议长函复挽留。

四、驻会委员会议日期案。

决议：每周星期五日上午十时举行。

五、开办报纸案。

决议：1. 报名定为荣县周报。

2. 本年经费由会函请县府筹备。

丙、散会

荣县临时参议会（第一届）驻会委员会第二次会议记录

时间：中华民国三十一年九月十一日午前十时

地点：本会

出席委员：议长吴晦西　委员吴伯修、梁纯椵

出席行政长官：田赋管理处王处长明治　民政科郭科长敦

缺席委员：辜北沅（因公）　尹亮易（请假）

列席秘书：刘光裕

主席：吴议长

记录：辜其本

主席恭读：国父遗嘱——全体肃立

甲、报告事项

一、秘书宣读上次会议记录。

二、民政科郭科长报告：

1. 乡镇保干部讲习会一年分四次办理，第一期仅调训一七二人，正副乡镇长四六

人，副乡镇长三九人，中心校职员八七人，现为征实问题暂行停办，拟于年终一月再行继续办理。

2. 本年度春季行政会议议决之，县累清理委员会前据该会呈请，将全部工作移交县临时参议会，奉九月八日专署令，将县累清理委员会解散，宣读原令。

3. 本年度筹集乡镇仓谷已照大会决议案五成通令办理。

三、田赋管理处王副处长报告：

1. 本年度设征购办事处十七所，于乡镇适中点利用民仓，而仓厫分设各乡，不求多，以容量多为原则，本处已垫支三万余元修整，于各乡镇选用民仓再度集中时即直接运交，远近与便利可望不感困难矣。

2. 各乡镇办事处每处配合经收员、经征员同时收谷进仓及取粮票，并规定填写入仓表。

3. 多设必要人员，裁去不必要人员，但额外人员开支如报不准，可否由仓余项下拨作弥补本处超支。

4. 代购与征实，本处未奉到指令，本处拟于十月一日开征。

乙、讨论事项

一、县累清理委员会所有工作交由本会办理案。

议决：上级政府既认为该会之设立不合规定，明令解散，本会不应接收，惟有关事件本会职权范围内者，由本会办理。

二、粮监会尚未移交本会案。

议决：面议郭科长，报告县长，敕令监察会定期移交本会。

三、征实监察委员会（网之速立）在粮监会未移交前可否讨论案。

议决：1. 应由县府函知粮监会迅速移交，在该会未移交前，监察网之建立暂不讨论。

丙、散会

（荣县临时参议会第一届驻会委员会）第三次会议记录

时间：三十一年九月二十五日上午十时

地点：本会

出席委员：吴晦西　辜北沅　梁纯嘏　吴伯修

出席行政长官：财政科长

缺席委员：尹亮易

列席秘书：刘光裕

主席：吴议长

记录：刘永昭

主席恭读：国父遗嘱——全体肃立

甲、报告事项

一、秘书宣读上次会议记录。

二、财政科长报告施政情形：

1. 三十年度人民应购未购谷一千六百余市石，经县府报请购买，以所得利润作地方公益，经奉指示三十年九月至十二月八百余市石准购，县府已再呈请，准全部购买矣，请贵会主张。

2. 节约储金本县派额二百二十余万元，摊由每保担负四千元，直缴邮局，又契纸每百元强迫储款五元在内，年底可望完成。

乙、询问事项

三、驻会参议员询问公耕情形，财政科长答复：已通令，办理公耕以不损人民权利而准。

四、驻会参议员补充公耕造产滋扰实例，请政府注意，财政科长答复：早有令告，凡无收据派收款项，准人民控告，依法判处。

五、驻会参议员提询推销手车估派问题，请政府切实制止，财政科长答复：即拟布告，公耕造产及手车与乎其他非法派款一律禁止，并准人民控告。

丙、讨论提案

六、主席提议：为省颁发征购实物监察办法、田管处转录省颁监察执行办法，请讨论建立监察网案。

决议：由秘书室先参照去年监察干事名册拟具名单，交会议表决，并造具开支经费预算书，计干事津贴每名月支百元，以三月为率，参议员执行监察职务出勤旅费、食宿费，照公务员出差旅费标准日支二十元，舟车费实支实报，又每征购办事处常驻参议员月支办公费五十元。

七、主席提议：为慎重监察职务，可否召开临时大会案。

决议：召集临时驻会委员会，邀请城区各参议员及县府有关行政首长、田管处长列席。

八、主席提议：为据过水乡公民陈洁波建议防止经手征购保管人员作弊推诿，请饬乡镇保甲会同启闭仓封，预定仓余分配办法一案，请公决案。

决：函田管处参酌办理。

九：主席提议：荣县周报人事经费决定案。

决议：由党政参会衔函聘吴伯让为该报社长，经费照原预算通过，并函县府筹拨。

十、刘参议员素威补提：为请免林山配粮以保森林案。

决议：函请县府处理。

十一、复兴乡住民等请愿，为反对划归井研案。

决议：函县府转请省府察核处理。

十二、尹参议员再度辞去驻会委员案。

决议：既经固辞，应即照准，并以候补人刘殿勘补充。

丁、散会

荣县临时参议会（第一届）驻会委员会第四次会议记录

时间：十月九日上午十时

地点：本会

出席委员：辜北沅　梁纯椴　吴伯修　刘殿勘

缺席委员：吴晦西

列席秘书：刘光裕

主席：辜北沅

记录：刘永昭

主席恭读：国父遗嘱——全体肃立

甲、报告事项

一、教育科长李伯尊报告：

1. 各中心学校保校校长、教员业已分别委定，本期计有中心学校五十六所，保校三百八十余所，保校增加百余所，而全县教育人员则较上期减少百余人。

2. 县运动会刻正加紧筹备中，公共体育场扩人工程已完竣，运动会拟自十一月十一日起，至十五日止。

3. 充实各中心学校、保校设备，照上峰规定，应由各地自筹款项，县府补助，均在计划中。

二、主席报告：

1. 准寒衣献金委员会函请献金本会，职员已由秘书室通报各自呈献，兹请各驻会委员届时前往呈献。

2. 县府函请本会参加各乡镇长在附东乡乡公所举行之征购工作检查会议，请各驻会委员自由参加。

三、秘书报告

1. 接收粮食监察委员情形：该会应移交款项除现存银行二万余元外，尚有六万余元在粮商手里，故尚未接收完竣。

2. 县府执行本会第一次大会决议案情形。

乙、询问事项

一、驻会参议员吴伯修询问：

1. 闻教科书比书店卖价每部高一元余，应请注意，免增学生负担，影响教育。

2. 教师数目减少，甚符紧缩原则，应请教育科切实查核各校学生人数，以定教师核加核减标准。

李科长答复：

1. 教科书系由县长在省定购，书店放价系竞争作用。

二、驻会参议员梁纯嘏询问：小学教师补助费米津是否仍由各地自筹?

李科长答复：

个人曾签呈县长请示，奉面谕仍照上期办理，一面正呈请省府核示中。

三、驻会参议员刘殿勘询问：教科书多领数应退还县府，以免赔累。

李科长答复：因逾期已久，不允照退。

四、驻会参议员吴伯脩询问：1. 小学征收茶水、体育、卫生等费应加限制。

李科长答复：本科已将征费列入考核之一，并拟通令报销。

2. 请李科长转达县长，□速执行本会澈底清理县财政案，组设临时清理地方财政委员会。

丙、讨论事项

一、主席提议：粮监会未移交部分请讨论案。

决议：由本会函催讫，速收齐移交。

二、驻会委员刘殿勘提议：县府执行公耕决议案复函内所称“公耕程序”未见布告周知，可否函询案。

决议：函请县府，将呈准公耕办法详细函复，并布告周知。

三、主席提议：准县府公函为本会协办购财务案请商讨办法。

决议：1. 分函各参议员查照；

2. 函县府，请比照征收处配设兑换处，以期便民，并由辜副议长与县府洽商。

四、驻会参议员吴伯脩提议：请议长函知丁参议员绍固，对于参议员不能兼任公职，明令明白表示态度。

决议：通过。

丁、散会

荣县临时参议会（第一届）驻会委员会第五次会议记录

时间：三十一年十月二十三日上午十时

地点：本会

出席委员：辜北沅　梁纯嘏　刘殿勘　吴伯脩

出席行政长官：建设科刘科长引菴　经收处主任赵叔尧

缺席委员：吴晦西

列席秘书：刘光裕

主席：辜北沅

记录：刘永昭

主席恭读：国父遗嘱——全体肃立

甲、报告事项

一、建设科长施政报告：

1. 建仓工程情形：粮食部饬修五万市石仓廒由科承办，九月九日始奉县长面谕及修仓会议决议开始勘测，计划凡四处，计中城镇、长山乡、双石乡、程佳乡等，原限九月底完成，因拨款稍迟及审核复勘等手续周折，未及如限，至建筑费预算约十万元亦在报审中。

2. 办理水利工程：现第二期已开始，其前段已在种小春前办理，后段须俟冬季续办，原定每保凿塘二口，因前段时间短促，未及完成，应俟后段结束，至经费百二十万元须俟计划书呈核后始能拨足。

3. 疏散电话总机：省拨一万五千元，实际需十万余元，不敷之款曾开会议决，能自行负担之乡镇应自行安设，其原由县府统办之机关，由县府统造预算，各机关自造分预算汇报。

4. 划一度量衡器：本县衡量业已划一，惟量器尚未普遍推行，因决于本年底全县一律改用市制，已在制造检定中，并通令各乡，限在十日内备价领用。

三、主席提议：县府函知，省府派张视察员大明来县察勘插花飞地请讨论案（由刘秘书宣读原函）。

决议：由本会书面及口头向张视察员陈明下列两项理由：1. 此次划界办法超出整

理插花飞地原则，而系划拨整个地段；2. 当地人民根据历史、地理、交通、人事各种关系，不愿横被划拨，并非少数土劣把持可比。

四、主席提议：如何催促接受粮监会案。

决议：由会去函催促，限一周内交代清楚，并派吴参议员伯修接收。

丁、散会

荣县临时参议会（第一届）驻会委员会第六次会议记录

时间：中华民国三十一年十一月六日上午前十时

地点：本会

出席委员：辜北沅　梁纯椵　刘殿勘

出席行政长官：县长黄希濂　军事科胡科长宗缄

缺席委员：吴晦西　吴伯脩

列席秘书：刘光裕

主席：辜北沅

记录：刘永昭

主席恭读：国父遗嘱——全体肃立

报告事项

甲、县府报告

一、县长黄希濂报告：

本县参议会在本省各县参议会中比较正常，工作亦极充实，政府特别敬重。

党政民三机关为国家一体三面，政府方对未办或办理迟缓事件，希望贵会随时提出，本人在法令范围内决当尊重执行，政府方面以应办工作至繁而力量复极其有限，所举办者多属其大者、要者，因此，贵会首次大会决议案件多有无具体办法执行者，但本人执行绝对有诚意，希望贵会多所指导协助。

县府目前最紧要工作为本年度征实，幸赖贵会及县党部各方之协助，截至十月底，扫解者已有来牟乡、同心乡，征收八成者有程佳等多乡，本人非常感激。购粮财务，本年奉令兼办，至为烦难，亦盼随时协助，并检举各兑换处弊端，俾臻至善。

至于役政，本县为本省成绩优良县份，荣县威师管区为全川师区第一，本县实属构成之重要因素。

本县教育在数字上虽有进展，而设备之欠讫充实，教师生活之不安定实属缺陷，威远各乡对小学教师月各筹补助费二十元外，食米则筹足四市斗，其他各邻近县份对此亦极重视，本人前倡导之脩脯运动，不意竟有人迭向上峰控告，望贵会尽力协助，展开脩脯运动工作，以安定本县小学教师生活，共谋地方教育之跃进。

本年度运动会已决于十一月十二日开幕，这是为了倡导增进国民体格锻炼之惟一办法。

本县凿塘工作已完成一千七百零二口，冬季预计可凿一千口，至明年底可望达到六千乃至八千口。

已成乡道现正修筑桥梁涵洞，使三十七条干线能于本年底通车。

二、军事科胡科长宗缄报告：

1. 征兵：目前征兵已交输送团一团，交三四补训处之兵明日可望达到六连。本科现正奉令办理免缓役之审核，制发缓役证，每证征工本费五元。

2. 优待：遵照省府五三四次省务会议，改发代金，每人每年发代金四百元，分两期发放，本年优待谷尚未收入，县长为顾全征属，仍令各乡速发第一期代金，至第二期，决于农历年底发放。

3. 治安：本年治安较邻县为好，冬防期间迫近，已通令各乡组巡查队，以资防范，县长曾设法购得重机枪四挺，子弹多粒，不久可望运到。

4. 营房建修：前经提议请贵会首次大会议决，惟以顾恤民力，暂以城隍庙新兵招待所代替，用备过境军队驻扎。

乙、报本会报告

主席辜副议长北沅报告：

一、准县府经收处规定屠宰税冬季单价函。

二、准县府复函送公共造产办法函。

三、准县府奉转粮食部四川储运局仓库粮食加工暂行办法函。

四、准粮监会十月二十六日函请接收未移交部分情形：

1. 粮监会函请转函县府饬粮公会主席范北休缴纳所欠加工溢米价款已照转；

2. 粮监会移交县行余存加工溢米价款二万六千七百元四角，以该行并无息，已提存交友信；

3. 分函供应处林视察员及粮公会查询加工谷数。

五、首次大会历次驻委会议议决案执行情形。

丙、询问事项

一、刘驻会参议员殿勘询问公造产实施办法曾否公布。

县长黄希濂答复：业已通令各乡镇，并通令若不依照办理，强迫公耕，损害人民权利，准受害人民呈控本府，决予查办。

主席辜副议长提出：李堰乡农民黄四和呈控该乡保长刘伯常强迫公耕，纠众捆绑一案，由秘书刘光裕报告大概案情，请府县注意。

县长黄希濂答复：查实严办。

2. 梁驻会参议员纯蝦询问，乡镇自由筹款本会首次大会曾经决议严禁，乃各乡尚有自由筹款情事发生。

县长黄希濂答复：自由筹款上峰亦有明令禁止惟各乡因举办公益事业应以劝募方式行之，事前并呈报府县核准公告。

丁、讨论事项

一、准县府函送经收处所拟三十二年度特许费税率表请复议案。

决议：该处所拟税率尚属符合可行，应准照办。

二、准县府函据情转请酌议荣东中学呈请免予公布标额案。

决议：准予享受优先权，但仍应公布标额。

三、准县府函达遵令录案，请担负本年征实督导工作案。

决议：关于督导工作，本会前经临时驻会委员会议决，关于监察网之建立，参议员分赴各乡督导，均已办理，复请查案转报。

4. 准彭县参议会正副议长函，一致请求财务审核权交还人民，已分别函电县府、省参议会案。

决议：本会前已函县府转请并代电省参议会援助，应予追认。

5. 准省参议会函贡献改进县防护团意见案。

决议：县防护团组织系遵令办理，惟对于训练应切实注意。

6. 县长黄希濂提议：由县政府、参议会、县党部组设仓库、稻谷、军粮、公教谷加工场，以盈余依法处理充实地方公益事业费案。

决议：(1) 继续粮监会未完工作，推举吴驻会参议员伯修负三十年度粮谷加工专责；(2) 成立公营藟房，地点指定救济院，推刘秘书光裕起草暂行办法。

7. 检讨首次大会及历次驻委会议决议案执行情形案。

决议：澈底清理县财政案，由县府延聘公正士绅四人，本会推举三人，组织清理委员会，澈底清理有关机关未函复执行情形各案，由会列表函催执行速复。

8. 粮监会移交加工溢米价款二万六千七百元四角，存放子金如何处理案。

决议：补助本会办公费及员工津贴之用。

9. 县仓经费应如何核减案。

决议：照原案数核减一半。

戊、散会

荣县临时参议会（第一届）驻会委员会第七次会议记录

时间：十一月二十日上午十时

地点：本会

出席委员：辜北沅　梁纯暇　吴伯脩

出席行政长官：县长黄希濂　粮政科长黄子言

缺席委员：吴晦西　刘殿勘

列席秘书：刘光裕

主席：辜北沅

记录：刘永昭

主席恭读：国父遗嘱——全体肃立

甲、报告事项

梁政科长黄子言报告：

1. 三十年度粮谷再度集中旅费，俟仓余四百余石全数集中后，即可拨还。

2. 仓余用途尚未分拨。

3. 增设征收处，因限于预算，不能尽量办到，仍照上年办理。

4. 禁止杂粮煮酒，已严令申禁。

5. 三十一年征购实物，全县已达八成左右，最差为东佳、老龙、李堰、雷音、金华等乡，县长已手令饬催，务于初限完成，东南各乡较好，有达九成五以上者；本年再度集中原定开征后一月办理，本县已呈请缓办，尽三十二年一月完竣。

6. 贵会前向省方请赈，已奉电令，准扣拨二千石作赈，惟须俟征购工作结束时，始能照办。

乙、讨论事项

一、主席提议：准县府函转经收处，请核销二十九年学产田租蒂欠案。

决议：既据呈称欠租人均已逃避，自属无法追收，应准核销，以清悬案。

二、主席提议：准县府函请，核销县界清理委员会费用案。

决议：照原数全部核销。

三、主席提议：分派参议员二次出发督导征购工作案。

决议：由黄县长、王副处长、辜副议长共同商讨，定期出发，至旅食费及各监察干事津贴，函县府拨二万元支付。

四、主席提议：推定地方财政清理委员案。

决议：本县推举刘参议员殿勘、吴参议员伯脩、邓参议员纯儒代表出席，另由县府函聘詹特群、谷叔辛、宋如邵、黄宗义为委员，合组委员会，于十二月一日起在经收处成立，一个月完成清理工作。

五、驻委会开会时间可否改为午后案。

决议：改在午后三钟举行。

丙、散会

荣县临时参议会（第一届）驻会委员会第八次会议记录

时间：十二月五日下午三钟

地点：本会

出席委员：辜北沅　刘殿勘　梁纯蝦　吴伯脩

出席行政长官：粮政科长黄子言

缺席委员：吴晦西

列席秘书：刘光裕

主席：辜北沅

记录：刘永昭

主席恭读：国父遗嘱——全体肃立

甲、报告事项

粮政科长黄子言报告：

一、年度集中因开支须百余万元，且储运局规定办法极为繁杂，除由有关机关联席会商补充数点外，并由科向参议会报告。

二、起运日期定十二月十六日开始，规定折耗百分之二十，并在收储仓厫地点交谷，由当地监察干事监发，集中点则由参议员监收运费，并在六处集中点（除原有五处外，另添来牟乡一处）发放，仍由参议员监发，当场取据报销，其收据格式由田管处拟定，即就分交起运地点乡长领用，于起运时清查人数及谷量，填入表内，在集中地领现。

三、仓余问题，十二月九日田管处召各经收员开会，结算实收谷量时，请参议会派员出席，听取收储数字，以与监察干事所报数字对照。

四、联席会议议决各点：

1. 起运日期定十二月十六日；

2. 起运地为已收齐之乡；

3. 折耗由乡长负责呈报，三十华里以上者，照规定办理，三十华里以下者，因无明文规定，现正请示中；

4. 十二月九日举行收交两方量器检定，量器有差误者各量半数；

5. 收储仓厫应将谷样分封二瓶，一送集中地收谷人，一送田管处，以备核对；

6. 收谷随到随收，起运、集中两地均须由干事暨参议员监视。

乙、讨论事项

一、吴参议员伯脩提议：由会请托，或分派集中地公正士绅，或参议员各一人，就近负责监视收谷及发放运费案。

决议：通过，并由县府筹发津贴各三百元。

二、主席提议：参议员二次出发日期及干事津贴发放案。

决议：参议员于十二月十一日出发，其旅费及监察干事津贴，请县府于十日以前拨款二万元，以备分发。

三、主席提议：准县府函请推定县银行官股董事监察案。

决议：推举黄参议员宗义、吴参议员伯脩为官股董事，刘参议员殿勘为官股监察。

四、主席提议：准县府函请设法弥补不敷县级公粮案。

决议：原附件中所列数字多有疑误，应请县府逐项查复，并行审议。

五、吴参议员伯脩提议：驻委会开会时间可否改还上午案。

决议：仍在上午十钟举行。

丙、散会

荣县临时参议会（第一届）驻会委员会第九次会议记录

时间：三十一年十二月十八日上午十时

地点：本会

出席委员：辜北沅　刘殿勘　梁纯椴　吴伯脩

出席行政长官：社会科虞科长伯友

列席参议员；严章森

缺席委员：吴晦西

主席：辜副议长

记录：刘永昭

主席恭读：国父遗嘱——全体肃立

甲、报告事项

一、社会科科长虞伯友报告：

1. 人民团体总登记现已完竣，只煤矿工人未登记，计：（1）职业团体九十七个内，县商会所属二十八个，总工会所属二十八个，县农会所属四十一个；（2）自由职业团体二个内，中医公会一个，药技生研究会一个；（3）社会团体五个内，教育会一个，妇女会一个，初级中学自治会三个；（4）宗教团体二个内，佛教会一个，佛教居士林一个。

2. 各职业团体之组训，归本科负责，分五期办理。

3. 本科之职权，一为人民团体之组训，二为民众生活之整理。

4. 本科今后之计划，以组训为第一，先令各乡依所发表式填报查询各事项，并拟办展览会一次内，农业方面，以农作物及妇女手工品为主，决在明春举行，惟本科筹措经费颇感困难，工作进行亦必迟滞，请各位予以指导辅助。

二、吴委员伯脩报告：被派督导粮食加工经过情形：

1. 本人接办后收得移交外欠二万元；

2. 粮监会前于移交账内，已将全部奖金扣去，并另扣去旅费垫款八千余元，而未推藟之谷现尚有四万石，近固双乡粮谷品质稍差，分包人要求减免溢米，已由本人饬其继续推藟，一面具呈县府、参议会同核。

3. 溢米价款原由县银行代收，该行初不允给息，嗣经交涉，始允照认。

三、主席报告：准县府函送本县二十七年度地方总决算书案。

乙、讨论事项

一、吴委员伯修提议：粮监会预扣奖金、旅费不合之处，可否函请该会答复案。

决议：函粮监会答复预扣全部奖金及超支九千余元理由，并分函县府，叙明经过情形。

二、主席提议：请决定参议员二次出发督导日期案。

决议：定于十二月二十日以前出发。

三、主席提议：请决定再度集中视监交谷及发放运费人员案。

决议：城区　辜北沅　附南乡　刘永昭　程佳乡　黄宗义　双石乡　刘殿勘　度佳乡　晏敬之　长山乡　余超雄　来牟乡　黄明贵

四、主席提议：准县府函请审议经收处员司生活补助费拟在仓息项下动支案。

决议：函请县府，仍向省府呈请，照县级公务员发给，在未核准前，暂在仓息项下借垫，但仍须由经收处造具员司花名册来会审议，再定数目。

五、主席提议：准县府函转经收处，拟具变卖仓息请核议案。

决议：查附表所列各数均超出二千元以上，与本会第五次会议决议动支办法不合，以后仍应查照本会决议切实办理，至此表列各项，应即造具详细账目来会再行审议。

六、主席提议：准县府函复刘参议员素威前提请免林山配粮一案，奉省令不准，请查照一案。

决议：函原案提人查照。

丙、散会

荣县临时参议会（第一届）驻会委员会第十次会议记录

时间：十二月三十一日上午十一时

地点：本会

出席委员：辜北沅　吴伯脩　梁纯椵　刘殿勘

缺席委员：吴晦西

出席行政长官：县长黄希濂　会计室主任谢兆洪　救济院院长杨雪池

主席：辜副议长北沅

记录：刘永昭

主席恭读：国父遗嘱——全体肃立

甲、报告事项

一、县长黄希濂报告：

此次会议在年度终了、新年开始时举行，本人特来参加，固冬季本人在乡时间较多，未得常与各位接谈，过去各位对县爱护备至，本人非常感荷，今后更要求贵会与党部对县府工作及缺点切实予以协助匡正，凡有所见，望随时告知，即便条或电话通知均可，总以三方切取联络为妙。

至三十二年度工作附带报告如下：

1. 召集乡镇保长及校长，开类似行政会议之工作检讨会，讨论工作方法及经费筹措分配等事。

2. 分别视察工作推行前后情形，加以事实上之改善。

3. 县立中学充实问题；初中部明春搬回县城；购租张林两氏祠，改建高中部校舍，须费十万元，可建教室八间及礼堂一间（约八千元），装修费约六万元，图书费二万元，并拟提高教师待遇，因各已分别筹款提高小学教师待遇，威远参议会亦提议中学教师每人月加津贴三百元，本县教师颇有被其吸引之势，亟应设法挽救，以免师资外流，好在人数不多，容易筹措。

4. 警察待遇提高问题：警察为治安之基本力量，本日经检阅，结果长警颇有服务精神，装备方面亦尚整齐。现值年终，拟将该所前拿获之连枪子弹及私运现银提拨一部，变价作奖，以资鼓励。

5. 高中建修：本科拟采伐岳峰寺公产内树株拨用。

二、会计室主任谢兆洪报告：

1. 三十二年度县总预算已核下，并经召集有关机关首长开会决议数次，特提出报告：本室原报预算支出为千一百零三万元，经核减为八百五十九万二千元。相差二百四十余万元内，谷物减少一万六千余石，又谷价亦核减一部。至收入方面，公学产租息概算系照七成列报，经核为十足列收，拟仍照七成计算，又公粮溢价约差六十万元。以上两种差额，应设法弥补，经决议，以斗称牙行增额三十万元。三十一年，民食加工盈余十余万元（原作卫生院经费，现已正式核准应列收），又契税增收十万元，煤捐十万元，乐西公路垫款分期归还，及肉税、屠宰税百分之五。以上各项列收后，尚差五十万元。再由支出方面，撙节如下：（1）囚粮十二万元，拟拨公学谷，以每石百元作价；（2）救济院员生工役口食，仍拨公学产租谷；（3）寺庙衣单费，拟仍发实物。

2. 三十二年度公教食米情形：（1）乡镇公所员工待遇应酌减，拟暂缓发给生活补助费；（2）保长不发食米；（3）卫生院自成立之日起覆实开支；（4）全县公教员工应领食米者三千三百余人内，应领生活补助费六十元者，为县府、司法处、中学教职员，共百八十八余人，五十元者，为中心学校教职员，共五百五十九人；（5）应领家属平价米者，为上述百八十余人；（6）预备金三十二年只核准四十七万余元。

3. 兑换处截至本日，各处已兑换七成以上，惟东佳一处稍差，拟令乡公所饬由保甲催促进行。

三、救济院院长杨雪池报告：

本人得到通知出席，报告如下：（1）本人接办年余，曾出有两次书面报告，详列各项业务情形，可供参考；（2）本院待遇稍差，员工已有一部他去，留院者百五十人，经训练后，在院工作，现分四部，即纺织、装革、印刷、教养，并增派人员分赴各厂指导，本年度营业赢余约十六万元，惟员工生活每人每日只四元余，故督饬极感困难，又被服费每人每年仅三十六元，医药费每人每月仅二角，不敷尤巨，又棺木费因物价高涨，亦极困难，幸主管长官极力维护，得以支持；（3）本院营业部经稍加修整，观瞻较前为好；（4）今后望各先生多加指导维护，俾全院五百孤老残废受惠不小，回忆本人接收，郝前任移交时，只收得现金五元七角，现赢余十六万元，可由本人随时交出，差勘告慰，惟为明年事业活动计，应请以超额赢余留院，以资周转。

四、主席报告：

1. 准县府函嘱覆议本年度县仓经费案。

决议：本案经本会第一次大会决议，减半开支在卷，所请应毋庸议。

2. 准度佳乡集中粮谷监视员晏敬之函请辞职案。

决议：改聘周焕文充任。

乙、讨论事项

一、县长黄希濂临时提议：县立中学校址不敷应用，已购张氏祠及租林氏祠改建，拟拨建筑费四万元，并采伐岳峰寺树木五十株，请讨论案。

决议：在加工收益项下拨付，并列入预算，请省府追认，树株照数采伐。

二、救济院院长杨雪池临时提议：请补救本院困难业务案。

决议：1. 超额赢余暂不缴库，以便周转；

2. 各主顾不得赊欠，以维营业；

3. 过去旧欠，由院向经手人追收。

丙、散会

荣县临时参议会（第一届）驻会委员会第十一次会议记录

时间：三十二年一月十五日午前十一时

地点：本会

出席委员：辜北沅　梁纯嘏　刘殿勘　吴伯修

缺席委员：吴晦西

出席行政长官：财政科长陈磊夫　合作室主任郭槐檀

列席秘书：刘光裕

主席：辜副议长北沅

记录：刘永昭

主席恭读：国父遗嘱——全体肃立

甲、报告事项

一、主席报告：县银行送来书面报告一件（由秘书宣读），内列公股六万元、商股十四万元，于三十年一月筹备，七月奉准立案，八月一日开业，三十一年增公股四万元、商股二十六万元，连前共五十万元；职员方面，计董事十五人内，由县府指派四人，监事五人内，指派二人，常务董事五人，董事一人，驻行监事一人，经副理各一人，总务、业务、会计、出纳、县库、各股主任各一人；业务为存款、放款、贴现、汇兑、代办收交经募债款、仓库保管等业务概况，迄今收入定期存款数万元，活期存款数十万元，放款利率四分，三十年度每月放出四五十万元，三十一年增至百万元上下，通汇县份十三县，每月约兑二十万元，纯益三十年度六万余元，三十一年度六七万元。

二、吴参议员伯修报告：本会派往县银行董事交涉经过情形。

三、主席报告：1. 准县府函复执行本会第一次大会决议关于教育案件情形；

2. 本会邓参议员纯如查获荣边乡监察干事串同乡长、经收员挪用粮谷一案经过暨处理情形。

四、吴参议员伯修报告：调查望佳乡稽征员晏伯常擅取粮民丁世德等法币折抵粮谷作弊情形经过。

决议：函县府传询有关人员严加究办。

五、合作室主任郭槐檀报告业务情形：

1. 本县合作事业兴办以来，数年于兹组织单位社员股金、贷款等项均逐年增加，迄三十一年放出二百八十三万元，收回本息三百八十万元，社员约五万人，股金约十四万股、二十八万元外，社员储金五万元，计因放款而增加农民之利益年约一千六百万元。本年贷款数额更因过去信用，为全川之冠，经国府核准，特予提高为九百五十万元，明年拟七种合作社同时举办，需款三千万元。本年为健全组织及推进业务计，决于二月中举办讲习一次。

2. 今后计划拟加强组织，使农民每户必须加入，农会方有选举乡保代表之权，以符法令规定。在业务方面，拟提高农民对合作之兴趣及储押之实益。至困难情形，亦有数端，（1）旅费有限，工作困难；（2）指导单位过多，人力不敷；（3）职员握款等弊，虽曾查获撤办数起，仍恐层出不穷；（4）保甲尚未尽协助之力。

乙、讨论事项

一、主席提议：1. 准县府函复荣高中建筑校舍费用，前准本会函请在田赋溢额项下拨付一案，现查溢额无着案。

决议：县府既另筹款购佃张林两祠改建，兹复准函，复溢额无着原案应撤废。

2. 准县府函复前送县级公粮不敷情形，请审议一案，所列疑误各数字，系属笔误案。

决议：三十年冬季奉令垫发三千余石，无法归还之数，应准在每年县级公粮余谷内，迭年预备弥补。

3. 准县府函为据中城镇斗息包商呈为平价米冲淡米市数量，致税收减少，请减免欠缴税款五千四百余元等情形审议案。

决议：查该商所呈情形事属特殊，应准由主管机关酌予减收，以示体恤。

4. 准县府会计室补送三十二年县预算奉核后，差额甚巨，经召集有关机关特开会议，决议情形请审核案。

决议：除关于总预算支出方面第一案、乐西公路赈委会筹借用县仓谷石一案另案办理外，余照原案通过。

5. 本会第二次大会开会期间及召集事项应请县府决定案。

决议：函县府办理。

6. 下次驻委会应邀请出席报告单位案。

决议：警佐室、民生公厂。

二、陈科长磊夫临时提议：请开临时驻委会一次，审议城区市政经费案。

决议：定明日上午十时举行。

丙、散会

荣县临时参议会（第一届）第三次临时驻委会记录

时间：三十二年一月二十日上午十时

地点：本会

出席委员：辜北沅　梁纯嘏　刘殿勘　吴伯修

缺席委员：吴晦西

出席行政长官：兵役科科长胡忠缄

列席秘书：刘光裕

主席：辜北沅

记录：刘永昭

主席恭读：国父遗嘱——全体肃立

甲、报告事项

一、主席报告：本日会议系接准刘参议员殿勘提请召集并提出建议书，故特开临时驻委会（建议书由秘书宣读）。

二、刘参议员殿勘补充建议书所列各事实，并质问双石乡乡长所称兵役科长关于征兵办法谈话之根据。

三、胡科长答复：政府饬各乡征送壮丁规定限于漏抽及已送逃回两项壮丁，始准强迫征送，并规定越乡征送之壮丁，仍准该丁本乡之额，以杜流弊，惟乡保长违法征送势所难免，一经查确，定予撤办不贷。

乙、讨论事项

一、刘参议员殿勘建议：据望佳乡住民刘义顺报称，双石乡十三保保长赵福疆估拉越境壮丁，违反征兵法令，请讨论案。

决议：1. 由会函县府通令各乡，务须依法征送，不得越乡越保估拉壮丁，亦不得稳匿别乡别保壮丁；

2. 双石乡十三保保长赵福疆越乡估拉，违反法令，应由县查明撤职，以示儆戒。

二、刘参议员殿勘报告：乐德乡发放集中粮谷民伕口粮折价内扣押运人员费，每市石二元，全部共九千八百四十八元，应制止，以恤民困；又五宝乡每石扣一元，共一万余元，亦请并案讨论。

决议：函县府有无法令根据，迅速见复。

三、刘参议员殿勘报告：双石乡集中点量器不敷应，用民伕漏夜守候，尚难交□，请设法救济。

决议：函县仓库，迅速增加量器及斗手，逐日收清，以恤民困。

四、刘参议员殿勘报告：五宝乡粮民刘少清购粮收据遗失，请求补发无效，反被押遣，请救助案。

决议：函田管处及罗参议员查复办理。

丙、散会

荣县临时参议会（第一届）驻会委员会第十二次会议记录

时间：三十二年一月二十九日午前十时

地点：本会

出席者：辜北沅　刘殿勘　吴伯修

列席者：县政府马警佐能海　本会秘书刘光裕

主席：辜副议长北沅

记录：辜其本

主席恭读：国父遗嘱——全体肃立

甲、报告事项

马警佐能海施政报告：三十一年度共捕获窃贼二十八人，烟贩七十五人，拿获赌案二十一起，娼嫖十一起，共设街灯三十处，查封厕所二十一处，举行清洁检查一次，调解民事案七六六件。

乙、讨论事项

一、主席提出：吴议长病故，参议员遗缺，应依法以候补参议员杨德铭递补，函由县政府转请核办案。

决议：通过

二、吴驻会委员伯修、刘秘书光裕提议：吴议长因公病故，本会驻会委员以一月伙食费、秘书室职雇员以一月薪俸，赠作治丧费案。

决议：通过

三、吴参议员伯脩提议：吴议长因公病故，可否由会函请政府褒扬案。

决议：由会函请县政府，转请四川省政府，明令褒扬。

四、吴驻会委员伯修提议案：推派代表前往慰问吴议长家属案。

决议：公推刘参议员殿勘，代表本会前往慰问。

五、刘秘书光裕提议：编印吴议长荣哀录案。

决议：由会函请吴议长治丧委员会办理。

丙、散会

荣县临时参议会（第一届）驻委会第十三次记录

时间：二月二十六日上午十时

地点：本会

出席委员：辜北沅　梁纯嘏　刘殿勘　吴伯修

缺席委员：吴晦西

出席行政长官：财政科科长陈磊夫　国民兵团副团长彭树声

列席秘书：刘光裕

主席：辜北沅

记录：刘永昭

主席恭读：国父遗嘱——全体肃立

甲、报告事项

一、国民兵团副团长彭树声报告：本人由内江调荣，因前任尚未移交，故工作多未进展，目前奉办事项计有下列三种：

1. 国民兵身份证之发给，自二十九年开始办理身份证以来，邻县均已先后举办。本县因种种关系尚未进行，近县人出境多被拉扣，纷纷请求发给，自应速办理。惟前制六万份内，封面遗失者二万五千份，正副证遗失者六千份，共差三万一千份，补制经费颇感困难。日前召集会议决定，仍须补制，每份附加工本及保管箱费一元五角，前缴五角者再缴一元五角，未缴者共缴二元（部定工本费每正证二角、副证一角，金前副团长呈准加征二角，共为五角），应向贵会报告，并请代向人民解释。

2. 试办征训党证人员及士绅子弟，拟将上项人员中之适龄壮丁调入团训练，以作一般壮丁之倡导，计每三保一人，地点即在城隍庙。

3. 调集乡镇保队副受训一月，以防敌方降落部队，本系奉令办理三月，经会议决定暂办一月，如有伸长必要时再定，其费用由受训人自行负担。

二、主席报告：

1. 省田管处函请协助土地陈报工作案。

2. 准罗参议员函复调查唐述虞粮谷不入公仓案。

3. 准县府函复建修高中费用，指定三十年田赋溢额，查无溢额可拨，三十一年溢额因征购数额尚未□算，嘱查照案。

乙、讨论事项

一、主席提议：1. 唐述虞粮谷不入公仓应如何惩处案

决议：（1）查粮谷应颗粒入仓，以防挪用，早有章令规定，该唐述虞弟兄应纳粮谷二十余石未入公仓，虽经出据负责保管，仍属违犯法令，应函田管处予以惩处，以杜流弊；

（2）荣边乡征购舞弊案，由议长口头催促，如仍未办理，即去函索回全卷，另呈粮食部核办。

2. 准县府函经收处呈拟购回三十一年度人民应购未购粮谷案。

决议：应准援照上年成例办理，并由会迳呈省府请购。

3. 准县府函为奉令饬查三十年度粮食加工经过及承包赢余额定米量，是否呈准有案，嘱见复案。

决议：查明监委会案卷，据实函复。

4. 据文昌乡乡农会呈为旱荒特甚，转请救济案。

决议：呈请增加农贷及提拨去年本会请准之赈谷。

5. 准县府函请议复三十二年度县属各中心学校及国民学校地方补助米津案。

决议：本案暂行保留，交二次大会解决。

6. 准罗参议员函复调查刘少清案经过情形。

决议：函转田管处饬将搕索之款全数退还，并撤职究办。

二、陈科长磊夫临时提议：据荣县周报社拟呈开支预算案。

决议：原预算过多，应核减为每月四千元内，事业费、行政费各斗（又人事限设社长、编辑、外勤、发行、报丁各一人），按月向主管机关报销。

三、主席临时动议：

1. 据查三十年度公粮腐朽甚多，可否电请设法补救案。

决议：函县府转请从速处分，以免再行霉烂。

2. 现刻粮价高涨，民食维艰，可否请求增加民食供应处米额案。

决议：函民食第二供应处，请沿川滇西路本县境内各乡镇，增设特约米店，并增加发售米量。

3. 驻会委员缺额应由刘尚军迭补案。

决议：函请参议员通知到会出席。

丙、散会

荣县临时参议会（第一届）驻会委员会第十四次会议记录

时间：三月十二日上午十时

出席委员：辜北沅　梁纯嘏　刘殿勘　刘尚军　吴伯修

主席：梁北沅

记录：刘永昭

主席恭读：国父遗嘱——全体肃立

甲、报告事项

一、主席报告：

1. 准县府函为据警察所造呈街灯及清道夫经费预算，转请查照案。

2. 准县府函为奉转释解人民提交参议会请愿案各疑点，请查照案。

3. 准县府函为函知经收特产捐情形，并送记录，请查照协助案。

二、吴参议员伯修报告：前奉指定查明三十年度粮食加工承包额定米量，是否呈准有案一节，兹经查明，特报告经过情形案。

乙、讨论事项

一、主席提议：为据粮公会主席范兆休申请核议转请减成缴纳承包加工米量案。

决议：转函民食第二供应处查核办理。

二、主席提议：推定第二次大会驻会委员会监察征购及清理地方财政报告书负责人案。

决议：推定吴参议员伯修出席报告。

三、主席临时动议：上次驻委会决议由本人口头催促速办征购舞弊一案，迄仍未见答复，可否照原议去函索回全卷，迳报粮食部案。

决议：暂缓办理。

四、主席提议：为准田管处函转奉核定三十一年度田赋征实因灾扣赈办法一案，查与第十次驻委会决议不合，请讨论案。

决议：代电省田管处，请其变通办理，改作赈济佃农。

五、刘参议员殿勘临时提议：请电省田管处催换粮食库券案。

决议：照办。

六、吴参议员伯修临时提议：目前粮价继涨增高，原有特约米店发售米量，除桥工及建仓工人优先领购外，所余益少，请函供应处增加售量，以应需要案。

决议：照办。

七、刘参议员尚军临时提议：请准辞去驻会委员职务案。

决议：一致慰留，勉请担任。

丙、散会

荣县临时参议会（第二届）驻会委员会第一次会议记录

时间：三十二年四月九日上午十时

地点：本会会议室

出席：议长辜北沅　副议长梁纯椴　驻会委员刘殿勘、刘素威

请假委员：吴伯修

列席参议员：邓纯如　李忠恕　尹亮易　丁绍固　吴介持　丁硕章　刘鸿岷　张翰飞

出席行政人员：县长黄希濂　财政科长陈磊夫　教育科长李伯尊　经收处主任赵叔尧　第二组组长钟乃纯　中城镇经收员黄子章　县金库主任郭乾昭　会计室主任谢兆洪　经收处会计沈克明　组员伍正魁、易象丞　县金库会计主任夏渭泉

主席：辜议长

记录：刘永昭

秘书：刘光裕

主席恭读：国父遗嘱——全体肃立

甲、报告事项

主席报告：

1. 准田管处函为奉令三十年度因灾扣赈粮额，应于粮民左侧注明业主真实姓名，请讨论案。

决议：本会已向省府电请，改以农民为对象，将灾谷发作种籽之用，俟奉回电再行函复洽商办理。

2. 准县府函送经收处呈报三十一年公学产收益调查表（漏送公产收益调查表），请审议案。

决议：指定刘驻会委员殿勘、刘驻会委员素威负责审核后函议。

3. 据五宝等乡代购谷款经收员黄秉枢请愿为费用不敷，请比照数字酌予增加，以免垫累，请讨论案。

决议：函田管处核办。

4. 本会经费不敷，第二次大会记录印刷费无着，请公决案。

决议：大会超支经费在仓息项下拨付，记录□印三百份，需款若干，并案办理。

5. 各监察干事第三月份津贴应请县府速发过会，以便发给案。

决议：函请县府会同田管处迅速筹拨。

6. 中城镇屠宰税收入调查表所列数字，与缴款不符，请审议案。

决议：由会计室会同经收处查对。

张参议员翰飞临时提议：举办县立中学三十周年纪念案。

决议：拨仓息款五千元，补助发行纪念刊费用。

荣县临时参议会（第二届）临时驻委会第一次会议记录

时间：三十二年四月十四日上午九时

地点：本会会议室

出席：议长辜北沅　副议长梁纯嘏　驻会委员刘殿勘、吴伯修、刘素威

列席参议员：刘泓岷　吴介持　丁绍周　李忠恕　丁硕章　尹亮易

行政人员：黄县长兼田管处长希濂　副处长王明治　第一科科长周君为第四科科长夏正和　督导员蒋益

主席：辜议长北沅

记录：刘永昭

秘书：刘光裕

主席恭读：国父遗嘱——全体肃立

甲、报告事项

一、主席报告召集临时会议意义及邀请田管处行政长官出席意义。各乡镇粮民接到田管处土地陈报复查通知单后，发现错误之处极多，申请复查者特众。本会负有宣传、协助地籍整理之责，监察员赴乡工作亦发现疑点颇多，为减少粮政困难计，颇有本次会议之召集。

二、吴参议员介持、田管处聘任监察员代表本会，报告赴乡工作时发现之错误疑点：

1. 前土地陈报办事处印发之陈报单字迹模糊不辨，人民根本无由申请后查；

2. 测量员常识过差，不够清廉；

3. 大部分土地根本未经测量；

4. 土壤原规定九等，本县土地陈报办事处则仅列八等；

5. 东兴乡□□□业原载粮不及一钱，新则为一两余，增加至十倍以上；

6. 东兴乡全乡原有粮额三十余两，新则为一百余两；

7. 西北各乡多系荒山，误为□地，人民惶恐异常，愿将业权□出，以免重累；

8. 此次复查通知单末节回呈单有被裁去，代捺指模缴田管处者。

三、李参议员忠恕、田管处聘任检察员代表县党部，报告赴乡工作时发现之错误疑点：

1. 通知单与呈报单所列数字不全；

2. 由土等□估定不符，亩分估定不符，其原因由于办理陈报人员对于土壤面积之常识不足，又复草率塞责，故有此种错误，因而申请复查者极多，平均约每保五户以上，□□□感不能如限完成，纷请代求展限，又发现保甲预裁回呈单代盖□□等情事。

四、吴参议员伯修：办理土地陈报人员有以产量估计亩分者，有以招待之好坏而上下土质者，更有粮民不遵法令行贿，希图减少负担者。

五、尹参议员亮易：前土地陈报办事处办理呈报单印刷恶劣，粮民不易看出数字、项目，因为不能计算其亩分，且并未分户通知，今忽限于短期内复查完竣，自属万分困难，又西北区估计相差太远，为维持粮政推行及地方治安计，应请设法补救。

六、田管处第四科科长夏正和答复：

1. 亩分错误可申请更正，惟时间及人力不足，应请讨论。

2. 全县过去粮额约十一万余元，现为十三万余元。

3. 西北区以林地配粮问题为最大，土质次之，拟俟复查后专案汇列，并将林地另列，以资考查核实。

4. 坟地、宅地、池塘未配粮。

5. 各乡粮额亦有较原额减少者，如老龙、雷音、金花、董佳、正紫、新桥等乡，约减三千余元，中城镇约减二千元，共约五千余元。

乙、讨论事项

一、吴参议员介持提请田管处□□□尚有田管处声明过去办理土地陈报错误事实，请求展期一年实施，□□□□□□容复查，切实更正案。

决议：由本会分函县政府、县田管处、省参议会、省党部、省政府、省田管处、二区专署陈述请求理由，由会召集地方机关团体会议，从长商讨。

丙、散会

荣县临时参议会第二届驻委会第二次会议记录

时间：四月二十三日上午十时

地点：本会

出席者：辜议长北沅　梁副议长纯椵　吴委员伯修　刘委员殿勘　刘委员素威

行政长官：黄县长希濂（秘书黄秉盈代）

主席：辜议长北沅

记录：刘永昭

秘书：刘光裕

主席恭读：国父遗嘱——全体肃立

甲、报告事项

一、主席报告：

1. 召集各机关法团首长及绅耆会商补救土地陈报错误经过情形及省田管处复电。

2. 准县府函复改订纪念周办法及小学教师地方补助米津案。

3. 准县府函送严禁乡镇自由筹款全文布告案。

4. 准县府函为据手车厂呈报结束表册送请查照案。

5. 准县府函为奉转核示并转责会第一次大会关于粮政部份各案请查照案。

6. 准县农会函复转饬，遵照稻田栽种杂粮规定主佃收益成份情形案。

二、黄秘书代表黄县长报告近两周施政情形：

自扩大县政会议及贵会第二次大会开会后，关于各项决议，均按照决议执行。计民政方面，有乡镇民代表会之照规定成立及开会。财政方面，有同盟胜利之公债筹募，已有过半数直缴经办银行；又乡镇筹派款项办法规定周密，以后或无弊；又乡镇造产，已划归民政科主管。教育方面，督学前因办理童体音训练班及开校一切事宜未出发，现于召开视导会议后，已分区出发，并改为放射式区域之分划，并增加人员为五人。建设方面，遵照省主席所定八项大政中规定之土地增产，现正办理中；又省物产竞赛会，本县陈列各项标本，大会认为最合经济原则；又西南两大石桥将近完成，大堂亦正拆除改建中。社会方面，调训民众团体干部正筹办中。军事方面，荣宜交界前因有匪，经派队前往堵截，后已平靖，惟有一部分地方尚有小匪拦劫情事，县长对地方武力已有计划，拟请贵会会同请上峰准许修理废枪。其余粮政科及各室无可报告。

乙、讨论事项

一、主席提出：拟定教育基金监察委员会，监察规程请公决案。

决议：修正通过，利率由主席派员向银行交涉。

二、主席提出：组织县政视察组，请讨论案。

决议：1. 视察组改为考察组；

2. 第一组组长尹亮易，第二组组长黄宗义，第三组组长严章森，第四组组长邓纯如，第五组组长丁硕章。

三、主席提出：仓息划拨旧量一百石作地方必要开支，支配标准如何规定案。

决议：仍照第一届驻会委员会第□次会议议决案关于仓息支付办法办理。

四、刘参议员殿勘临时动议：请县府慎重处理兵役案件案。

决议：已由本会函请县府传案讯明办理。

五、刘参议员殿勘临时动议：请政府列举临时捐款种类，通令全县，俾乡镇保甲有所遵守，而荣誉征属得免勒索案。

决议：查荣誉征属皆系粮民，除不给物质优待外，应照荣誉优待法令减免，临时捐款，如小学米津、电杆费、牌坊费、建乡保办公处费，由送壮丁口食费集中，壮丁守望费、壮丁检阅费及一切中央政府通令饬办以外各费，皆应免除，以副家国优待荣誉征属之本旨，由本会函达县府，列举临时捐款种类，通令全县乡镇，并布告周知。

六、吴参议员伯修临时动议：购粮款及代购款息金应定期报销案。

决议：交下次驻委会，由县府、县田管处会同本会报销。

丙、散会

（荣县临时参议会第二届）驻委会第三次会议记录

时间：三十二年五月七日上午十时

地点：本会议场

出席：议长辜北沅　副议长梁纯椴　驻会委员刘鸿岷、刘殿勘、吴伯修

列席参议员：丁硕章　吴介持　尹亮易　丁绍固　李忠恕　罗粲然　邓纯如

出席行政长官：县长黄希濂（秘书黄秉盈代）　民政科科长郭敦　财政科科长陈磊夫　副处长黄明治

主席：辜北沅

秘书：刘光裕

记录：刘永昭

主席恭读：国父遗嘱——全体肃立

甲、报告事项

一、民政科科长郭敦报告施政情形：

1. 乡镇人事调整就绪。

2. 公耕造产近奉省令，由民科主办，并新定办法，分年进行，□公有田土为主。

3. 积谷现奉令改由粮政科办理。

刘殿勘议员询问：已否实行禁止公耕□□田土及成立乡镇民意机关。

郭科长敦答复：已分别通令禁止及催促成立。

二、主席报告：县府函复执行本会第二次大会决议各案情形（由秘书逐案宣读）。

1. 准县府函复本会：抄送邓参议员纯如提培养森林、调剂雨量办理情形。

2. 准县府函复本会：函请改善各保校薪津拨发办法案办理情形。

3. 准县府函复本会：抄送李参议员忠恕提公路两旁种桐案办理情形。

4. 准县府函复本会：函送吴参议员伯修提整理仓储案办理情形。

5. 准县府函复本会：保护公学产案执行情形。

6. 准县府函复本会：本会函请查覆友信银号在县设立分号是否呈准有案一案情形。

7. 准县府函复本会：函送刘参议员素威提再请减免林山配粮案办理情形。

8. 准田管处函复本会：函送刘参议员素威提再请减免林山配粮案办理情形。

9. 准县府函复本会：函送李参议员忠恕提保护人民团体财产案执行情形。

10. 准县府函复：推行各乡镇公教消费合作社案办理情形。

11. 准县府函复本会：函送李参议员忠恕提创办职业中学案办理情形。

12. 准县府函复：县立中学划分男女两校案办理情形。

13. 准县府函复：筹款培修佃户庄房案办理情形。

14. 准县府函复：稻田改种杂粮，主佃收益分配标准执行情形。

15. 准县府函复本会：抄送吴参议员介持提慎重修筑，节省劳费案办理情形。

16. 准县府函复：邓参议员纯如提拥护限价政策案办理情形。

17. 准县府函复：三十二年度各小学地方米津案办理情形。

18. 准县府函复：扩大县农林场案办理情形。

19. 准县府函复：农推所练习生的办费拨支案办理情形。

20. 准县府函复本会：函送丁参议员绍固提高营业税起征标准案办理情形。

21. 准县府函复：于水利贷款项下采购吸水机案办理情形。

22. 准县府函复本会：函送罗参议员粲然提迅速究成县以下民意机关案办理情形。

23. 准县府函复：充实小学图书仪器设备案执行情形。

24. 准县府函复：禁止公耕私人田土案办理情形。

25. 准县府函复：疏浚城郊河道案办理情形。

26. 准县府函复：筹补县级公粮案办理情形。

27. 准县府函复本会：函送罗参议员粲然提建修保办公处、保校，先由政府拟定计划案办理情形。

28. 准县府函复：增加掘塘筑堰民工待遇案办理情形。

29. 准县府函复本会：函送尹参议员亮易提改良监狱案办理情形。

30. 准县府函复：严参议员章森提乡村电话拆卸废料归各乡公用案办理情形。

吴参议员伯修询问：双石乡改装电话线仍渗用旧线，应请县府说明理由。

31. 准县府函复：再令民生工厂拟呈仿造高地灌溉机办法情形。

32. 准县府函复本会：函送李参议员树勋提荣双公路请仍沿天然路线案办理情形。

刘参议员殿勘临时询问：乡镇任期案执行情形。

郭科长答复：乡镇长人事除由县长出巡随时考核外，并由科根据各乡镇长呈报工作情形予以调整，计前后撤换十余人，以后仍继续严加考核。

乙、讨论事项

一、主席提议：请决定县政考察组出发日期案。

决议：俟第四次驻委会决定。

二、主席提准县府函请议复私立中学补助米津案请讨论案。

决议：函复仍照第二次大会决议案办理。

丙、散会

（荣县临时参议会第二届）驻委会第四次会议记录

时间：三十二年五月二十一日上午十时

地点：本会议场

出席者：议长辜北沅　副议长梁纯椒　驻会委员刘殿勘、吴伯修、刘素威

行政长官：财政科长陈磊夫

主席：辜议长

秘书：刘光裕

记录：柯定贵

主席恭读：国父遗嘱——全体肃立

甲、报告事项

一、主席报告：教育基金提高利率交涉情形。

决议：函县府请托友信银号代为放借。

二、财政科长陈磊夫报告施政情形：

1. 三十一年同盟胜利公债□□□省银行二百余万元。

2. 三十二年节约储蓄近奉令照上年增数加派一倍，本府已以刻正办理公债，又加旱灾欠收等词呈请暂缓，以纾民力。

3. 地方公款现因收不应支，□常支绌，昨经第四次县政会议议决暂缓，仓库黄谷九百市石以一百市石借华英中校，余数变卖后交县库支付地方经费。

4. 县□息谷之支付纯为地方公用，收支均属公开，从五月份复饬经收处照贵会决议办法，凡动支在二千元以下者，先支后报，其在二千元以上者，□□□□请审查后始行动支，但有事属急需者，（如□□□□□□□□□□□□□二千余元情事），应请略为变通，一面动支，一面函达。

5. 本府接收各方捐助款项，均作迭次修建补葺费用，如中正台、办公室、佛桥体育场等，支付情形刻正饬令城厢建修委员会分别报销中。一俟汇齐，即送贵会审查。

6. 贵会月来送交本府有关财政者计廿余案，均经即时执行，并函复在案，兹并附带报告。

吴参议员伯修作简要询问。

陈科长口头答复。

梁副议长作简要询问。

陈科长作口头答复。

三、秘书刘光裕宣读县府执行大会决议案复函：

1. 准县府函复两季稻谷种贷款购买情形。

2. 准复电□□□□□□□□□□□□□□查照管理条例办理一案。

3. 准贵会函嘱规定各该征费划一办法一案。

4. 准函厉行会计制度，恪遵交□条例经决议一案。

5. 准函嘱在仓息项下拨款，补助县立中学刊行三十周年纪念刊费用一案。

6. 为函复布告人民周知各种派款，保甲人员应与人民平均负担一案。

7. 为函复决议□属各□□指派人员兼办登记保管调查统计材料，以增加工作效率案。

8. 为函复自三月一日起所有各乡镇粮民尚未兑取购粮券币者，一律迳向县银行兑取，准于五月底截止，请予查照公告免逾限期由。

9. 为函复前准议决邓参议员提请整理征购实物一案。

10. 为准函达动支仓息办法一案，复函查照由。

11. 为准函决议续办第二期会计人员□习会一案。

12. 为复请查照实行邓参议员纯如提案情形。

13. 为函复三十一年度征购实物系省处核定征额，如何加征一成及有无超出，均无从核计，请烦查照并协助催收由。

复请呈省府核示。

14. 为准函壮丁集中检阅费应榜示报销，已饬各乡镇遵照办理后请查照由。

15. 为前准决议于水利贷款项下拨购吸水机一案。

乙、讨论事项

一、主席交议：前次驻委会决议考查组出发日期由此次会议决定，请讨论案。

决议：俟县府函复后由下次驻委会决定。

二、主席交议：什邡县临时参议会为请核议向政府请示减少补助边区粮谷，以免妨碍本县地方事业一案。

决议：函复什邡临参会函县府转请省府核示并代电省参会。

三、主席交议：为奉省令以各县市局临时参议会参议员须补行宣誓，并派当地县市局长莅场监誓一案。

决议：俟考查组工作完竣后办理。

四、主席交议：县府遵电函请派员分赴各乡劝售存粮，并查禁囤积粮食，以抑粮价案。

决议：分函参议员查照办理。

丙、散会

（荣县临时参议会第二届）驻委会第五次记录

时间：三十二年六月四日上午十钟

地点：本会议场

出席者：议长辜北沅　副议长梁纯瑕　驻会委员吴伯修、刘殿勘、刘素威

行政长官：教育科长李伯尊

主席：辜议长

秘书：刘光裕

记录：刘永昭

主席恭读：国父遗嘱——全体肃立

甲、报告事项

一、主席报告：

1. 准县府函复办理乡镇保长任期人事调整一案情形案。

决议：再函县府查核任期过久之乡镇长，如有倦勤情事，仍应酌予改任，并代电省参议会，请求提案转请政府通令办理，并函各县市临参会，请即一致主张。

2. 准县府函复准本会函送议复附城地方应凿防空洞一案，已分别令饬将城区不能疏散人口查报，并筹组委员会办理凿洞事务案。

3. 准县府函复本会吴参议员伯修询问双石乡改装电话参用电线一案情形案。

4. 准县府函复准本会函送吴参议员介持提防灾防疫一案办理情形案。

二、教育科李科长报告：

1. 本期各校放假日期拟规定于七月末旬举行，以办足二十一周为准。

2. 教师保障于考核时注意，以免□□排挤恐慌。

3. 薪津于放假前发清。

4. 王□学请假返里，由李可佛代理。

5. 师训班□□代金该发实物，经汪视察员来县提取，已由经收处垫付四十余石。

6. 拟于暑期举办教师讲习班，办法已呈请核示中。

吴参议员伯修询问：小学教师地方补助米津是否仍维持本会决议案。

李科长答复：决照贵会决议案办理，如有多筹，一律查禁。

三、刘秘书报告：准县府函复为本会据转杨佳乡、程佳镇等乡镇呈报灾况，已依照省颁报灾办法拟定表式，通令遵照一案，昨日会再函请催促政府并呈省府先行备查，一面由会分电省府、省参议会报灾。

乙、讨论事项

一、主席提议：为□为临参会函请一致主张清理契纸应分别规定，勒税、减税及免税一案情形讨论案。

决议：照来函主张办法函转政府察核办理。

二、主席提议：为准荣昌临参会函请一致主张减发购谷三成现金免摊公债□□□□一案请讨论案。

决议：照来函主张办法函转政府察核办理。

三、主席提议：为准荣昌临参会函请一直主张提高遗产税起征金额，以利贫民一案请讨论案。

决议：照来函主张办法函转政府察核办理。

四、主席提议：为准县政府函转准县党部函嘱于仓息项下□款三千元，办理党员总清查一案请讨论案。

决议：准予照从。

丙、散会

（荣县临时参议会第二届）驻委会第六次会议记录

时间：三十二年七月二十三日上午十时

地点：本会议场

出席者：议长辜北沅　副议长梁纯椵　驻会委员刘素威、吴伯修

行政长官：建设科长刘振镛

主席：辜议长

秘书：刘光裕

记录：刘永昭

主席恭读：国父遗嘱——全体肃立

甲、报告事项

一、刘科长振镛报告施政情形：关于建设工作□短期内所能完成，故报告只能就进行中之一段落报告之。

1. 东路电话线之架设，由城至双石乡□□线平行，双石乡起分由李子乡至龙潭乡，除新线二根外，仍袭用旧线一根。

2. 西路电话，因村科问题未改完竣，乃转而架设东路双龙线。

3. 电线不易购，县正派员赴省觅□□，铜线工人拟利用铜元□成铜线，并尝函请□政部采购，□限于票面数量，收购铜元、费铜□□□□□□□□□□分函外。（以下字迹漫漶，无法点校。）

（荣县临时参议会第二届）驻委会第七次会议记录

时间：三十二年八月六日上午十钟

地点：本会会议厅

出席者：辜议长北沅　梁副议长纯椵　党部邓秘书纯如代　驻会委员吴伯修

缺席委员：刘素威、刘殿勘

行政长官：军事科胡科长宗缄

主席：辜议长

秘书：刘光裕

记录：柯定贵

主席宣告开会，恭读国父遗嘱——全体肃立

甲、报告事项

一、胡科长施政报告：

1. 关于军事方面，调查与抽签已办理完竣，征集与拨补情形，业已拨去壮丁五百余人；优待方面，多数已发，但各乡镇纷纷请求增加，已转请核示去讫，奉上级命令筹集出征壮丁安家费，将组保管会办理之。

2. 治安方面，各乡镇均无问题，惟古佳乡稍有匪警，已由县府饬该乡妥慎防范矣。

3. 贵会议决有关军事各案业已函复，对于防空洞之开凿正筹划中。

二、主席报告：

1. 县府公函：为函复各乡镇发放壮丁优待金应详加考查案。

2. 县府公函：为函复边区乡镇调集壮丁常川驻所以维治安案。

3. 县府公函：为转请提高营业税起征标准一案。

4. 县府公函：为准函转报厉行会计制度，恪遵交代条例决议案奉准备查请查照函。

5. 县府田管处会衔公函：为前转贵会建议此复摊募公债即以积谷现金相抵一案，奉令暂无□□，应俟所□□办函请查照由。

6. 县府公函：为奉省电据贵会等电请本年缓用□□□征实一案。

7. 去年因灾□赈黄谷省府准以农民为对象，本会已函赈委会办理矣。

乙、讨论事项

主席提出：三次大会何时举行，请讨论案。

决议：暂定九月一日，仍由辜议长与黄县长会商决定。

丙、散会

《法律史评论》稿约

《法律史评论》创办于2008年，是四川大学主办的法律与历史跨学科研究的学术集刊，前十卷在法律出版社出版，第11卷起在社会科学文献出版社出版，本刊计划每年出版2卷。特向法学界和史学界同仁约稿，现将有关事宜说明如下：

1. 本刊论文须以法律与历史为主题。凡与广义"法律"相关之思想史、制度史、政治史、学术史及历史人物研究的稿件均在征集之列。学术价值是论文刊用的唯一标准，本刊对论文字数、作者身份均无限制。

2. 本刊文章主要分专论、评论、史料等部分，每卷20万字左右，根据来稿篇幅刊登10篇左右的文章。来稿请注明作者姓名、单位、职称、学位、联系电话、电子邮箱等必要的个人信息。注释请采用Word自动生成的脚注形式，并以必要为限。注释体例请参照已出刊论文的注释体例。译文请附原文，并请自行解决版权问题。书评请附所评书籍的详细出版信息。集刊提倡独立署名，对于多人合署的来稿，需说明论文的具体分工。来稿请以Word电子版发送至：legalhistoryreview@163.com。限于人力，本刊不接受纸质投稿。

3. 本刊每稿必复。除特约稿件外，来稿均由编辑初审后实行专家复审。初审周期一般不超过两周，复审周期一般不超过一个月。

4. 本刊已被中国知网（CNKI）、超星期刊、维普资讯辑刊资源（VIP）等电子数据库全文收录，为扩大稿件学术影响，本刊将继续扩大与各数据库和转载刊物的合作。若来稿无特别说明，视为作者同意本刊以非专有的方式向第三方授予其论文的电子出版权及汇编、复制权利，以及文摘刊物对论文的转载、摘编等权利。

5. 来稿一经刊用，出版后即寄送作者样刊2册，并从优发放稿酬。同时，本刊将常年寄送至海内外法律与历史主要研究机构与知名学者，并通过"法律史评论"公众号发布刊载论文，持续扩大刊载论文的学术影响力和论文作者的知名度，并定期邀请作者、译者、编者开展学术交流。

《法律史评论》编辑部

2018年10月

图书在版编目(CIP)数据

法律史评论. 2019 年. 第 1 卷 : 总第 12 卷 / 里赞主编. -- 北京 : 社会科学文献出版社, 2019.4
ISBN 978-7-5201-4457-5

Ⅰ. ①法… Ⅱ. ①里… Ⅲ. ①法制史-中国-文集
Ⅳ. ①D929-53

中国版本图书馆 CIP 数据核字（2019）第 039758 号

法律史评论　2019 年第 1 卷·总第 12 卷

主　　编 / 里　赞
执行主编 / 刘昕杰

出 版 人 / 谢寿光
责任编辑 / 郭瑞萍
文稿编辑 / 肖世伟

出　　版 / 社会科学文献出版社·社会政法分社(010)59367156
地址：北京市北三环中路甲 29 号院华龙大厦　邮编：100029
网址：www.ssap.com.cn
发　　行 / 市场营销中心（010）59367081　59367083
印　　装 / 三河市东方印刷有限公司

规　　格 / 开　本：787mm × 1092mm　1/16
印　张：11.75　字　数：219 千字
版　　次 / 2019 年 4 月第 1 版　2019 年 4 月第 1 次印刷
书　　号 / ISBN 978-7-5201-4457-5
定　　价 / 59.00 元